古代歷史文化研究輯刊

十四編

王明蓀 主編

第17冊

北宋與遼、西夏戰略關係研究
——從權力平衡觀點的解析

蔡金仁 著

國家圖書館出版品預行編目資料

北宋與遼、西夏戰略關係研究——從權力平衡觀點的解析／蔡
金仁 著－初版－新北市：花木蘭文化出版社，2015〔民 104〕
目 4+218 面；19×26 公分
（古代歷史文化研究輯刊 十四編：第 17 冊）
ISBN 978-986-404-325-5（精裝）
1. 戰略 2. 北宋史
618   104014380

ISBN-978-986-404-325-5

9 789864 043255

古代歷史文化研究輯刊
十四編　第十七冊　　　　　　　　ISBN：978-986-404-325-5

北宋與遼、西夏戰略關係研究
——從權力平衡觀點的解析

作　　者　蔡金仁
主　　編　王明蓀
總 編 輯　杜潔祥
副總編輯　楊嘉樂
編　　輯　許郁翎
出　　版　花木蘭文化出版社
社　　長　高小娟
聯絡地址　235 新北市中和區中安街七二號十三樓
　　　　　電話：02-2923-1455／傳眞：02-2923-1452
網　　址　http://www.huamulan.tw 信箱 hml 810518@gmail.com
印　　刷　普羅文化出版廣告事業
初　　版　2015 年 9 月
全書字數　179272 字
定　　價　十四編 28 冊（精裝）台幣 52,000 元

北宋與遼、西夏戰略關係研究
——從權力平衡觀點的解析

蔡金仁　著

作者簡介

蔡金仁

學歷：淡江大學中國文學系學士

　　　淡江大學國際事務與戰略研究所碩士

　　　中國文化大學史學研究所博士

現職：樹人醫護管理專科學校通識教育中心副教授

學術領域：魏晉南北朝、戰略研究

提　　要

　　在中國大一統的朝代中，漢民族王朝往往是亞洲霸權，然而北宋在大一統的朝代裡卻屬例外，宋太祖為懲唐末五代藩鎮擁兵不聽中央號令之弊，將兵權、財政權收歸中央，且刻意貶低武人地位，重文輕武結果導致積弱不振。北宋自建國以來一直受到遼的威脅；至於西夏，其國祚竟比北宋還長，北宋實力雖略大於西夏，卻一直無法收服，反而屢次遭西夏擊敗，因此北宋與遼、西夏的戰略關係即成為橫亙北宋全朝重要的國防課題。

　　本書試圖從權力平衡觀點探討北宋與遼、西夏的戰略關係，分析北宋戰略體系因應不同變局產生的變化，如從北宋統一戰爭開始，到形成重文輕武國策，之後面對遼的軍事威脅時，北宋從衝突、妥協、再衝突的過程，以及面對西夏時，宋夏和戰不定的過程，由於宋遼夏三國誰也無法單獨消滅另兩個國家，彼此間存在著微妙的權力平衡關係，因此本書乃探討北宋與遼、西夏間的戰略互動關係，闡明北宋因應不同的戰略局勢產生不同的戰略變化，從其變化分析權力平衡在聯合與對抗中所代表的戰略涵義，並尋求對權力平衡運作所可能提供的教訓。

　　就思想傳統而言，戰略與歷史幾乎不可分，因此本書的研究係從戰略觀點出發，輔以歷史研究法及文獻分析法，以科際整合方式，結合「戰略研究」與「歷史研究」，藉由歷史敘述與歷史解釋，從事文獻分析，研究北宋對遼、西夏之戰略規劃與決策全形，並評論其得失。

　　本書內容除緒論、結論外，正文分為五章。首先為緒論，對研究動機、目的、方法、途徑、架構、範圍、限制及現有研究成果，作扼要完整說明。第一章為概念架構，對戰略的由來及意義；權力平衡的涵義，作一明確的交代，並探討戰略研究的新領域。第二章說明北宋的立國戰略，分析宋太祖先南後北、強幹弱枝、建軍等各項政策，藉以剖析北宋為何重文輕武、導致積弱不振的原因。第三章考察北宋、遼、西夏三者間戰略關係的演變，敘述遼、西夏的歷史背景，分析其對中原的態度，以求作為北宋對外關係的基礎。第四章研究北宋的戰略設計，解析北宋對北方及西方的戰略認知，亦即北宋對所處環境的分析。第五章評估北宋對遼及西夏在戰略運作上的演變，並檢討各種同盟的運用及其間的得失關係。最後為結論，藉由分析北宋、遼、西夏三者戰略關係的認知，瞭解權力平衡的運用，從歷史中得到驗證。

　　戰略的目的在求長治久安，戰略的法則在求持盈保泰，必須在力與勢的均衡下始能達到上述要求。北宋便是在力不足的情況以及守勢為主的戰略指導下，需對外組織聯盟以增強實力，但是並不能抵消北宋國力太弱的弱點，其結果不但未能打敗遼收復燕雲十六州，最後反而亡於金之手，由此可知，要維護生存利益，唯要靠自己最可靠，增強自身實力才是安全之道。

目
次

緒　論 ……………………………………………… 1
　一、本書寫作宗旨 ………………………………… 1
　二、研究動機與研究目的 ………………………… 1
　三、研究方法與研究途徑 ………………………… 2
　四、研究基本架構 ………………………………… 4
　五、研究範圍與研究限制 ………………………… 8
　六、現有研究成果 ………………………………… 8
第一章　概念架構的界定與說明 ………………… 13
　第一節　戰略的涵義 …………………………… 13
　　一、戰略的意義 ………………………………… 13
　　二、國家戰略的概念 …………………………… 16
　第二節　權力平衡的基本概念 ………………… 22
　　一、權力平衡的意義 …………………………… 22
　　二、維持權力平衡的方法與技術 ……………… 23
　　三、權力平衡的結構模式 ……………………… 25
　　四、聯盟的概念 ………………………………… 28
　第三節　戰略研究 ……………………………… 37
　　一、戰略研究的出現 …………………………… 37
　　二、戰略研究的學術趨勢 ……………………… 37
第二章　北宋立國戰略分析 ……………………… 41
　第一節　先南後北、先弱後強的統一戰略 …… 41
　　一、先南後北的戰略決策 ……………………… 43
　　二、消滅南方諸政權 …………………………… 44
　　三、滅北漢完成統一 …………………………… 46
　　四、先北後南的戰略思考 ……………………… 47
　第二節　強幹弱枝政策 ………………………… 50
　　一、整編中央禁軍收回兵權 …………………… 51
　　二、削弱地方藩鎮權力 ………………………… 55
　第三節　宋太祖的建軍政策 …………………… 61
　　一、文武柄的分持 ……………………………… 62
　　二、握兵權與調兵權分離 ……………………… 64
　　三、「內外相制」的兵力分布 ………………… 64
　　四、實行「更戍法」使兵將分離 ……………… 66

　　　五、精兵主義 ……………………………………… 67
　　　六、重視兵士體魄戰技 …………………………… 68
　第四節　北宋立國戰略之分析 ……………………… 69
　　　一、穩健的統一戰略 ……………………………… 69
　　　二、權力盡歸中央的強幹弱枝 …………………… 70
　　　三、兵權多分與兵將分離的建軍政策 …………… 70
　小　結 ……………………………………………… 72

第三章　北宋與遼、西夏戰略關係之演變 ………… 75
　第一節　北宋與十國之關係 ………………………… 75
　　　一、傳統中國的對外關係 ………………………… 76
　　　二、北宋與十國關係之演變 ……………………… 79
　第二節　北宋與遼之戰略關係 ……………………… 80
　　　一、遼之民族與源起 ……………………………… 81
　　　二、宋遼前期戰略關係：和平、衝突、妥協 …… 82
　　　三、宋遼中期戰略關係：妥協與紛爭 …………… 86
　　　四、宋遼後期戰略關係：全面戰爭 ……………… 88
　第三節　北宋與西夏之戰略關係 …………………… 89
　　　一、北宋之前西夏與中國之關係 ………………… 89
　　　二、宋夏前期戰略關係：同盟與衝突 …………… 90
　　　三、宋夏中、後期戰略關係：衝突與妥協 ……… 94
　第四節　遼與西夏之戰略關係 ……………………… 95
　　　一、遼夏前期的戰略夥伴關係 …………………… 96
　　　二、遼夏中期的軍事衝突 ………………………… 98
　　　三、遼夏後期的和戰不定 ………………………… 99
　小　結 ……………………………………………… 100

第四章　北宋對遼、西夏的戰略認知 ……………… 103
　第一節　對北方遼國的戰略認知 …………………… 103
　　　一、戰略環境分析 ………………………………… 103
　　　二、北宋與遼國的衝突 …………………………… 106
　　　三、北宋對遼國的戰略鬆懈 ……………………… 111
　第二節　對西方西夏的戰略認知 …………………… 115
　　　一、戰略環境分析 ………………………………… 115
　　　二、北宋與西夏的長期衝突 ……………………… 118

　　　三、西夏在北宋戰略認知中之特殊性 ⋯⋯⋯⋯ 126
　　第三節　北宋戰略認知分析 ⋯⋯⋯⋯⋯⋯⋯⋯⋯ 128
　　　一、守勢主義的國家戰略 ⋯⋯⋯⋯⋯⋯⋯⋯⋯ 128
　　　二、對遼國戰略認知之分析 ⋯⋯⋯⋯⋯⋯⋯⋯ 130
　　　三、對西夏戰略認知之分析 ⋯⋯⋯⋯⋯⋯⋯⋯ 132
　　　四、經濟戰略認知之分析 ⋯⋯⋯⋯⋯⋯⋯⋯⋯ 138
　　小　結 ⋯⋯⋯⋯⋯⋯⋯⋯⋯⋯⋯⋯⋯⋯⋯⋯ 146
　第五章　北宋與遼、西夏戰略關係的評估 ⋯⋯⋯ 149
　　第一節　遼聯西夏抗北宋 ⋯⋯⋯⋯⋯⋯⋯⋯⋯⋯ 150
　　　一、「宋夏聯盟」對抗「遼漢聯盟」 ⋯⋯⋯⋯ 151
　　　二、北宋組「反遼聯盟」對抗遼國 ⋯⋯⋯⋯⋯ 153
　　　三、「宋蕃聯盟」對抗「遼夏聯盟」 ⋯⋯⋯⋯ 159
　　第二節　北宋聯西夏抗遼 ⋯⋯⋯⋯⋯⋯⋯⋯⋯⋯ 166
　　　一、北宋破壞「遼夏聯盟」 ⋯⋯⋯⋯⋯⋯⋯⋯ 167
　　　二、遼夏衝突 ⋯⋯⋯⋯⋯⋯⋯⋯⋯⋯⋯⋯⋯ 168
　　　三、北宋破壞「遼夏聯盟」的戰略檢討 ⋯⋯⋯ 172
　　第三節　平衡均勢的破壞 ⋯⋯⋯⋯⋯⋯⋯⋯⋯⋯ 174
　　　一、女眞的崛起 ⋯⋯⋯⋯⋯⋯⋯⋯⋯⋯⋯⋯ 175
　　　二、北宋籌組「宋金聯盟」 ⋯⋯⋯⋯⋯⋯⋯⋯ 176
　　　三、「宋金聯盟」與遼國之對抗 ⋯⋯⋯⋯⋯⋯ 178
　　　四、「宋金聯盟」之檢討 ⋯⋯⋯⋯⋯⋯⋯⋯⋯ 181
　　小　結 ⋯⋯⋯⋯⋯⋯⋯⋯⋯⋯⋯⋯⋯⋯⋯⋯ 182
　結　論 ⋯⋯⋯⋯⋯⋯⋯⋯⋯⋯⋯⋯⋯⋯⋯⋯⋯ 185
　　一、北宋的國家戰略設計 ⋯⋯⋯⋯⋯⋯⋯⋯⋯ 186
　　二、北宋的戰略認知 ⋯⋯⋯⋯⋯⋯⋯⋯⋯⋯⋯ 189
　　三、北宋權力平衡的運作 ⋯⋯⋯⋯⋯⋯⋯⋯⋯ 194
　參考書目 ⋯⋯⋯⋯⋯⋯⋯⋯⋯⋯⋯⋯⋯⋯⋯⋯ 209
　圖表目錄
　　圖一：蔣緯國的國家戰略體系 ⋯⋯⋯⋯⋯⋯⋯⋯ 18
　　圖二：孫紹蔚的國家戰略體系 ⋯⋯⋯⋯⋯⋯⋯⋯ 19
　　圖三：鈕先鍾的國家戰略結構 ⋯⋯⋯⋯⋯⋯⋯⋯ 20
　　圖四：直接對抗模式關係圖 ⋯⋯⋯⋯⋯⋯⋯⋯⋯ 26
　　圖五：競爭模式關係圖 ⋯⋯⋯⋯⋯⋯⋯⋯⋯⋯⋯ 26
　　圖六：競爭模式關係圖——甲國勢力獨大 ⋯⋯⋯ 27

圖七：競爭模式關係圖——乙國勢力獨大 …………… 27
圖八：競爭模式關係圖——甲國轉移目標 …………… 28
圖九：Theodore Caplow（齊奧多‧開普樓）三角關係的八種類型 ………… 33
圖十：類型二的可能結盟類型 …………………… 35
圖十一：類型四的可能結盟分析 ………………… 36
圖十二：「宋夏聯盟」對抗「遼漢聯盟」 ……… 152
圖十三：「宋夏聯盟」之運作過程 ……………… 153
圖十四：「反遼聯盟」對抗單一的遼國 ………… 156
圖十五：「反遼聯盟」之運作過程 ……………… 159
圖十六：「宋蕃聯盟」對抗西夏 ………………… 162
圖十七：「宋蕃聯盟」對抗「遼夏聯盟」 ……… 164
圖十八：「宋蕃聯盟」之運作過程 ……………… 166
圖十九：「宋金聯盟」對抗遼國 ………………… 178
圖二十：「宋金聯盟」之運作過程 ……………… 182
圖二十一：Theodore Caplow（齊奧多‧開普樓）三角關係的類型二 ………… 196
圖二十二：宋遼聯盟 …………………………… 196
圖二十三：遼夏聯盟 …………………………… 197
圖二十四：宋夏聯盟 …………………………… 197

表一：宋太祖削平南方諸國軍事行動表 ………… 45
表二：北宋禁軍將領變遷表 ……………………… 51
表三：北宋權力平衡運作表 …………………… 150
表四：「反遼聯盟」實力強弱表 ……………… 157
表五：北宋、遼國、西夏三國實力強弱表 …… 160
表六：金國、遼國、北宋三國實力強弱表 …… 176
表七：北宋帝系表 ……………………………… 200
表八：北宋皇帝、年號對照表 ………………… 201
表九：遼帝系表 ………………………………… 201
表十：遼皇帝、年號對照表 …………………… 201
表十一：西夏帝系表 …………………………… 202
表十二：西夏皇帝、年號對照表 ……………… 202
表十三：北宋、遼、西夏戰略關係大事表 …… 202

緒　論

一、本書寫作宗旨

　　歷史是對人類過去的行為和社會作一解釋性的研究，其目的在決定當時與現在人類存在的意義和範圍。吾人身處後世不免受到前代歷史的影響，蓋歷史乃一綿延不絕的河流。同時，歷史的經驗和教訓，也足可供吾人參考學習。儘管歷史不可能重演，但只要決心把握現在，那麼研究歷史上的重要事件，分析其成敗、探討其得失，所得到的經驗與法則，正可提供當代社會國家參考與教訓。

二、研究動機與研究目的

　　五代梁、唐、晉、漢、周可說是唐末藩鎮的延續，宋太祖趙匡胤的北宋能終結自唐末五代以來的藩鎮割據亂象，再度統一中國，身為北宋創建者的宋太祖，自然具有開國君主卓越的能力。然而，北宋一朝積弱不振，重文治輕武功，西夏與遼國西北二敵始終威脅著北宋生存，同樣為大一統朝代的北宋，為何無法和漢、唐一樣，能打敗少數民族使中國成為當時亞洲唯一強權，其中的原因為何？值得加以分析探究。

　　歷史上各朝各代的興亡得失，都有其原因。一般而言，在大一統的朝代裡，中國往往是強盛的，不但國內創造太平盛世，更能遠征塞外，打敗邊疆民族進而揚威異域，如漢、唐等朝皆是如此。至於在分裂的時代裡，中國往往是衰弱的，常遭受各遊牧民族的入侵，如兩晉和南北朝時期。然而北宋在中國大一統的朝代裡卻是個例外，不但無法上追漢唐的武功，國內更重文輕武，積弱不振。

　　開國皇帝重視的制度與政策方向，對整個朝代影響深遠，後世子孫常以祖宗家法視之，所以宋太祖的軍事思想以及建軍政策，對北宋武力不盛是否有直接的影響？再者，宋太祖在統一戰爭採先南後北、先弱後強的戰略方針，是否造成開國氣度不夠恢弘，對少數民族產生懼怕心理，而影響到趙氏子孫對遼國、西夏等少數民族恐懼的心態。

　　面對著北方遼國、西方西夏的威脅，使北宋備感壓力，北宋為了解決威脅，皆多次且長期與遼國、西夏發生戰爭，卻無法如漢、唐一樣建立盛世武功。在無法征服遼國、西夏，又必須維持中國固有天朝尊嚴的情形下，北宋處境之艱難可想而知。

　　北宋對遼國、西夏的態度，都與其發生過戰爭，也曾安撫過，而在尋求權力平衡的過程中，北宋如何利用西夏對抗遼國？遼國與西夏如何聯合對抗北宋？其理由何在？在這種聯合與鬥爭的相互作用下，所產生的影響又是如何？其代表的意義又是什麼？本書研究的動機就是希望對這些問題提供正確的答案。

　　北宋、遼國、西夏三者之間，誰也沒有力量單獨消滅另外兩個國家，三個國家間存在著微妙的權力平衡關係，因此探討北宋與遼國、西夏三者之間的戰略關係，從其變化來分析權力平衡在聯合與對抗的相互作用中所代表的戰略涵義，並從此項研究去尋求對權力平衡運作所可能提供的教訓，此誠為本書第一個研究目的。

　　而研究北宋與遼國的關係以及和戰等問題的成果頗多，但尚未發現以戰略角度及權力平衡概念切入，因此本書將從歷史研究、戰略研究、現代權力平衡觀念等三個面向，運用科際整合方式，對北宋與遼國、西夏相互對峙時之關係與衝突進行深入的探討，相信藉由筆者這樣的嘗試，不僅有利於「戰略研究」與「歷史研究」的結合，更為歷史研究提供新的取向——戰略研究取向，此誠為本書第二個研究目的。

三、研究方法與研究途徑

　　對於戰略與歷史的關係，鈕先鍾曾說：「就思想傳統而言，戰略與歷史幾乎不可分，所有的古典戰略家都是歷史家。」﹝註1﹞因此本書的研究觀點係從

﹝註1﹞鈕先鍾，《戰略研究與戰略思想》（台北：軍事譯粹社，1988 年 10 月），頁 2。

戰略觀點出發。所謂戰略觀點是以力量與時勢爲著眼點，逐一探討行動成敗得失的途徑。其中力量包括政治力、經濟力、心理力與軍事力，時勢則包含內、外環境的發展。當然，如何行動也很重要，因爲「一切的戰略理論也都是一種行動理論。」〔註2〕

　　研究歷史自然要倚賴歷史研究法與文獻分析法。一般而言，歷史研究法係指應用科學的方法探尋史料，檢驗歷史記錄及遺跡，藉以追求事實眞相，組成一般原理。〔註3〕歷史研究的目的是在描述一個歷史事實，並指出一件在特定的時間與空間中所發生的歷史事實有什麼前因後果，歷史不會重複發生因此有其獨特性。但是歷史也有它的延續性，一件歷史事實的結果，通常是另一個歷史事實的原因，任何歷史事實都和另一件歷史事實有所關聯，而且，任何獨特的歷史事實，仍可抽離其中某些特點與其他歷史事實歸入一類。是故本書採用歷史研究法，試圖在研究北宋積弱不振，面對遼國、西夏等威脅這一歷史事實時，能夠瞭解北宋在權力平衡方面的認知與運用，並且對往後漢民族王朝面對少數民族政權的權力平衡運作是否有影響做一探討。

　　至於傳統的文獻分析法，它是一種蒐集資料的技術，強調對官方與非官方文件的蒐集，並從事進一步的內容比對分析。〔註4〕因此，筆者欲研究北宋對遼國、西夏的戰略關係以及權力平衡的運作，勢必要從戰略觀點出發，藉由歷史敘述與歷史解釋從事文獻分析，剖析北宋對遼國、西夏之權力平衡規劃與運作，並評論其得失。

　　本書研究北宋與遼國、西夏戰略關係之途徑，大致從「廣搜史料」、「考證事實」與「稽論事理」三個方向著手。首先，對於史料之選擇，特別注意其「原始性」與「權威性」，爲求存眞以原始史料爲主，儘量不用「二手史料」。此外，本書須記述、考證與稽論之事務繁多，但篇幅有限，爲彌補論述之遺漏與不足，書中亦大量引用他人研究成果，參考其觀念、論點與結論。

　　一個國家或政治系統的內部環境、外部情勢、敵人威脅程度、本身力量、主政者性格、面臨戰爭特質等因素與條件，經常變動，加上對某一事務人爲認知上的差異，因此所採取之戰略，亦因時、因地、因人、因環境之異，而

〔註2〕 鈕先鍾，《戰略研究與軍事思想》（台北：黎明文化事業公司，1982年7月），頁7。

〔註3〕 參見王雲五總編，《雲五社會科學大辭典（社會學）》（台北：台灣商務印書館，1973年7月）第一冊，頁234～235。

〔註4〕 參見呂亞力，《政治學方法論》（台北：三民書局，1983年9月），頁133。

有所不同，故筆者特別注意史料選取與論述評議時的客觀與宏觀。

　　法國戰略家芮蒙亞洪（Raymond Aron）說過：「戰略思想是從每一個世紀，又或是從歷史中的每一個時代，吸收他的靈感。」〔註5〕換言之，在不同的時代應有不同的戰略思想，這句話顯示出戰略並非永久不變。鈕先鍾將戰略研究分成四個層面：演員分析、情況分析、權力分析、運作分析，〔註6〕本書在戰略的研究方向亦以這四個層面出發，藉由歷史敘述與歷史解釋，再輔以文獻分析，嘗試以現在的戰略概念分析當時北宋與遼國、西夏的戰略關係；並試圖瞭解在傳統觀念以及受到外來刺激的改變，對北宋權力平衡的施為有任何的影響，以及對於未來的發展影響並評估得失。

　　本書以北宋對遼國、西夏的戰略關係出發，借用權力平衡理論做為概念架構，研究步驟將以敘述、解釋、綜合以及推斷依次進行。此外，本書的主題為歷史與戰略，以歷史敘述為經，戰略分析為緯，亦即戰略研究途徑。以權力平衡為分析重心，史例僅作為個案，從個案中去尋找戰略通則始為研究的理想目標。

四、研究基本架構

　　本書內容除緒論、結論外，正文共分為五個部分。緒論，乃對研究動機、目的、方法、途徑、架構、範圍、限制及現有研究成果，作完整詳細說明。第一部份：先闡明戰略的由來及意義，由於本書以戰略觀點切入，故須對「戰略」的涵義有清楚認識，因此先闡明戰略的由來及意義。其次，本書係以「權力平衡」觀點解析北宋與遼國、西夏的戰略關係，什麼是權力平衡，其涵義如何？自有加以說明的必要。第二部分：針對北宋的立國戰略，分析先南後北、先弱後強的統一戰略，以及宋太祖的強幹弱枝兵力配置和建軍政策，藉以剖析北宋立國戰略制定的過程，將影響戰略制定之因素，一一詳述。第三部分，將北宋與遼國、西夏的戰爭與衝突過程作詳細敘述，忠實呈現北宋與遼國、西夏的和戰過程，藉以考察北宋、遼國、西夏間戰略關係的演變。第四部份：在第三部分基礎下，研究北宋的戰略設計，以權力平衡觀點解析北宋對北方及西方的戰略認知，亦即北宋對所處戰略環境的分析。第五章將北宋對遼國、西夏在戰略運作上的演變提出評估，並檢討各種同盟的運用及其

〔註5〕　鈕先鍾，《戰略研究與軍事思想》，頁13。
〔註6〕　參見鈕先鍾，《戰略研究與戰略思想》，頁57～67。

間的得失關係。最後爲結論，希望藉由分析北宋從統一戰略到面對遼國、西夏的戰略認知，瞭解權力平衡的運用，完整呈現北宋與遼國、西夏的戰略關係全貌，並從歷史中得到驗證。

　　原始戰略觀念的產生是兩個國家互相鬥智下的過程，即使日後因國際關係的日趨複雜而可能變成多個國家的互相鬥爭，然而這只是促使各國增加在戰略制定上考慮的因素，對戰略的基本訴求毫無改變，各國均以自己國家所能獲得最大的利益爲主，因戰略的基本著眼點即爲利害，換言之，戰略研究即利害之研究。因此，吾人可云，戰略的最終目的就是國家的利益；或云，就是因爲要獲得或維護國家的利益才有戰略的產生。現今戰略研究者，從國家利益開始到戰略的制定過程，通常都假定有一個程序，這套程序在各家的解釋雖然有所差異，但事實上並無太大不同，目前國內較具代表性的說法有四種：

　　（一）蔣緯國的國家戰略體系〔註7〕

　　此體系從國家的利益爲出發點，繼而訂出國家的基本目標，根據當時的情勢訂定國家基本的戰略構想，然後依據特定的國家目標研判情勢而訂定特定的國家戰略構想，最後再由此戰略構想下制定國家政策。在這個體系中，戰略構想位階在政策之上，非但表示戰略構想是要用來強調國家政策的協調性與一致性，而且也表示政策的制定是爲了配合戰略的需求。

　　（二）孫紹蔚的國家戰略體系〔註8〕

　　孫紹蔚的戰略體系也是從維護國家利益，達成國家目標的目的爲起始，之後再根據政治、心理、經濟、軍事等國家權力來制定國家戰略構想，在此一構想的指導下，制定出國家安全政策，最後根據政策訂定戰略計畫並付諸實施。

　　（三）孔令晟的大戰略體系〔註9〕

　　孔令晟的大戰略體系認爲，大戰略的決策首先應由國家最高決策階層產生基本決策、暫定大戰略構想、大戰略綱要開始；再據以策動各階層的外交、軍事、經濟、和心理的戰略計畫作爲，而這個大戰略的基本決心，則是爲了

〔註7〕參見蔣緯國，《國略與大略》（台北：作者自印本，1984年），頁5。
〔註8〕參見孫紹蔚，《從戰略理念論國家戰略》（台北：三軍大學，1978年5月），頁76。
〔註9〕參見孔令晟，《大戰略通論》（台北：好聯出版社，1995年10月），頁389。

國家安全基本利益與其延伸的特定國家安全利益目標。確立初步計畫後，再做動態的計畫協調與修正，最後完成計畫。此外，在此大戰略體系中已出現「反饋」的表現，在動態的計畫協調修正這一層次中，必須根據不斷蒐集與輸入的情報做計畫修正，以確定最後的大戰略計畫。

（四）鈕先鍾的國家戰略結構〔註10〕

鈕先鍾的國家戰略體系有兩個特點：第一為四者不再是主從關係，而是互動關係的聯結；第二則是將戰略與利害建立起直接且相互影響的關係。

上述四種戰略體系雖並未完全相同，但是吾人從其中可以發現，影響戰略決定的因素，至少包含有國家利益、國家目標與國家政策，這三種因素乃任何戰略思考皆無法忽略者。

國家利益（national interest）的定義眾說紛紜，美國政治學者莫根索（Hans Morgenghau）認為，國家利益分為主要利益、次要利益、永久利益、暫時利益、一般利益、特殊利益等可以互相組合的觀念。而在孔令晟的《大戰略通論》中，則是將國家利益分為基本利益與特定利益，基本利益主要為主權獨立、領土完整、傳統的生活方式、基本制度與價值觀；而特定利益則是不同的國家因為不同的歷史文化、地理環境、思想制度及價值觀、現實國際環境和威脅，針對國家生存發展的基本要求而產生一系列特定的國家安全利益。〔註11〕此外，柯林斯（John M.Collins）則是將國家利益解釋為對構成國家迫切需要的各種因素的一種概括性概念，包括獨立、國家完整、軍事安全及經濟利益等，〔註12〕上述眾人說法皆只是對國家利益的範圍定義有所不同，對國家利益的本質並未否定，亦即只要有國家存在就有國家利益的存在，而國家利益是決定國家行為的最基本因素。至於國家利益的認定問題，鈕先鍾認為：國家利益並非天生，而是時代與環境的產品；概括而言：「第一是所謂的民族使命（national mission）的觀念，每個國家的人民對於其國家在世界上的地位有一套相當完整的想像，這也就決定了其國家利益；第二是所謂決定作為的觀念，每個國家都有某些個人或機構，負責根據客觀環境以來決定其國家利

〔註10〕參見鈕先鍾，《大戰略漫談》（台北：華欣文化事業公司，1977 年 5 月），頁91～93。

〔註11〕孔令晟，《大戰略通論》，頁 141～142。

〔註12〕Capt. John M. Collins（柯林斯）著、鈕先鍾譯，《大戰略》（台北：黎明文化事業公司，1987 年），頁 454。

益。」〔註13〕

　　目標為利益的具體表示，國家目標（national objective）也就是對國家利益的進一步澄清和確定，國家利益通常是一種比較不變的因素，而國家目標則應隨著環境而改變，必須隨時準備加以適當的調整；由於利益與目標在實際情況中有時很難劃分清楚，加上國家利益多多少少是一種比較抽象的觀念，因此才需要有國家目標對其涵義和內容做一比較明確肯定的說明，才不致發生誤解。

　　在確立國家利益擬定國家目標之後，下一步就必須設法達成其目標，否則就前面兩個程序而言即毫無意義。政策一詞在一般的界定是指政府或團體，為達到某種目的，所採取的行動方針與綱領。國家政策（national policy）即是用來達成國家目標的手段，國家目標是國家政策所追求的目標，國家政策也就是達到國家目標的工具，柯林斯也說過：「國家政策為政府在追求國家目標時所採取的廣泛行動路線及指導原則的陳述。」〔註14〕國家利益、國家目標、國家政策皆為影響國家戰略制定的三個主要因素。

　　除了戰略制定的過程之外，吾人尚須注意影響戰略制定的因素，薄富爾（Andre Beaufre）在其所著《戰略緒論》中提到：任何戰略決定（strategic decision）的作為，都必須在三個「主要座標」（main co-ordinates）所形成的結構之內。這三個座標就是：時間、空間、所能動用的力量之規模和素質（精神）。〔註15〕空間指的是環境因素，而所謂的力量規模與素質就是資源和分配使用的問題，戰略的制定必須考量到這些因素才不至於不切實際。

　　前文述及鈕先鍾將戰略研究分成演員分析、情況分析、權力分析與運作分析等四個層次，演員指的是決定戰略的決策者，因此演員分析就是要研究決策者為何作出戰略的決策。其次，任何戰略決定都是環境的產品，因此研究戰略必須也要研究其決策時的環境，而這種研究則可稱之為情況分析。此外，因為戰略研究的若干基本觀念是取自於國際關係學域，因此權力分析也是戰略研究其中的研究單元，在此，權力是界定為國家資源。最後則是運作分析，研究將權力予以發展和運用，而運作又包含三種意義：發展、分配與

〔註13〕鈕先鍾，《大戰略漫談》，頁44。

〔註14〕Capt. John M. Collins（柯林斯）著、鈕先鍾譯，《大戰略》，頁454。

〔註15〕Andre Beaufre（薄富爾）著、鈕先鍾譯，《戰略緒論》（台北：麥田出版有限公司，1996年9月），頁46。

使用。

從薄富爾的三個座標和鈕先鍾的四個層次的分析，吾人可以瞭解戰略研究其實包含有演員（決策者）、權力（力量）、環境（空間與時間）以及運作（力量的分配與運作）。因此，雖然在北宋時期的中國並沒有一個所謂的軍事甚至權力平衡運作的痕跡，但是，本書嘗試以權力平衡觀念分析，探討北宋與遼國、西夏的戰略關係，仍然可以由國家利益、國家目標、國家政策的觀點，以及角色、情況、權力、運作等四個層面分析，來加以解釋並揭示其符合現代權力平衡作為之基本原則。

五、研究範圍與研究限制

本書研究的範圍，在時間上，包含整個北宋。在空間上，則不僅以北宋的疆域為限，也包括遼國、西夏所在的北亞洲及中亞洲在內。

本書所參考的圖書、期刊論文等資料來源主要為國家圖書館、中央研究院歷史語言研究所、政治大學社會科學資料中心；另外，中國大陸也有許多關於北宋戰爭及其對外關係的論文等文獻發表，但是受限於大陸方面資料收集不易的因素而無法做一完善的收集，這些多少亦造成在進行研究時的限制。

雖然研究北宋國力、國勢，以及北宋與遼國、西夏關係等題目上有不少篇論文，但以往戰略研究並不被重視，故從戰略角度切入的討論並不多，因此在這方面的相關資料較少。

儘管有以上種種限制，筆者仍將竭盡所能的蒐集資料，並且仔細分析研讀，期能對此題目做一完整的研究。

六、現有研究成果

目前兩岸研究歷史的軍事論著中，尚無人以權力平衡概念專論北宋者。不過，研究中國歷史上軍事戰略的專書甚多，如戰略史、軍事史、政治國防史、戰爭史等，累積了巨大的研究成果，提供筆者學習參考。

在戰略方面，與戰略涵義及其應用相關的研究，多見於戰略專門研究中，以獨立篇章出現，不過亦有以專書形式研究戰略者。首先是附於戰略專著者，有中華戰略學會主編的《認識戰略——戰略講座彙編》，全書共分十講，從古今中外正與反諸理論中，輔以實例，闡釋戰略涵義與運用。其中第二講「歷代戰略發展及其涵義」，將戰略中外概念與涵義，從古至今詳述。第三講「現

代戰略體系及其內涵」，則對國家戰略由來及其涵義有詳盡論述，由於世界各國均基於國情需要建立國家戰略體系，然而因國情的不同，各國對國家戰略的定義和內容不盡相同，該講作者岳天遂列舉美國、日本、中共及我國的國家戰略體系，分別比較分析並予以評論。

李大倫的《廣義戰略論》，除了與一般研究戰略問題書籍相同之處，將戰略的歷史演進、戰略的運用、戰略的體系結構詳加說明外，有兩點特別與眾不同，首先是從英國、美國、日本、前蘇聯等國觀點切入，詳加分析各國對戰略概念的不同看法。其次是專章論述國家戰略問題，並以歷史為例剖析當時的國家戰略，作者舉出文景之治及唐太宗、唐玄宗、明成祖、清康熙、清光緒（慈禧太后）等君王，詳細分析上述君王的國家戰略，論證正確的國家戰略引領國家向上，促成太平盛世，反之則帶領國家走向衰亡，作者以現代戰略概念探討古代歷史的寫作方式，正與本書研究架構相同。

專論國家戰略者，有李樹正的《國家戰略研究集》，論述現代國家安全及國家戰略間之關係，並進一步論析國家戰略對國家安全之影響。鈕先鍾的《國家戰略論叢》乃一論文集，共收入作者二十八篇論文，內容都是與國家戰略的研究有關，有些是以理論分析為目的，有些則是從戰略的觀點來檢討實際問題，尤其是以歷史為研究對象。楊毅主編的《國家安全戰略理論》，實際上是中共國防大學戰略研究所主導的研究計畫，其主軸在建構國家安全理論框架，書中首先將安全戰略在國家戰略總框架的位置做出界定，提出國家安全戰略與國家發展戰略共同組成國家戰略，是一個國家最高層級的主導戰略，接著將國家安全戰略的制約因素、構成要素、戰略模式、戰略決策、戰略實施、戰略調整等方面分章論述，論述過程並闡述國家戰略中的重要理論。

在戰略史方面，鈕先鍾的《中國戰略思想史》與《中國戰略思想新論》，以論述兵學著作、評析思想為主。何世同的《中國戰略史》，將中國分成先秦、秦漢、魏晉南北朝、隋唐、五代與兩宋、元明清等六個部分，依序敘述戰略之歷史發展。孔令晟的《大戰略通論》，以古今中外戰爭為背景評論戰爭得失，並對戰爭中的戰略理論加以解析。

軍事史方面，張其昀的《中國軍事史略》，簡論歷代兵役兵制、軍政軍令、兵器軍資、地略戰略等。魏汝霖、劉仲平的《中國軍事思想史》，從先秦百家至現代，專論軍事戰略思想。中國軍事編寫組的《中國軍事史》，分兵略、兵法、兵壘三大部分，論述先秦至清末之兵學與軍事實務及理論問題。孫金銘

的《中國兵制史》，專論中國兵制沿革。

戰爭史方面，中國歷代戰爭史編纂委員會的《中國歷代戰爭史》，以一卷一時期、一章一戰爭方式，廣羅中國歷史上戰爭分析述論。大陸人民解放軍廣州軍區的《中國古代戰爭史》，以一條目一戰爭之原則，依時序羅列，概述中國古代戰爭。軍事博物館（袁偉主編）的《中國戰典》，收錄了中國歷史的戰爭，並扼要評論。武國卿的《中國戰爭史》，由上古至民國初年區分十九個時期，對主要戰爭分卷立冊敘述，以個案方式處理。其餘還有李則芬的《中外戰爭全史》、李震的《歷史戰爭論》、傅樂成的《中國戰史論集》、何敏求的《中國歷代戰爭史簡編》、張曉生與劉文彥合著的《中國古代戰爭通覽》等。

政治國防史方面，有薩孟武的《中國社會政治史》、李震的《中國政治國防史》等。此外，中國文明史編輯小組的《中國文明史》，區分十個時期，上起原始中國，下至滿清滅亡，集合專家，彙編與中國文明相關的經濟、政治、法制、學術文化思想、教育、科技、軍事、宗教、民族文化、文學、史學等領域。

至於北宋國勢方面，相關專家學者論述甚多，初步列舉如下：在北宋軍事國防方面，有齊覺生〈北宋聯制與買和的外交〉、王明蓀〈宋初的反戰論〉、李震〈論北宋國防及其國運的興廢〉、林瑞翰〈北宋之邊防〉、蔣復璁〈宋代一個國策的檢討〉、芮和蒸〈論宋太祖之創業開國〉、聶崇岐〈論宋太祖收兵權〉、羅球慶〈北宋兵制研究〉、梁天錫〈宋樞密院與宋國勢之關係〉、陳芳明〈宋初弱兵論的檢討〉、湯承業〈論宋代初年的統一政策〉、趙振績〈宋代屯田與邊防重要性〉、廖隆盛〈從澶淵之盟對北宋後期軍政的影響看靖康之難發生的原因〉、趙鐵寒〈關於宋代強幹弱枝國策管見〉、劉振志《宋代國力研究──功利學派國家戰略思想與宋廷國策之探討》等可供參考。

北宋與遼國關係方面，兩岸學者著作甚多，如楊若薇的《契丹王朝政治軍事制度研究》，對遼國的源流與建立，以及政治、軍事等制度，作了非常詳盡的研究。而于寶麟〈中世紀雄踞中國北方的契丹族〉、廖隆盛〈宋太宗的聯夷攻遼外交及其二次北伐〉、王民信〈宋遼澶淵之盟締結的背景〉、柳立言〈宋遼澶淵之盟新探〉、宋常廉〈高梁河戰役考實〉、王明蓀〈契丹與中原本土之歷史關係〉、陶晉生〈余靖與宋遼夏外交〉、蔣武雄〈宋遼歲幣外交與國運之關係〉、聶崇岐〈宋遼交聘考〉、蕭啓慶〈北亞游牧民族南侵各種原因的檢討〉、王明蓀《宋遼金史論文稿》、王民信《契丹史論叢》、札奇斯欽《北亞游牧民

族與中原農業民族間的和平戰爭與貿易關係》、金毓黻《宋遼金史》、陶晉生《宋遼關係史》、江天健《北宋市馬之研究》、李今芸《宋遼貿易之研究》等論文專書，對筆者研究北宋與遼國的戰略關係頗具啓發作用。

　　北宋與西夏關係方面，江天健有多篇文章，〈宋夏戰爭中對於橫山之爭奪〉、〈北宋陝西沿邊堡寨〉、〈宋夏關係中的青白鹽問題〉；另外，如汪伯琴〈宋代西北邊境的榷場〉、廖隆盛〈北宋對西夏的和市馭邊政策〉及〈北宋與遼夏邊境的走私貿易問題（上）、（下）〉、闕鑄曾〈宋夏關係之研究〉、王民信〈宋與西夏的關係〉、羅球慶〈宋夏戰爭中的蕃部與堡寨〉等論文，以及戴錫章《西夏紀》、吳廣成《西夏書事》、林旅芝《西夏史》等專書，對西夏歷史與宋夏關係均有詳盡論述。

第一章　概念架構的界定與說明

　　本書的研究主題為歷史與戰略，以歷史敘述為經，戰略分析為緯，亦即戰略研究途徑。故概念架構乃以權力平衡為分析重心，運用戰略解析北宋與遼、西夏的關係，可見戰略研究與權力平衡乃本書的兩大研究經緯，因此需對「戰略」、「權力平衡」的涵義及概念，有一完整且清晰之瞭解，始能以此為基礎，逐步往上考察北宋與遼、西夏之戰略關係。

第一節　戰略的涵義

　　戰略涵義的起源及演變，中西各有其脈絡，在古代交通不發達時代，學術交流有一定難度，因此以往中西方對戰略學術的交流極少，是故中西對戰略的字彙及其意義，多少存在一些差異，因此要瞭解戰略的涵義，需將中西戰略的意義及其學術流變作一詳細說明。另外，二次世界大戰後，出現國家戰略概念，而國家戰略影響一個國家內部的興衰及其對外的國際關係，故北宋的國家戰略深刻影響北宋與遼、西夏的戰略關係，因此需對國家戰略的概念及其意義有一完整瞭解，始能以此為基礎詳細剖析宋廷君臣的戰略認知，並進而解析北宋與遼、西夏的戰略關係。

一、戰略的意義

　　戰略這名詞由來相當早，在西方，「strategy」一詞是導源於希臘文「strategi」，希臘人將之解釋為「統帥必備的一種綜合智識和藝術」。〔註1〕另

─────────────────

〔註1〕徐培根，《國家戰略概論》（台北：國防研究院，1959年5月），頁1。

一方面，根據考證，在我國五千年的歷史中，把「戰略」二字構成一個名詞，最早出現在西晉，有位司馬彪著有一本以戰略為名的書。〔註2〕不過，現在吾人所用之戰略的觀念，在古代中國早已用其他名詞取代。古書中對於軍事戰略所用的字是「兵」，對於大戰略用的字是「政」，不過，這些字都只是代表一個概括的概念，而沒有一個明確的界定。尤其是「兵」字也可以做較廣義的解釋。此外，由於戰略也是一種智慧的應用，古人稱之為「謀」，孫子兵法云「上兵伐謀」，這也可以說是戰略的解釋。〔註3〕

將西方的「strategy」翻譯成戰略二字的，應該是日本人，因為近代西方軍事思想大都由日本傳到中國，中國最早採用此譯法是在清末，西元1908年所翻譯的「戰略學」。〔註4〕

世界上有人的存在，就有人際關係的存在，而這種人際關係概括分為兩大類：一種是合作；另一種是衝突。人類是一種政治動物，多數人在一起生活，自然會逐漸形成政治組織，而最基本和最主要的形式就是國家，在這種演進過程中，個人的衝突就會變成集體的鬥爭，而最後的形式就是戰爭，最初的戰爭只是鬥力，但是，不用多久，除了鬥力之外，又會加上鬥智，等到雙方都開始知道鬥智時，最原始的戰略觀念已然產生。〔註5〕因此，原始的戰略觀念即是雙方在互相鬥爭下如何鬥智的過程。

戰略最原始的解釋就是將道，亦即「為將之道」，以現代術語而言，其範圍僅限於軍事戰略（military strategy），一直到19世紀，幾乎所有研究戰略的人都離不開軍事範圍，如克勞塞維茲（Cavl von Clausewitz）對戰略所下的定義為「使用會戰來作為達到戰爭目地的手段，……戰略形成戰爭的計畫，……對於個別戰役制定計畫並節制在每一個戰役中的戰鬥。」〔註6〕而另一位戰略家毛奇（Von Moltke），也下過一個比較清楚的定義：「戰略就是當一位將軍想達到預定的目的時，對於他所可能使用的工具如何實際運用的方法。」〔註7〕上述兩人對戰略下的定義都不出軍事範疇。二次大戰後，

〔註2〕 參見鈕先鍾，《中國戰略思想史》（台北：黎明文化事業公司，1992年10月），頁8。

〔註3〕 參見鈕先鍾，《中國戰略思想史》，頁10~11。

〔註4〕 參見鈕先鍾，《中國戰略思想史》，頁9。

〔註5〕 參見鈕先鍾，《現代戰略思潮》（台北：黎明文化事業公司，1989年9月），頁5。

〔註6〕 Carl von Clausewitz（克勞塞維茲）著、Roger Ashley Leonard（李奧那多）編、鈕先鍾譯，《戰爭論》（台北：麥田出版有限公司，1996年8月），頁125。

〔註7〕 B. H. Liddell-Hart（李德哈特）著、鈕先鍾譯，《戰略論》（台北：麥田出版有

戰略家李德哈特（B. H. Liddell Hart）對戰略下的定義為：「戰略是分配和運用軍事工具，藉以達到政策目的之藝術。」〔註8〕雖然李德哈特仍然將戰略本身視之為軍事戰略的一部分。但是，李德哈特另外又提出一個名詞：「大戰略」（grand strategy）或叫「高級戰略」（higher strategy），他認為：「所謂大戰略——高級戰略的任務就是協調和指導一個國家（或一群國家）的一切力量，使其達到戰爭的政治目的，而這個目的則由基本政策來加以決定。」〔註9〕由此大戰略的定義觀之，李德哈特的戰略觀念已經不再侷限於純粹的軍事層面。

　　另一位戰略家薄富爾（Ander Beaufre）對戰略下的定義為：「一種運用力量（force）的藝術，以使力量對於政策的達成可以做最有效的貢獻。」〔註10〕薄富爾對戰略的解釋是在以「力量」之運用以有效達到目標。雖然薄富爾沒有很明確的說明是什麼力量，但是薄富爾之後又提出所謂「總體戰略」以決定政治、經濟、外交、軍事等方面配合協調，〔註11〕這個「力量」顯然不單只是軍事力量，而是包括政治、經濟等其他層面的力量。到了50年代，美國JCS辭典則對戰略定義如下：「在平時和戰時，為了對政策提供所需要的最大支援，以求增加勝利機率和有效後果並減低失敗機會而發展和使用必要的政治、經濟、心理、軍事力量的藝術和科學。」〔註12〕同時，JCS辭典也定義了國家戰略：「在平時和戰時，為了達到國家目標而發展和使用國家的政治、經濟、心理權力連同武裝部隊的藝術和科學。」〔註13〕至1973年，柯林斯（Capt. John M. Collins）對國家戰略則有一簡單定義：「在一切環境下使用國家權力以達到國家目標的藝術和科學。」〔註14〕鈕先鍾則是將國家戰略的定義改寫成：「在平時和戰時，發展和國家資源（包括政治、經濟、心理、軍事四種權力）

限公司，1996年6月），頁402。

〔註8〕 B. H. Liddell-Hart（李德哈特）著、鈕先鍾譯，《戰略論》，頁404。

〔註9〕 B. H. Liddell-Hart（李德哈特）著、鈕先鍾譯，《戰略論》，頁405。

〔註10〕 Andre Beaufre（薄富爾）著、鈕先鍾譯，《戰略緒論》（台北：麥田出版有限公司，1996年9月），頁25。

〔註11〕 Andre Beaufre（薄富爾）著、鈕先鍾譯，《戰略緒論》，頁38。

〔註12〕 陳文尚、雷家驥編，《戰略理論研究》（台北：聯鳴文化有限公司，1981年1月），頁1。

〔註13〕 陳文尚、雷家驥編，《戰略理論研究》，頁2。

〔註14〕 Capt. John M. Collins（柯林斯）著、鈕先鍾譯，《大戰略：原理與實踐》（台北：黎明文化事業公司，1987年），頁455。

以求確實達到國家目標的藝術和科學。」〔註15〕而在 1995 年，美國國防部軍語詞典對國家戰略定義爲：「平時或戰時，發展運用國家之政治、經濟及心理力量，配合其武裝部隊，以鞏固國家目標之藝術與科學。」〔註16〕

綜上所述，戰略的定義範圍隨著時代的發展而逐漸擴大其範圍，由早期只侷限於軍事範圍一直到現代的政治、經濟、軍事、心理各層面無所不包，可謂戰略定義的發展越來越完備。因此，吾人可得出兩點結論：第一：戰略不只純粹的軍事意義，在長久的發展下，戰略本身已經包含了綜合外交、經濟、心理等各個層面，因此戰略的定義已經包容有國家戰略或稱之爲大戰略的涵義。第二：戰略是一種行動，它存在於對立的意志之互相的衝突裡，在互相衝突的過程中，予以思考並將之整理後，進而作出計畫，創造運用所有的力量並且選擇最有效的行動路線，最後，將之付諸於行動。

二、國家戰略的概念

戰略之發軔，最初應與戰爭有關，因戰爭須有準備與指導，而戰爭因指導階層不同，戰略有「垂直」體系分類；而在同一戰略階層中，又因指導對象性質之異，復有「平行」體系分類。以「垂直」分類而言，戰略由上而下可分爲四個階層：1. 爭取同（聯）盟目標的「大戰略」。2. 爭取國家目標的「國家戰略」。3. 爭取軍事、政治、經濟、心理目標的軍事、政治、經濟、心理戰略。4. 爭取決（會）戰目標的「野戰（作戰）戰略」。〔註17〕每一個戰略階層，都包含不同領域事務，故須有「平行」分類，使其在共同上層戰略指導下，能相互支援、協調與溝通，俾產生相乘效果的統合力量。以國家戰略而言，其下就有平行的政治、軍事、經濟、心理等戰略。〔註18〕

國家戰略乃上下層戰略間的互動關係，概爲「對上支持、對下指導」，但唯一例外，就是國家戰略之對大戰略。所謂大戰略，是建立在兩個或兩個以上國家共同事務或利害基礎上的戰略，通常基於各國主觀之需求而形成。這種需求的考量，包括各自國家的「國家安全」、「國家利益」、「國家目標」等

〔註15〕 鈕先鍾，《大戰略漫談》（台北：華欣文化事業公司，1977 年 5 月），頁 3～4。
〔註16〕 參見 Department of Defence U.S.A（美國國防部）編、國防部史政編譯局譯，《美國國防部軍語詞典》（台北：國防部史政編譯局，1995 年 6 月），頁 625。
〔註17〕 關於戰略的垂直分類，參見何世同，《中國戰略史》（台北：黎明文化事業股份有限公司，2005 年 5 月），頁 13。
〔註18〕 關於戰略的平行分類，參見何世同，《中國戰略史》，頁 14。

因素。換言之，大戰略產生的源頭，就是國家戰略。除非聯盟國家內有「超強」或「超國權力」存在，如唐朝的天可汗世界或現今「北大西洋公約組織」（NATO）中的美國，否則大戰略不一定能指導國家戰略，而國家戰略也不必然要支持大戰略，亦即在本質與內涵上，大戰略只是國家戰略中的「外政」延長罷了。

國家戰略之作為，在現代戰略研究的理論領域中，通常有一種程序性的假定：認為當一個政府在制定其國家戰略時應有一定程序，亦即在思考的過程中應有一定步驟。此程序簡單言之，首先假定有一套國家利益（National Interest）之存在，根據國家利益即可決定國家目標（National Objective），再根據國家目標來決定國家政策（National Policy），最後再根據國家政策來決定國家戰略（National Strategy）。〔註19〕

這套基本架構及程序，依筆者研究分析，目前有三種較具代表性的說法，分別為蔣緯國、孫紹蔚、鈕先鍾的國家戰略體系，但皆大同小異，並無矛盾之處，茲分述如下：〔註20〕

按下圖，可知其以國家利益為出發，訂出國家目標，從而發展出戰略之構想。在這一體系中，特別強調兩點：第一為基本性目標（戰略構想）和特定性目標（戰略構想）之區別。第二是用「戰略構想」一詞，而非直接使用戰略一詞，顯然特別強調思想的部份或政治的指導方針部分。此外，又把「戰略構想」放在政策之上，可以清楚了解，此「戰略構想」之出現與安排，乃是為了強調政策的統一性與協調性，以便求得統合力量之發揮。因為國家事務範圍廣泛，所以要把普遍目標和特定目標區分清楚，以便在特定事務領域內，產生一種統一與協調的指導方針。

〔註19〕 鈕先鍾，《大戰略漫談》，頁45～46。
〔註20〕 本書緒論中提到的孔令晟的大戰略體系，由於大戰略與國家戰略意涵仍有不同，故此處僅列出同以國家戰略為名的蔣緯國、孫紹蔚、鈕先鍾三人之國家戰略體系，孔令晟之大戰略體系恐會混淆，故暫且略過。參見本書緒論，頁5～6。

圖一：蔣緯國的國家戰略體系〔註21〕

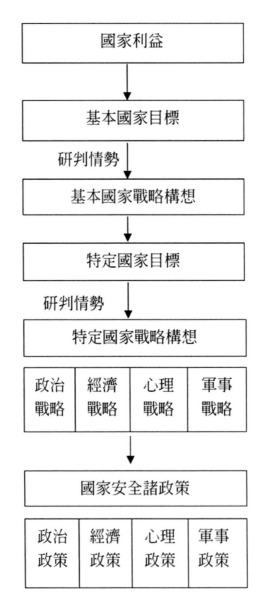

〔註21〕蔣緯國，《國略與大略》（台北：作者自印本，1984年），頁5。

圖二：孫紹蔚的國家戰略體系〔註22〕

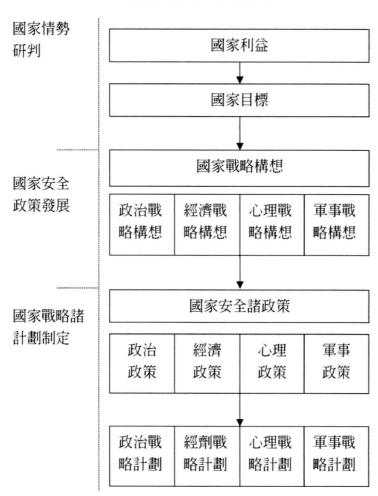

孫紹蔚的國家戰略體系可謂一目瞭然，他曾對此體系云：〔註23〕

由此體系觀之，吾人可以體認，所謂國家戰略。乃國家最高決策階層，為達成國家目標，維護國家利益，綜合運用政治、經濟、心理與軍事等四項國力要素，所制定的國家戰略構想；以及在此構想的指導下，所產生的國家安全諸政策；進而制定國家戰略諸般計劃，以期付諸實施。其著眼在綜合運用國力，發揮統合力量，用以指導

〔註22〕孫紹蔚，《從戰略理念論國家戰略》（台北：三軍大學，1978年5月），頁128。
〔註23〕孫紹蔚，《從戰略理念論國家戰略》，頁75～76。

國家整體性之活動，此全部內涵之綜合，即為國家戰略。而其範圍
係由國家利益而起，至國家戰略諸計劃止，共有五大項。此為國家
戰略之思維理則，亦為制定之發展程序與科學步驟。明乎此，則知
國家戰略之全貌矣。

由此可知國家戰略的內涵，也明瞭國家戰略的思考程序是由「國家利益」－
「國家目標」－「國家戰略構想」－「國家安全諸政策」－「國家戰略諸般
計劃」。然而國家戰略制定程序基本上是一種假想，其目地是為了解釋上便
利，實際上情形則更複雜，其意義並不是字面上看來那樣簡單，通常包括所
謂「反饋」（Feed back）作用在內，亦即整個程序中又存在著交互影響作用
（Interaction），所以整個過程應是一種循環不已和互相交流的情況。〔註24〕

圖三：鈕先鍾的國家戰略結構〔註25〕

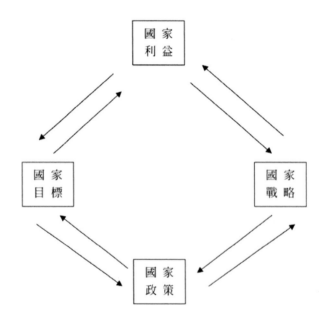

在此國家戰略體系中有兩大特色，一為說明四者互動關係，而不再是上下、
主從的關係了；另一特色是將戰略與利害直接建立起相互影響的關係，更能
描述、說明動態的真實社會。綜上所述，影響國家戰略的決定因素，至少包
括了國家利益、國家目標與國家政策，任何國家戰略的思考均不能脫離這些

〔註24〕鈕先鍾，《大戰略漫談》，頁91～93。
〔註25〕鈕先鍾，《大戰略漫談》，頁91～92。

因素的影響。

　　所謂「國家利益」，若按現代政治學理論而言，學者定義眾說紛紜。美國學者莫根索（Hans Morgenghau）的理論認為，國家利益又有主要利益、次要利益、永久利益、暫時利益、一般利益、特殊利益等等可以互相組合的觀念。〔註26〕大抵各種說法只是對國家利益涵蓋範圍的認識有程度上的差異而已，對於國家利益的本質，並非有不同認定。簡單言之，只要有國家的存在，即有國家利益的存在。然而，國家利益又是怎麼決定？又由誰來決定？根據鈕先鍾的看法，國家利益並非天生的，它們也是時代與環境的產品，他認為國家利益的決定，概括而言：〔註27〕

　　第一是所謂「民族使命」（National Mission）的觀念，那也就是說每個國家的人民對於其國家在世界上地位有一套相當完整的想像，這也就決定了其國家利益；第二是所謂「決定作為」（Decision Making）的觀念，那也就是說每個國家都有某些個人或機構，負責根據客觀環境來決定其國家利益。前者是比較主觀和無意，而後者則比較客觀和故意。

　　至於所謂「國家目標」則是對國家利益的進一步澄清和確定。過常國家利益是一種比較不變的因素，國家目標則應隨著環境而改變，必須隨時準備加以適當的調整。〔註28〕實際的情況中，利益和目標有時很難劃分清楚，常易混淆。然而國家利益多少是一種比較概況和抽象的觀念，於是有國家目標對其含意和內容作較肯定明確的說明，甚至採取逐條列舉的形式，國家戰略的作為乃有所根據，不致發生誤解。於是在先確立國家利益後，之後才能擬定國家目標，如果不進一步設法達成目標，則結果也就毫無意義，所謂「國家政策」即為用來達成國家目標的手段。國家目標是國家政策所追求的目標，國家政策則也就是達到國家目標的工具。〔註29〕美國海軍上校柯林斯（Capt. John M. Collins）在其所著《大戰略：原理與實踐》（Grand Strategy: Principles and Practices）一書中有云：「國家政策為政府在追求國家目標時，所採取的廣泛行動路線及指導原則的陳述。」〔註30〕即為正確且透徹之解釋。

〔註26〕鈕先鍾，《大戰略漫談》，頁47～49。
〔註27〕鈕先鍾，《大戰略漫談》，頁53。
〔註28〕參見蔣緯國，《國家戰略概說》（台北：三軍大學戰爭學院，1979年9月），頁31～38。
〔註29〕參見鈕先鍾，《國家戰略概論》（台北：正中書局，1975年1月），頁44～45。
〔註30〕Capt. John M. Collins（柯林斯）著、鈕先鍾譯，《大戰略：原理與實踐》，頁

第二節 權力平衡的基本概念

當人類文明進展到組成城邦或國家時，邦國之間不可避免的會引起衝突與戰爭，於是國與國之間就會出現權力平衡現象，雖然權力平衡的現象很早即出現，但是「權力平衡」一詞，實為義大利歷史家琪西蒂利（Francesco Guicciardini）所首創。〔註31〕哈佛大學歷史系教授授費伊（Sidncy B. Fay）則定義權力平衡：「權力平衡是國際社會份子間權力的『適當分配』，使任何份子不會過於強大得強迫其他份子接受其意志。」〔註32〕這是關於權力平衡的古典定義。然而，隨著時代進步及國與國間的關係日趨複雜，加上現代國際組織的不斷出現，對於權力平衡所賦予的意義也較上述權力平衡的傳統意義更為廣泛與多元。〔註33〕

一、權力平衡的意義

為了分析權力平衡的觀念及如何更清晰、更有意義的運用此種觀念，吾人必須更精確的明瞭權力平衡的意義。克勞德（Lnis L. Claude Jr.）在《權力與國際關係（Power and Internation Relations）》一書中指出，研究國際關係的學者對權力平衡的意義有三種不同的看法：〔註34〕

（一）權力平衡是一種情勢（Situation）

權力平衡有時是指一種均衡的情勢。就此意義而言，它完全屬於描寫性質，旨在說明國與國之間權力的分配，是成約略均等之狀態。這正如天秤兩端因為重量相等而平衡的情形一樣。但是，有時權力平衡是指相互競爭中的各國，彼此力量實際上並不平衡之情勢，也就是一種不平衡的狀態。由於權力平衡同時有均衡及不均衡之含義，因此做這種意義運用時，權力平衡便等於權力分配，泛指一種權力的狀況，而不論是否均衡。

（二）權力平衡是一種政策（Policy）

有時權力平衡被認為是促成或維持均勢的一種政策，這一政策承認而且

17～24。

〔註31〕雷崧生，《國際政治》（台北：台灣商務印書館，1979 年 11 月），頁 5。

〔註32〕雷崧生，《國際政治》，頁 50～51。

〔註33〕參見雷崧生，《國際政治》，頁 50～51。

〔註34〕Lnis L. Claude Jr.（克勞德）著、張保民譯，《權力與國際關係（Power and International Relations）》（台北：幼獅文化事業公司，1986 年 10 月），頁 8～18。

基於一個大前提，即未經平衡的權力皆有危險。因為強國難保沒有控制、壓迫甚至征服弱國的野心。在一多國制度中，唯一可以防範這種弱肉強食現象的政策，便是以權力對抗權力，以求確保各國的利益、安定及生存。

據上所述，權力平衡是一種謹慎的政策，如格倫特（A. J. Grand）與坦伯瑞（Harold Temperly）均認為：「權力平衡只是描寫國家在某些情況行為模式的一個方便名詞。」〔註35〕這顯然是指政策而言，而非權力分配的情況。莫威爾（Paul S.Mowrer）則認為：「權力平衡的真正意義，不過是指國家之間常有彼此聯合對抗可能侵略的一種自然趨向。」〔註36〕

（三）權力平衡是一種制度（System）

這可從國際政治制度這一事實看出，權力平衡最普通的用法也是本書所採的用法，便是作為多國世界中安排國際關係的一種方式來解釋，而不是看成權力分配之狀況或一種政治觀念。就結構而言，這一系統被視為由一群國家（即各自有獨立權力及決策力的單位）所組成，而這些國家之間交往之密切已到彼此可能相互影響，甚至不得不相互影響的地步。同時，在這一多國制度中，沒有一個最高的權威機構行使監督管制之權，或有能力支配這些獨立團體之間的關係。

綜上所述，權力平衡的三種意義因時間、空間或國家存在系統的不同，以及運用者、定義者的不同，因此有所分別，不過仍然有將權力平衡三種意義綜合詮釋者：「權力平衡是列國之間，為求個體生存與維持群體和平要求之下的一種制度、一種情勢、或是一種政策的設計與追求。」〔註37〕

二、維持權力平衡的方法與技術

在國際系統中若達成權力平衡，之後即需積極維持平衡使其不至於崩潰，關於維持平衡的方法與技術，多位學者提出許多不同的方法與技術。摩根索（Hans J. Morgenthau）曾於其《國際政治學》一書中，將維持權力平衡的方法分為：分化統治、補償政策、軍備、聯盟、均勢的支配者等五種。〔註38〕實格

〔註35〕Lnis L. Claude Jr.（克勞德）著、張保民譯，《權力與國際關係（Power and International Relations）》，頁12。

〔註36〕Lnis L. Claude Jr.（克勞德）著、張保民譯，《權力與國際關係（Power and International Relations）》，頁13。

〔註37〕趙明義，《當代國際關係綜論》（台北：帕米爾書店，1985年），頁20。

〔註38〕Hans J. Morgenthau（摩根索）著、張自學譯，《國際政治學》（臺北：幼獅文

體（James E. Dougherty）與普發茲格瑞夫（Robert L. Pfaltzgraff）在兩人合著的《爭辯中之國際關係理論（Contending Theories of International Relations）》一書中提出維持或恢復平衡更多的方法和技術，共有十一種：分治政策、戰後領土賠償、建立緩衝國、成立聯盟、劃分勢力範圍、干涉、外交談判、爭端的依法與和平解決、裁減軍備、軍備競賽、戰爭。〔註39〕

　　茲將二者相同且重要及與本書有關者共有五種，詳加說明如下：

　　（一）藉同盟或友邦之力來與他國抗衡。基本上，權力平衡系統是以反權力來制衡權力的一個過程，聯結同盟或友邦是達成這個目標的最佳方法。而一國是否採取同盟政策，並不是原則問題而是權宜的問題。假設有一國相信自己強大到足以自保而不需藉助外力，且同盟所產生之義務可能超過其所能得到的利益時，該國將避免與他國結盟；反之，若自己感到國力不足時，則必須採取行動爭取盟國或友邦，以補充自己權力之不足。至於能達成同盟最主要的原因是共同利益，其次為地理、文化、經濟等因素。

　　（二）以內部的建設來調整自己的權力。當一個國家感受到他國威脅時，增加權力最便捷的方法就是從事國內的各項建設工作，例如增強軍事工業、增加軍備、加強經濟建設等，事實上，國家本就必須盡全力加強本身各方面的力量。然而，以上述方式來維持權力平衡並非萬全之策，因為如果兩國力量差距極大，即便採取全力建設的方式也無法達成平衡的目的。

　　（三）補償原則的運用。在國際系統的自然狀態中，其他國家都是潛在之敵人，所以不能因對方勢力的增長，而不增加本身力量，補償原則由此而產生，其目的在維持國家間的均勢。補償原則是指某一強權的擴張使其他國家需要求得同等的補償；相反的，某一強權聲明放棄或減少權力，則其他國家也必須作對等的放棄。由上述對補償原則的定義可知，唯有強權及勝利者才可提出補償要求，就正義原則而言，補償制度最不可取。〔註40〕

　　（四）實行干涉。所謂干涉是指一個國家企圖影響另一個國家政治權威之結構所做越過邊界有組織、有系統的行動。對支持權力平衡者而言，以干

化事業公司，1986年5月），頁255～282。
〔註39〕James E. Dougherty（實格體）、Robert L. Pfaltzgraff（普發茲格瑞夫）著，洪秀菊等合譯，《爭辯中之國際關係理論（Contending Theories of International Relations）》（臺北：黎明文化事業公司，1979年），頁28～29。
〔註40〕Lnis L. Claude Jr.（克勞德）著、張保民譯，《權力與國際關係（Power and International Relations）》，頁23。

涉作為維持平衡的工具常造成很大的困擾。有些抱持理想主義之權力平衡論者就提出以增強本身的力量及結盟來防止干涉的實施。但他們也不得不承認在某些特殊情況下，國家可實施干涉。但是無論如何，干涉之可能性也受到幾種因素影響：干涉國與被干涉國之間實力差距、反干涉的可能性、受干涉者內部穩定的程度等。〔註41〕

　　（五）支配平衡者的存在。這種權力平衡的方式可借用天秤的比喻說明，在此系統中包括兩個秤盤，每個秤盤放置一個國家或遵循同一政策的數個國家，彼此互相維持著天秤的平衡；但是也可能在兩個秤盤之外，再加上第三個因素，即「支配平衡者」，支配平衡者對任何一國或任何一集團的政策，不會發生永久認同的關係。由於支配平衡者唯一的目的就是維持均勢，因此可預期的結果是支配平衡者有時將它的重量加在這一邊；有時加在另一邊，換言之，當一方的安全及生存遭到他方的威脅時，支配平衡者會站在較弱的一方以求恢復雙方之平衡。因為平衡兩邊必須相互競爭來爭取它的支持，但支配平衡者必須拒絕和任何一邊建立永久的連鎖，且由於它的支持或不支持是權力鬥爭的一項決定性因素，若其外交政策能妥善處理，將能從它所支持的一邊得到最高的代價。〔註42〕

三、權力平衡的結構模式

　　權力平衡有直接對抗與競爭兩種模式，而國際舞台上爭取權力鬥爭都在這兩種模式下進行，現將直接對抗模式與競爭模式分述如下：

　　（一）直接對抗模式：在國際系統中，甲國將對乙國採取一項主義或政策，乙國勢必維護自己的主權而以自己的主義或政策對抗，這種模式就是直接對抗模式，簡言之，即是一個國家想要建立它自己對於另一個國家的控制權，而後者卻拒絕屈服於前者的政策之下。在此模式中，權力平衡直接產生自兩個國家均願見各自政策壓倒對方的政策，即甲國企圖增加其自己對於乙國的權力，增加的程度必須使它能夠控制乙國的決定，因而導致它的政策成功，另一方面，乙國將努力增加自己權力，增加的程度希望能使它抵抗甲國的壓力，從而挫敗甲國的政策，或者乙國自己也將採取一項有成功希望的政策。若有後者情形發生，甲國必須轉而增加它自己的權力，以便能夠抵抗乙

〔註41〕參見李其泰編著，《國際政治》（臺北：正中書局，1986年8月），頁248～249。
〔註42〕趙明義，《當代國際關係綜論》，頁277～282。

國的政策，並追求它自己有成功希望的政策。這種對抗力量的相互平衡，將逐一進行下去，〔註43〕此種關係圖示如下：

圖四：直接對抗模式關係圖

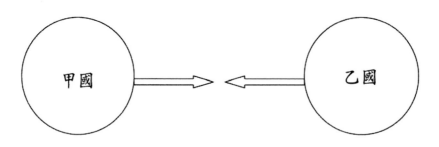

（二）競爭模式：在甲、乙、丙三國競爭的模式中，面對乙國的反對，甲國為了控制丙國所需要的權力，縱然未被乙國的權力超越，至少也能平衡。反之，乙國想要控制丙國的權力，也被甲國的權力平衡了，即使尚未被超越。不過，此處的權力平衡除維持甲、乙、丙三國關係的脆弱穩定和兩國彼此免於對方控制的安全外，也實現了另一項功能，即維護丙國的獨立，使其免於甲或乙國的侵凌。丙國的獨立，只是甲、乙、丙三國間存在的權力關係的一項作用和功能。

圖五：競爭模式關係圖

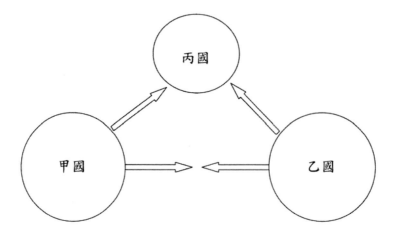

〔註43〕趙明義，《當代國際關係綜論》，頁 246～252。

　　假設此種權力關係，發生一項有利於甲國的決定性轉變，如此一來丙國的獨立將立即受到危險：

圖六：競爭模式關係圖——甲國勢力獨大

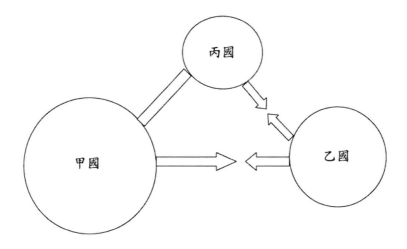

　　假設現狀國家，也就是乙國獲得一項永久性的優勢，則丙國的自由也將隨著那項優勢的大小而變得更安全。

圖七：競爭模式關係圖——乙國勢力獨大

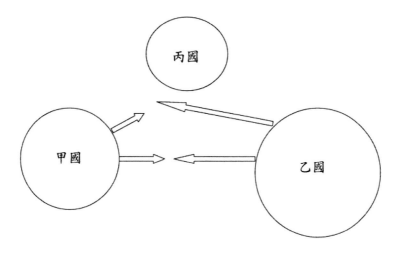

　　假設甲國完全放棄其主義或政策，或者永久性的轉移目標，從丙國移至另一目標丁國，如此則丙國的安全即會到來。

圖八：競爭模式關係圖——甲國轉移目標

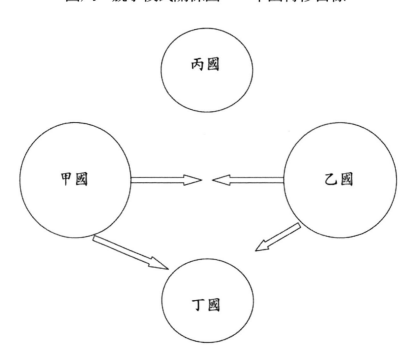

　　透過上述兩種對抗模式的說明與圖解，吾人可知權力平衡最重要的表現，不在兩個孤立國家的相互平衡，而在一個國家或另一個聯盟和另一個聯盟關係中。

四、聯盟的概念

　　就國際政治的觀點而言，一個獨立的主權國家，乃國際系統、國際社會的組成者，亦是國際政治的參與者，同時具有內在的功能與外在的功能。〔註44〕而國家的政府是發號施令的中心，必須以人民福祉為第一要務，因此，任何政府為了實現國家目標、保護國家利益，或為嚇阻外來的威脅，皆可以與相類似情形國家締結軍事或外交的聯盟。

　　聯盟的概念如同政治本身一樣的悠久，聯盟要能有效，必須盟國利益能夠一致，一旦這種利益的一致性無法維持時，聯盟便告崩潰，因此採行聯合是必要的暫時現象。皮克（Pick Otto）與克利企里（Crichley Gulian）認為，

〔註44〕參見洪鎌德，《世界政治新論》，（台北：牧童出版社，1977年），頁86。

聯盟注意的是力量的臨時合作，在這意義下他們適合國家行為權力——政治
分析架構上，基於以上這個理論導出的概念即是平衡的概念，這個概念發展
已有幾世紀之久。〔註45〕

　　至於羅森（Steven J. Rosen）和瓊斯（Walter S.Jones）對權力平衡和聯盟
的概念則更詳盡：〔註46〕

> 　　如果甲、乙兩國權力相等，他們即是在平衡的狀態下，因此他們之
> 中沒有任何一國乘機攻擊另一國，純粹的和平在他們之中顯露出
> 來。實際上的困擾是甲國不相等於乙國，對於兩國間利益的認知和
> 能力的估計是不一樣的。進一步來說，國家亦僅能在整個國際環境
> 之內行動，他們是相互依賴而非彼此獨立。但是在此平衡的遊戲
> 中，甲國尋求聯盟以便平衡乙國，乙國亦如此。當其中一邊或另一
> 邊認為平衡點已達到而它處於短暫的優勢時，就採行先發制人的行
> 動，盡其所能把利益帶回本國，而結果是戰爭爆發了。有時候為削
> 弱一強國或數國，就結成聯盟攻打之，扶弱抑強是為了「回復平
> 衡」。

事實上，完全平衡的情形非常少見，因為就理論而言，平衡的概念相當單純，
然而在實際上許多國家間會爆發衝突或戰爭，其目的只為調整局勢、維護或
回復平衡。

　　摩根索（Hans J. Morgenthau）在其著作《國際政治學》一書中特別強調
國家如何運用權力來實現其慾望，這就是他藉權力一詞來界定利益的概念的
原因。〔註47〕而李其泰則認為聯盟是國際間所締結軍事的、政治的、外交的
一種聯合（Coalition），是兩國或兩國以上藉軍事、政治或外交的盟約締結，
相互增進彼此間的安全與利益，並減少敵對國家或國家集團的勢力。因此結
盟可以說是表明國與國之間具有共同的安全與利益的存在，並將這種共同的
安全與利益轉化為法律的義務。〔註48〕綜合上述兩人所言，若由國際關係理

〔註45〕皮克（Pick Otto）、克利企里（Crichley Gulian）著，朱堅章主譯，《集體安全》
　　　　（台北：幼獅文化事業公司，1978 年 5 月），頁 11。
〔註46〕Steven J. Rosen（羅森）、Walter S. Jones（瓊斯）著，林郁方、金開鑫、謝福
　　　　助等合譯，《國際關係》（台北：正中書局，1983 年 12 月），頁 249～253、339
　　　　～340。
〔註47〕Hans J. Morgenthau（摩根索）著、張自學譯，《國際政治學》，頁 6～7。
〔註48〕李其泰編著，《國際政治》，頁 249～252。

論立場觀之，一旦締約的盟國獲致其目標時，聯盟式聯合便會解散，原因是締約國的構成目的，只在反抗某些其他的國家或某些其他的事件而結盟。雖然締約國有一種共同感，可能會加強聯盟或聯合，但事實上這共同感很少會產生持久的作用。每一個締約國在參與聯盟之前，爲了能夠實踐某些所期望的目標，必定會衡量其參與聯盟的代價與報酬，自然須得多於失，如此加入聯盟才有意義。因此，聯盟結合程度的大小得完全視每個國家的國內與國外壓力之間的關係，而造成的得失影響。一旦這個國家估計付出的代價可能大於所獲致的報酬，則會考慮與其他國家聯合。

國家加入聯盟是基於安全、穩定與地位的考慮，有些國家畏懼不參加聯盟恐遭到報復的威脅，或者是參加聯盟可能會得到某些利益，或者得到某一政策的承諾，或者是滿足某些情感上的需要，這些都成爲國家加入聯盟的理由。〔註 49〕

洪瀺德在《世界政治新論》一書中對於聯盟的締結與聯盟內的活動，有相當詳盡的說明。他首先提出聯盟建立者必須「精簡地」（Economically）進行聯盟的活動，即是不要將所有可利用的國家，均納入聯盟的體系。反之，應該衡量對「某一盟邦單位的承認，因而付出的單位代價，所帶來的邊際效用。」〔註 50〕作爲是否值得加入聯盟的標準，亦即是聯盟「範圍原則」（Size Principle）的運用。據此原則，締結聯盟的國家在正好適合聯盟所需要的範圍時，才能夠實踐他們共同的目標。假使締約當事國能夠掌握完整的情報，那他們將會建立一個完善的聯盟，反之，若締約國的數目過多，容易導致聯盟時間減少，而且聯盟締約國的角色與主張，常隨著個別國力的增減而變動，聯盟「核心權力」（Core Power）如增強，則有助於聯盟結合的鞏固。

至於締結聯盟的優點與缺點則是相對地發生。追求安全，對締約國而言，固然可以受到聯盟的保護，此爲優點，但卻容易導致挑釁，此誠爲缺點。再就國際地位而言，聯盟或許會提高締約國的地位（優點），但也限制其獨立自主、自由活動機會（缺點）。因此，要評估某一盟約的利弊時，必須比較它與其他盟約假設上的優劣，不加盟的好壞，或至少與一個不可避免的聯盟，但有不同的實踐相比。另外，至爲重要的是，在各個國家形成適當的聯盟時，

〔註 49〕 參見 Charles P. Schleicher（旭力格）著、張迺藩譯，《國際關係論》（台北：中華文化出版事業社，1960 年 3 月），頁 98～101。

〔註 50〕 洪鎌德，《世界政治新論》，頁 244。

彼此間意見與消息溝通須暢通且無誤會，才不會因錯誤訊息或溝通不良導致
聯盟瓦解或國家遭致損失。〔註51〕

　　權力平衡的意義，乃為了維繫整個系統使其不至於崩潰，故眾多學者提
出許多維持的方法與技術。如摩根索（Hans J. Morgenthau）於其《國際政治
學》一書中將維持權力平衡的方法分為（一）分化統治。（二）補償政策。（三）
軍備。（四）聯盟。（五）均勢的支配者。〔註52〕

　　在上述維持權力平衡五種方法中，聯盟最為普遍運用，其概念如同政治
本身一樣的悠久。聯盟（Alliance）是國際間所締結軍事的、政治的、外交的
一種聯合，是兩國或兩國以上藉軍事的、政治的或外交的盟約的締結，而相
互增進彼此間的安全與利益，並減少敵對國家或國家集團的勢力，因此結盟
可以說是表明國與國之間具有共同的安全與利益的存在。〔註53〕若由國際關
係理論研究立場觀之，一旦締約的盟國獲致其目標時，聯盟或聯合便會解散，
旭力格（Charles P. Schleicher）曾解釋其原因：〔註54〕

> 原因是締約國的主要構成條件之目的只在反抗某些其他的國家或某
> 些其他的事件而結盟。雖然締約國有一種共同感，可能會加強聯盟
> 或聯合，但事實上這共同感很少會產生持久的作用。每一個締約國
> 在參與聯盟之前，為了能夠實踐某些所期望的目標，必定會衡量其
> 參與聯盟的代價與報酬，必須得多於失始肯加入聯盟。因此，聯盟
> 結合程度的大小得完全視「各個締約國的國內與國外壓力之間的關
> 係，而造成的得失影響。」一旦締約國估計付出的代價可能大於所
> 獲致的報酬，則會考慮其他國家（或其他聯盟）聯合。

國家加入聯盟是基於安全、穩定與地位的考慮。有些國家畏懼不參加聯盟恐
遭到報復的威脅，或者是參加聯盟可能得到某些利益，這些都成為國家加入
聯盟的理由。林特勒（Howard H. Lentner）在其《外交政策分析》（Foreign Policy
Analysis）一書中將聯盟的過程，分為四個步驟：〔註55〕

〔註51〕洪鎌德，《世界政治新論》，頁244～247。
〔註52〕Hans J. Morgenthau（摩根索）著、張自學譯，《國際政治學》，頁255～282。
〔註53〕參見李其泰編著，《國際政治》，頁248～249。
〔註54〕Charles P. Schleicher（旭力格）著、張迺藩譯，《國際關係論》，頁98～101。
〔註55〕Howard H. Lentner. *Foreign Policy Analysis: A Comparative and Conceptual Approach.*（Columbus: Charles E. Merrill, publishing Company, 1974）pp.224-229.

　　（一）聯盟的構成：聯盟構成是基於共同的利益，為了避免遭到來自某一個國家或其他的聯盟所帶來的威脅，不論其基礎如何，其中必定存在一個主要的盟國。而通常扮演主盟國的角色是發起組成該聯盟的國家，它負責協調聯盟各成員國之間的接洽，以及決定聯盟大致的方針與範圍，並且在簽署文件和談判中扮演主角。此外，主盟國還可以利用物質的、經濟的、軍事的援助引誘有關的國家參加聯盟。若這些有關係的國家對援助不表示接受，援助便無所用，但實際上還可以做最低限度的運用，以獲致其所希望的條件，一旦主盟國做了承諾，則在聯盟中多少會遷就這些盟國。

　　（二）聯盟的維持：聯盟的維持不像聯盟各個國家的內部政治官僚制度那樣的明顯與合法，若將聯盟的領導權與國內政治的領導權相比，則聯盟較易接受挑戰。至於維持聯盟的主要工具，不外是加強外交、經濟、軍事、與物質的支援。若某一盟國的決策及局勢有所變化，則聯盟的維持可能更為困難，若主盟國任其情勢惡化，則會無形地破壞聯盟的基礎。因此主盟國常會設法解決部份盟國的問題，或是滿足其所求，否則會使聯盟趨於瓦解。此外，聯盟的維持尚有協調等方式，此種方式的目的在給予每個盟國有更多的自由，便於決定其對盟國的貢獻與更具有彈性的選擇，以利進行其外交決策。倘若主盟國依其意志行使其選擇的政策，而與其他盟國的利益有巨大的差距，其他盟國勢必不滿意，必定會造成聯盟緊張。若這項政策與聯盟關係不大，甚至無所關聯時，便不致有嚴重的緊張，但若違反聯盟的利益，勢必造成急遽變化。

　　（三）聯盟的基本決策：聯盟的維持無論是主盟國或其他的盟國，他們所面臨的問題是如何保持及增加其在聯盟中的影響力。但有時由於聯盟本身或某一盟國，或聯盟外來的影響力。勢必促使聯盟有重新調整其基本決策的必要，以便應付。聯盟的基本決策就成為各盟國相互妥協下的產物。基本上聯盟內盟國少，決策方式會較簡單容易，不過隨著聯盟的複雜與擴大，決策程序也會更形複雜。

　　（四）盟國的退出：盟國的退出一般而言應是個別國家所作的決定，但若是有一個影響力大的盟國退出，必定導致其他盟國重新調整其政策。若退出聯盟的盟國其實力不足以帶給該聯盟重大影響，聯盟為了維持秩序，往往會實施武力干涉。另外在戰爭期間盟國的退出，更容易引起其他盟國的干涉，

以便強使其留在聯盟內。

　　就聯盟的類型而言，約可分為三種。當兩國或多國合作的共同利益，從政策和行動的觀點來看，是含糊或不確定時，才需要締結聯盟，以明確規範共同採取的政策和行動。這些共同的利益和政策，依照聯盟的關條可分為三種類型：（一）利益和政策完全一致。（二）利益和政策只是補充的。（三）利益和政策是屬於主義和思想性質的。另外，更具有代表性的聯盟關係，是同一聯盟條約中既規定了物質的義務，也規定了主義或思想的義務。

　　本書探討北宋與遼、西夏三個國家聯盟關係的過程中，是以三位體的建構為探討的基礎。並依據齊奧多・開普樓（Theodore Caplow）的三角關係研究理論來驗證，該理論的目的在研究三位體中最初的權力分配對聯盟形成的影響，而根據其研究成果，三角關係可排列出八種類型，如下圖所示：〔註56〕

圖九：Theodore Caplow（齊奧多・開普樓）三角關係的八種類型

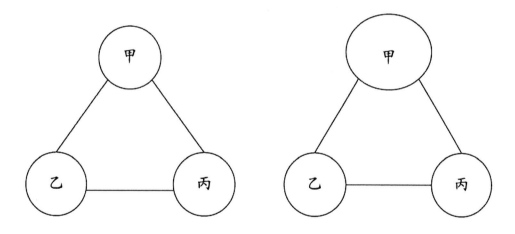

類型一：甲＝乙＝丙　　　　　　類型二：甲＞乙，乙＝丙
　　　　　　　　　　　　　　　　　　　甲＜（乙＋丙）

〔註56〕Theodore Caplow（齊奧多・開普樓）著；章英華、丁庭宇譯，《權力的遊戲》（台北：桂冠圖書股份有限公司，1986年10月），頁2～12。

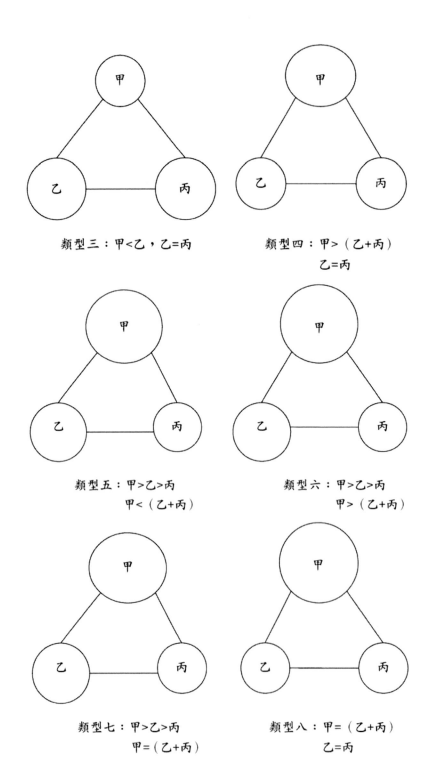

類型三：甲<乙，乙＝丙　　　　　類型四：甲>（乙＋丙）
　　　　　　　　　　　　　　　　　　　　　　乙＝丙

類型五：甲>乙>丙　　　　　　　　類型六：甲>乙>丙
　　　甲<（乙＋丙）　　　　　　　　　甲>（乙＋丙）

類型七：甲>乙>丙　　　　　　　　類型八：甲＝（乙＋丙）
　　　甲＝（乙＋丙）　　　　　　　　　乙＝丙

上述八個類型當中，以該理論的類型二最具代表性，其模型為在同一系統的甲、乙、丙三者，甲的力量強於乙、丙，但超出程度不大。而在系統內的成員皆欲尋求聯盟，因為一旦被孤立，勢必居於劣勢，於是將出現甲丙、甲乙、乙丙三種可能的聯盟，如圖十：

圖十：類型二的可能結盟類型

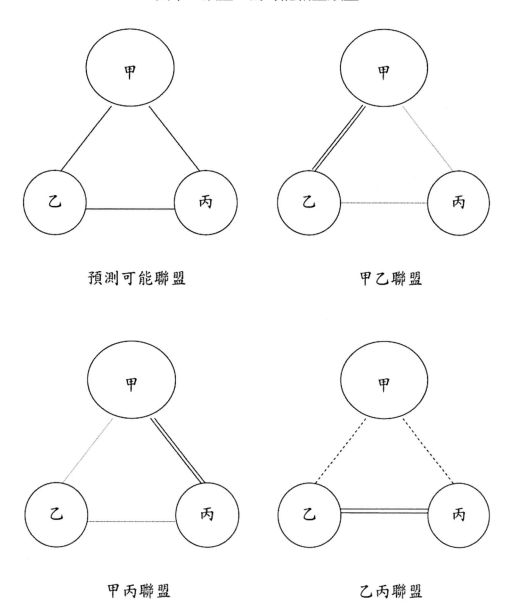

然而這三種可能的聯盟利益必不相等。以乙的情況而言，若乙和甲結盟，藉結盟之力，乙是優於丙，但是在聯盟內，乙始終比甲弱。假使乙與丙締結聯盟，在聯盟內乙與丙地位不相上下，而藉聯盟的助力卻可比甲強，因此其他條件相等時，將形成乙丙聯盟，而一對一時的強者甲，此時則將居劣勢。

　　另外該理論的類型四亦可供作參考，其模型為甲遠比乙丙聯手的力量還強，故丙毫無結盟的興趣，因為就算結盟仍然不如甲，何況彼此在聯盟裡只是均勢而已。此外甲既然比乙、丙都強，便不怕他們聯盟，也沒必要和乙或丙聯合，除非乙、丙發現額外的利益足以引誘甲，否則便無聯盟之可能，如圖十一：

圖十一：類型四的可能結盟分析

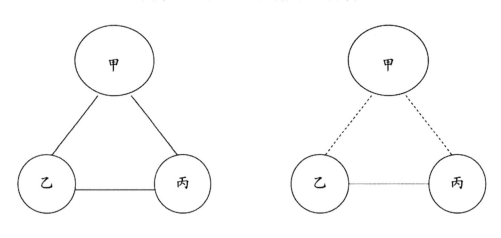

預測可能聯盟　　　　　　　　　　　　　預測可能聯盟：無

　　權力平衡制度，就結構而言，是由一群國家所組成，而這些國家之間交往程度相當密切，已達到不得不相互影響的地步。同時該制度沒有一個中央政治機構能夠支配這些獨立團體之間的關係，並有效行使監督管制之權。這一制度的基本假設是：任何國家若擁有足以用來損害他國的力量，皆不足以信任。任何權力若未能加以約束，則必然會威脅到制度裡所有其他單位的安全。而且權力也只有用權力始可有效抵制。因此，國際關係的穩定必須賴於均勢。如果每一個國家或每一群國家的權力，都有一股大致相等的勢力與之抗衡，則侵略行為便不容易發生，或即使發生也不容易成功。依照這一推論，權力平衡制度的基本作用便在促成維持均勢。

　　本書研究北宋與遼、西夏三個國家間的權力平衡關係，在爾後的各章節中將討論並分析三個國家間的戰略關係，而該項討論及分析是以前述的權力平衡為基礎。

第三節　戰略研究

　　「戰略」這一名詞，不僅是一個古老的名詞，更是一種古老的觀念，而觀念的存在，甚至可以說是遠在此名詞受到廣泛使用和獲得明確界定之前。時至今日，不僅戰略觀念有了新的定義和解釋，而且「戰略研究」（Strategic studies）也已發展成新的學域。「戰略研究」是一個遠較「戰略」晚出的名詞，其意義和內容也與「戰略」有相當的差異，儘管兩者之間有著密切的關係，但在研究上卻不可混為一談。

一、戰略研究的出現

　　「戰略研究」此一名詞初次出現在 1958 年，首次使用者為倫敦國際戰略研究所的第一任所長布強（Alastair Buchan）。當時他對這個名詞的解釋為：「對於在衝突情況中如何使用武力的分析。」〔註 57〕換言之，只是限定在軍事戰略的範疇。之後範圍逐漸擴大，不再限於戰爭和武力，並且把所有與國際事務有關的各方面都包括在裡面。因此，若現在要對「戰略研究」下一定義，則可言之：「戰略研究是對於在國際事務中如何使用權力的分析。」〔註 58〕

二、戰略研究的學術趨勢

　　「戰略研究」可以二次大戰作為一個分界點，在此之前，幾乎所有的戰略家都是名將，他們今天之所以獲得「戰略家」的尊稱，並非他們有偉大的戰略著作可以流傳後世，而是因為他們的百戰功高。這些名將都把他們自己看成一個「行動的人」（a man of action），而不以知識份子自居。他們重視的是如何建立偉大的戰功，而非著書流傳後世，因此對於用兵制勝之道很少願意作深入的探討，甚至於還有一點知其然而不知其所以然的味道。〔註 59〕

〔註 57〕鈕先鍾，《國家戰略論叢》（台北：黎明文化事業公司，1984 年 4 月），頁 35。
〔註 58〕鈕先鍾，《國家戰略論叢》，頁 35。
〔註 59〕參見鈕先鍾，《現代戰略思潮》，頁 241。

　　二次大戰把「戰略研究」推入新的境界，甚至可以說此時才有真正之「戰略研究」，二次大戰之前與之後的戰略理論、著作，其間存在很大的差異。二次大戰前的傳統戰略家，大都獨來獨往無所師承，他們的治學方式以個人為中心，最高成就即是成一家之言。二次大戰前，「戰略研究」從未獲得學術界的承認，然而時至今日，所有情況皆已改變，鈕先鍾對此曾提出四點說明：〔註60〕

　　一、現代戰略研究者的背景更為複雜，其中雖然還有職業軍人，但文人研究者卻有後來居上的趨勢，對二次大戰後戰略研究的發展，文人戰略研究者有很大的貢獻。

　　二、現代戰略研究的範圍已比過去更廣泛和複雜，不限於軍事也不限於戰爭，亦即包括所謂的總體戰略或國家戰略，內容包羅萬象，和其他學域相比，寬度和深度都有過之而無不及。

　　三、在治學方法和研究工具方面呈現長足的進步，除了傳統戰略思想家慣用的「歷史路線」（historical approach）仍被保留外，許多新的科學方法和研究領域都被引入，例如採用經濟學家的方法，提出量化和數字的研究數據。

　　四、戰略研究在多樣化的發展下，戰略研究已非個人可以勝任，是故戰略研究必然走向集體化的趨勢，戰略研究機構的設立乃時勢所趨。然此種戰略機構與軍方培養人才、研究計畫的戰略機構不同，乃純粹的學術理論研究。

　　「戰略研究」成為一門新學域不容置疑，戰略研究不僅是一門學科，且為整合性的學科，走的是科際整合路線（interdisciplinary approach），需要其他不同學科的輸入，如政治科學、歷史、地理、經濟學、心理學、生物學、人類學、社會學、軍事戰略等學科，因此吾人可言，「戰略研究」乃科際整合的高級學域。〔註61〕

　　從傳統的戰略演變到現代的戰略研究，在思想的流程中乃大躍進之過程。過去的戰略家所思考的範圍較為狹窄，甚至可以說只思考純軍事問題。然今日之戰略研究者早已擴大其研究範圍，戰略研究也已成為科際整合的學科。

　　鈕先鍾認為戰略研究可以分為四種境界：歷史境界（Historical Dimension）、

〔註60〕參見鈕先鍾，《國家戰略論叢》，頁38〜39。
〔註61〕參見鈕先鍾，《現代戰略思潮》，頁248〜249。

科學境界（Scientific Dimension）、藝術境界（Artistic Dimension）、哲學境界
（Philosophical Dimension）。〔註62〕由於筆者才疏學淺，欲達到以上標準而能力
有所不逮，僅希望藉由歷史領域之中的窮究，如能淺薄地一窺戰略學域的堂奧
則不免萬幸。此外，筆者也希望藉由本書的研究，以權力平衡觀點的新面向解
析北宋與遼、西夏的戰略關係，能爲研究歷史提供新的研究取向，即「戰略研
究」取向。

〔註62〕鈕先鍾，《戰略研究與戰略思想》，頁2。

第二章　北宋立國戰略分析

　　北宋在中國歷史上文風鼎盛但積弱不振，始終無法擺脫遼國和西夏威脅，身爲統一王朝的北宋，爲何無法和漢、唐一樣打敗少數民族，其中的原因和開國之初的軍事思想與軍事政策有關，因開國皇帝重視的制度與政策方向，對整個朝代影響深遠，後世子孫常以祖宗家法視之，因此本章從北宋的立國戰略切入，在探討北宋與遼國、西夏的戰略關係之前，須先考察宋太祖的統一戰略、強幹弱枝政策、以及建軍政策等立國戰略，評析其立國戰略制定過程及其優劣，和對北宋國勢與後世的影響。

第一節　先南後北、先弱後強的統一戰略

　　在中國歷史上，政局混亂、享國短暫的莫過於五代，五代可以說是唐末藩鎮的延續，各處割劇勢力並存，與五代後梁、後唐、後晉、後漢、後周先後並存者還有前蜀、後蜀、吳、南唐、吳越、武平、南平、閩、北漢等十個政權，歷史上統稱爲五代十國，而結束五代十國紛亂局面的正是創建宋朝的宋太祖趙匡胤。

　　趙匡胤出身行伍，在後漢隱帝乾祐元年（948）應募於時任樞密使的郭威帳下。〔註 1〕三年後（951）郭威篡後漢建立後周政權，是爲後周太祖，在位三年崩，養子柴榮繼位，是爲後周世宗。後周世宗乃五代少見之英主，即位後積極北伐，準備從遼國手中搶回燕雲十六州，可惜英年早逝，於顯德六年（959）六月崩，其四子柴宗訓繼位，是爲後周恭帝。此時的趙匡胤歷任三帝，

〔註 1〕參見脫脫，《宋史》（中華書局點校本）卷 1〈太祖本紀〉，頁 2。

從帳下卒東西班引導逐步升至州刺史、軍節度使、殿前都點檢、檢校太尉，後周軍政大權遂逐漸落入趙匡胤手中。

顯德七年（960）北漢聯合遼國興兵犯境，宰相范質命殿前都點檢趙匡胤率軍北上禦敵，當後周軍隊到達陳橋驛（河南開封東）時，軍士不願前進，推趙匡胤爲帝，史稱陳橋兵變：〔註2〕

> 建隆元年（960）春正月辛丑朔，鎮、定二州言契丹（遼國）入侵，北漢兵自土門東下與契丹命，周帝令太祖（趙匡胤）領宿衛諸將禦之。太祖自殿前都虞侯再遷都點檢，掌軍政凡六年，士卒服其恩威，數從世宗征伐，存立大功，人望固已歸之。於是主少國疑，中外始有推戴之議，……是夕，次陳橋驛，將士相與眾謀曰：「主上幼弱，未能親政。今我輩出死力爲國殺賊，誰則知之？不如先立點檢爲天子，然後北伐未晚也。」……甲辰黎明，四面呼叫聲起，聲震原野。
>
> （趙）普與（趙）匡義入白太祖，諸將已擐甲執兵，直扣寢門，曰：「諸將無主，願策太尉爲天子。」太祖驚起披衣，未及酬應，則相與扶出聽事，或以黃袍加太祖身，且羅拜庭下，稱萬歲。

趙匡胤黃袍加身建立北宋政權成爲宋太祖後，首先面對的是各地割據的政權，而宋太祖也如以往歷代開國君主一樣，努力掃平各地勢力，徹底改變分裂割據的局面，希冀北宋能成爲大一統王朝。

雖然當時的客觀形勢利於北宋，且在宋太祖的努力下消滅各地割據勢力完成統一大業，使唐末五代以來的分裂局勢得以結束，中國復歸統一，但兩宋三百二十年（960～1279）的國祚中，國勢積弱不振，除開國初期宋太祖、宋太宗兩朝稍具國威外，之後即陷於國弱兵困的局面，追本溯源，這與北宋的建國規模和立國戰略有很深的關係。

北宋剛取代後周時，十國分裂的局面並未結束。在北宋北方，有強大遼國卵翼下的北漢，南方和西方，有南唐、吳越、南漢、後蜀等較大的割據政權。此外在今天的湖南、湖北，還有周行逢的武平、高保融的南平等七個國家。這些大小割據勢力中，北漢依靠遼國的支持和北宋爲敵；南唐雖懼於北宋的兵威，努力經營對北宋的關係，但暗中卻對北宋嚴兵以待；後蜀和南漢也極力想繼續保持割據地位，對北宋持敵對態度；只有吳越順從北宋，但也

〔註2〕 李燾，《續資治通鑑長編》（世界書局新定本 600 卷，以下簡稱《長編》）卷 1，太祖建隆元年正月辛丑條。

繼續割據一方。

一、先南後北的戰略決策

　　宋太祖在後周時曾參加後周世宗對周圍割據政權的統一戰爭，故自然想完成後周世宗未竟的統一之志，因此他時常和大臣、將領反覆研究進行統一戰爭的戰略。就當時情況而言，乃是南征或北伐的選擇，先南平諸國或是北取燕雲，究竟何者爲先？曾使宋太祖猶豫不決，其實這種猶豫並非從宋太祖時開始，後周世宗也曾有過選擇，後周顯德二年（955），王朴獻「平邊策」，其云：〔註3〕

　　　　凡攻取之道，必先其易者。唐與吾接境幾二千里，其勢易拔也……。
　　　　既得江北，則用彼之民，行我之法，江南亦易取也。得江南則黔南、
　　　　巴蜀可傳檄而定。南方既定，則燕必望風內附，若其不至，移兵攻
　　　　之，席卷可平矣。惟河東必死之寇，不可以恩信誘，當以強兵制之，
　　　　然彼自高平之敗，力竭氣沮，必未能爲邊患，宜且以爲後圖，俟天
　　　　下既平，然後伺間，一舉可擒也。

王朴的戰略規劃乃先攻南唐江北諸州，之後取江南、繼之則爲蜀地、其後幽燕、最後平太原，王朴的戰略規劃尚屬完備，其重點有三：

　　（一）「攻取之道，必先其易者。」先從較弱者下手，再轉而面對較強的敵手，可以累積實戰經驗，逐次累積自身戰力，達到「勝敵而益強」〔註4〕的境界。

　　（二）先取江北，「用彼之民、揚我之兵。」用以戰養戰的方式，利用當地的人力資源補充因戰爭的損耗，使軍隊來源不虞匱乏，並且厚待投降者，使其他國家不致有所恐懼，用心理戰瓦解對方士氣，待宋軍一到，對手在抵抗無效後便會開門投降。

　　（三）知己知彼，〔註5〕「平邊策」可以說對當時的天下大勢有初步的瞭解，對各個國家的實力強弱也有一定的認識，避開北方強敵遼國，先從南方諸國開始，等到統一南方之後，再集中全國之力對付北方。

〔註3〕司馬光，《資治通鑑》（台北：西南書局，1982 年 9 月）卷 292〈後周紀〉3，
　　　　世宗顯德二年，頁 9526。
〔註4〕有關「勝敵而益強」的戰略內涵，參見吳九龍編，《孫子校釋》（北京：軍事
　　　　科學出版社，1990 年 7 月），頁 30。
〔註5〕有關「知己知彼」的戰略內涵，參見吳九龍編，《孫子校釋》，頁 48。

　　王朴先南後北的戰略對宋太祖影響甚深，因宋太祖跟隨後周世宗南征北討無役不與，頗知其經營天下大勢的戰略意圖。後周世宗先在顯德二年（955）閏九月取後蜀的秦、鳳、階、成四州（甘肅秦安、武都、成縣、陝西鳳縣等地）；接著在顯德五年（958）平定淮南。從今天的武漢地區以東，長江沿線以北的江蘇、安徽、湖北、河南等地原屬南唐的疆域，已全部納入後周版圖，南唐主李景還遣使表示願聽命於中國。〔註6〕隔年三月後周世宗揮軍北伐，以滄州（河北滄縣）為前進基地，直抵遼國南境門戶，自四月中至五月初，攻下三關取回三州，關南遂平。後周世宗原擬繼續北伐攻取幽州（北京市），可惜發病不得不南返，不久後病逝。〔註7〕

　　後周世宗並沒有完全按照「平邊策」施行，在南方諸國還沒有平定時就已北伐，但是宋太祖在先南征或北伐的戰略選擇中，卻遵循王朴「平邊策」先南後北的戰略方向，此從他與謀臣趙普的談話中即可看出：〔註8〕

> 上（宋太祖）自即位，數出微行，或過功臣家，不可測。……，一夕，大雪，（趙）普謂上不復出矣。久之，聞扣門聲異甚，亟出，則上立雪中，普惶恐迎拜。……普從容問曰：「夜久寒甚，陛下何以出？」上曰：「吾睡不能著，一榻之外，皆他人家也，故來見卿。」普曰：「陛下小天下耶，南征北伐，今其時也，願聞成算所向。」上曰：「吾欲收太原。」普嘿然良久，曰：「非臣所知也。」上問其故，普曰：「太原當西北二邊，使一舉而下，則邊患我獨當之，何不姑留以俟削平諸國，彼彈丸黑子之地，將何所逃。」上笑曰：「吾意正爾，姑試卿耳。」於是用兵荊湖、繼取西川。

趙普的戰略分析，使宋太祖大為高興，一個先消滅南方割據勢力，後消滅北漢的統一戰爭之基本戰略即告確定，這也是一般熟知的「先南後北」戰略。

二、消滅南方諸政權

　　北宋的統一戰爭，基本上按照「先南後北」的戰略進行。對遼國和北漢，北宋在削平南方割據勢力前，基本上採取守勢，只在邊境適時顯示武力，對來犯者予以適當反擊，同時與遼國互派使臣維持兩國關係，力圖保持北方戰

〔註6〕參見《資治通鑑》卷294〈後周紀〉5，世宗顯德五年，頁9580。
〔註7〕參見薛居正，《舊五代史》（中華書局點校本）卷119〈世宗紀〉，頁1581～1583。
〔註8〕《長編》卷9，太祖開寶元年七月丙午條。

線的暫時安定。對西北的西夏，當時關係尚未破裂，爲了戰略全局著想，防止西夏和北漢連成一氣互通聲息，於是派兵屯駐延州（陝西延安）、環州（甘肅環縣）、原州（甘肅鎮原）、靈武（寧夏靈武）、慶州（甘肅慶陽），力戒邊境生事並與羌人和平相處，保持西境安寧。對南方諸國，依先弱後強的戰略步驟，對較強的南唐，一方面先以撫慰策略進行羈縻，不僅禮遇南唐君臣，加強信使往來，更協助賑濟災荒，尊重其主權疆界，並送還來歸的叛臣等安撫手段。另一方面積極訓練水軍備戰，等到平定西方和南方諸國後，再對南唐威逼勸降或包圍而攻取之，接著繼續南下，攻取吳越和閩越。至於對國力最弱的南平、武平，則授予他們官爵，偵察其政情、軍事，再利用戰略契機以重兵突擊，一舉攻克兩地，爲進軍巴蜀、廣南取得進軍的前進基地。宋太祖的戰略方向正確，特別是對西北兩面加強了有力的防禦，史載：〔註9〕

> 自此累年無西北之虞，得以盡力東南，取荊湖、川（蜀）、廣（黔南）、
> 吳（江南）、越（兩浙）之地。

於是從建隆三年（962）起，宋太祖逐步展開削平南方諸國的軍事行動，如下表所示：

表一：宋太祖削平南方諸國軍事行動表

國　別	軍　事　行　動　經　過
平南平、武平	建隆三年（962）九月，割據湖南的武平節度使周行逢病死，幼子周保權繼任，大將張文表反叛，周保權一面派兵討伐張文表，一面向南平和北宋求援，這給了北宋一個出兵的好機會，因爲要出兵武平，一定要經過南平，而南平軍隊不過三萬，且內部橫征暴斂不得人心，很容易剿平。因此北宋以援助周保權討伐張文表爲名，「假途滅虢」假道南平，一舉消滅南平和武平兩個割據勢力。
平後蜀	乾德二年（964），後蜀主孟昶修書遣使北漢，密謀與北漢夾擊北宋。不料後蜀使者卻將此書獻予北宋，宋太祖得知後，決定著手消滅後蜀。同年十一月分兩路向後蜀進軍，由於後蜀政治腐敗，孟昶荒淫奢靡，連溺器都用珠寶裝飾，因此宋軍一到，各州縣紛紛投降。乾德三年（965）正月，孟昶投降，後蜀亡，宋軍自出師至佔領成都僅用六十五天。
平南漢	劉氏割據南漢六十餘年，至末主劉鋹時，昏庸殘暴，內部自相殘殺，荒淫昏懦的劉鋹也眾叛親離。開寶三年（970）秋，宋太祖命南唐主李煜修書劉鋹，令他向北宋稱臣，劉鋹斷然拒絕，宋太祖大怒，遂於十一月大舉進攻南漢，一路攻城掠地，翌年二月宋軍包圍廣州，劉鋹投降，南漢亡。

〔註9〕《長編》卷3，太祖建隆三年九月甲申條。

平南唐	南漢平定後，南唐成為北宋下一個戰略目標。宋太祖首先用反間計使南唐主李煜毒死當時南唐大將林仁肇，為進攻南唐掃除障礙。接著為了製造進攻南唐的藉口，命李煜到汴京朝拜，李煜不從。開寶七年（974）九月，宋軍十萬進攻南唐，唐軍連戰皆敗，宋軍包圍金陵城數月，直到翌年十一月，李煜被迫出城投降，南唐疆土自此成為北宋版圖。
吳越、福建獻地	開寶九年（976）十月，宋太祖崩，其弟趙光義即位，是為宋太宗。太平興國二年（978）三月，吳越王錢俶入朝進貢。同年四月，平海節度使陳洪進聽聞錢俶入朝，內心惶恐不安，於是也入朝，並上表呈獻所管漳、泉二州，此時錢俶尚在北京，聞說陳洪進上表獻地，內心恐懼，也上表獻吳越十三州，吳越和閩兩地遂入北宋，至此南方才告真正統一。

三、滅北漢完成統一

南方諸國統一後，剩下的割據政權僅剩北漢。宋太祖曾於開寶元年（968）、二年（969）、九年（976）三伐北漢。前二次都因遼國援助而失敗，最後一次則因宋太祖崩而班師。宋太宗鑑於前面三次失敗的教訓，訂定了「攻城阻援」的戰略方針，即攻打太原城，阻止遼國援軍。太平興國四年（979），宋太宗決定進兵北漢，同時進行三項作戰計劃：第一、四面圍攻太原城；第二、宋太宗親率大軍攻取太原外圍州縣；第三、遣兩路宋軍抵禦遼國東西二路援軍，孤立北漢使其無法獲得遼國援助。

由於宋太宗能洞悉北宋、北漢、遼國戰略情勢，故戰略規劃得當，使上述戰略計畫獲得成功，先是遼國東路援軍大敗，而西路軍得知東路軍敗退後，也自動撤走，此時宋軍陸續攻入太原外圍州縣，太原益形孤立，北漢主劉繼元只好上表請降，北漢平。唐末紛亂近百年的中國終於又復歸統一，史贊：「至是，天下既一，疆理幾復漢、唐之舊，其未入職方氏者，唯燕雲十六州而已。」〔註10〕北宋歷經宋太祖、宋太宗兩朝的努力終於統一中國，雖然仍處在遼國與西夏等外族的威脅下，但起碼延續了中國統一王朝的尊嚴。事實上與其他統一王朝相比，北宋在統一中國的過程中比較順利，宋軍應付南方諸國，有如摧枯拉朽、如入無人之境，很快就消滅南方各個割據勢力，這當然和宋太祖的先南後北戰略有關，避開北方強大對手，先從南方弱小者下手，雖然很快統一中國，但也留下無窮後患，可見先南後北戰略有利亦有

〔註10〕 《宋史》卷85〈地理志〉一，頁2094。事實上除了燕雲十六州尚未收復外，西北邊疆許多漢、唐舊疆仍未入北宋版圖，因此「幾復漢、唐之舊。」一語不免言過其實。

弊，然就當時北宋觀點而言乃利多於弊，若就後代以大歷史的眼光來看卻是弊多於利。

　　北宋初建時，其餘各割據勢力皆已傳位二、三代以上，暮氣漸深，彼此間只求和平相處，過著安居享樂的生活，「日與臣下酣宴，愁思悲歌不已。」〔註11〕政治上沒有積極作為，遑論軍事上有統一中國之目標，軍隊不過聊備一格罷了。反觀北宋，在後周世宗時就奠定了統一的基礎，後周世宗英明睿智，為探求治國之道並圖謀恢復大一統國家，曾謂宰相曰：〔註12〕

　　　　朕每思致治之方，未得其要，寢食不忘，又自唐、晉以來，吳、蜀、
　　　　幽、并，皆阻聲教未能混壹，宜命近臣著為君難為臣不易論及開邊
　　　　策各一篇，朕將覽焉。

又下詔文武臣僚廣徵意見，無論對天子個人缺失或時政是非，均可暢言無隱。而在政治、經濟、軍事力量穩定成長後，不僅積極用兵後蜀、南唐，更北伐遼國，後周世宗多次對外用兵皆獲得勝利。宋太祖承繼後周世宗的功績，北宋政權建立後，其國力已明顯高於南方諸國，平定南方自然輕而易舉，但平定北方就要花費一番力氣，而宋太祖捨先北後南之戰略規劃，採先南後北，自然是一種持盈保泰、步步為營的作法，但不免開啟了三百二十年的弱宋國運，當初先南後北戰略決策之影響不可謂不大。

四、先北後南的戰略思考

　　若採先北後南戰略，也並非沒有勝算，當時遼國正當遼穆宗在位，此人昏庸消極不理國事，是遼國建國以來國勢最弱的時期，史載：〔註13〕

　　　　顯德六年（959）夏，（後周）世宗北伐，……周師下三關，瀛、莫，
　　　　兵不血刃，述律（遼穆宗）聞之，謂其國人曰：「此本漢地，今以還
　　　　漢，又何惜耶？」

遼穆宗不管朝政竟然到如此程度，正是北宋北伐最好的戰略契機，若再加上宋太祖能憑藉後周世宗攻克三關，收回瀛、莫、易三州的餘威，捨南取北、直趨幽燕，收回燕雲十六州並非沒有勝算。一旦燕雲重入中國版圖，北漢不過檻中困獸，只能坐以待弊；至於南方諸國，必可傳檄而定，不用兵戎相見

〔註11〕歐陽修，《新五代史》（中華書局點校本）卷 62〈南唐世家〉，頁 779。
〔註12〕《資治通鑑》卷 292〈後周紀〉3，世宗顯德二年，頁 9525。
〔註13〕歐陽修，《新五代史》卷 73〈四夷附錄〉二，頁 904。

大動干戈。然宋太祖捨棄此種戰略方針，採取先南後北之穩健戰略，關於此戰略目標的選定，鈕先鍾指出：〔註14〕

> 此種戰略構想的弱點是避重就輕，假使不能乘開國時國威鼎盛之際，一舉而擊破強敵，則等到南方平定，兵力疲憊之後，更將成為強弩之末。果然到太宗時，雖已統一江南，並再平北漢，但對遼兩次親征都慘遭失敗。於是幽薊之地始終無法收復，而北面的威脅也就成為宋朝的致命傷。當然太宗戰敗的原因是很複雜，但最初戰略決定的錯誤仍負有很大的責任。

宋太祖夜訪趙普，兩人訂定先南後北戰略的後二年，即開寶二年（968），遼國昏君遼穆宗遭弒，遼景宗繼立，他革除遼穆宗時的弊端，留心政治、奮發圖強，姚從吾評為「契丹朝第一個留心庶政的皇帝。」〔註15〕宋太宗滅北漢時他已在位十年，而遼景宗之後為遼聖宗，知人善任，更加勵精圖治，遼國國勢轉趨強盛，北宋的國勢卻漸趨衰弱，一來一往間，不趁宋太祖、宋太宗國威鼎盛而遼穆宗國勢較衰之際北伐，幽燕諸州想重入中國版圖，成為北宋一個遙遠的期待。由上述觀點檢討當初先南後北的戰略決策，不可不謂有其缺失，王船山曾論曰：〔註16〕

> 王朴畫平一天下之策，……而後來宋平諸國，次第略同。而先蜀後江南，晚收河東，而置幽燕於不復，與朴說異。析中理勢以為定論，互有得失，而朴之失小，宋之失大也。……契丹之據幽燕也未久，其主固居朔漠，以廬帳為便安，視幽燕為贅土，未嘗厚食其利而歆之也。……則取之易也。遲之又久，而契丹已戀為膏腴，據為世守，故老已亡，人習於夷，且不知身為誰民之餘民，畫地以為契丹效死，是急攻則易，緩圖則難也。

王船山的評論可謂一針見血，北宋趁遼穆宗的時候北伐幽燕，可謂最佳之戰略時機，錯過這個時機對北宋而言至為可惜。

北宋處於四戰之地，北有遼國威脅，西北有西夏伺機而動，南有南方諸

〔註14〕 鈕先鍾，《國家戰略論叢》（台北：黎明文化事業公司，1984年4月），頁405～406。

〔註15〕 姚從吾，《姚從吾先生全集》（二）（台北：正中書局，1976年3月）〈遼金元史講義〉甲，「遼朝史」，頁161。

〔註16〕 王夫之，《讀通鑑論》（台北：台灣商務印書館，1979年）卷30〈五代〉下，頁1094～1096。

國，在戰略上居於內線，是一個內線作戰的態勢，〔註17〕必須避免兩面或多面作戰的戰略劣勢出現。如果先攻遼國及北漢，因南方諸國只求苟安沒有統一中國的雄心，故出兵攻擊北宋後方的可能性微乎其微。而北宋在先南後北的實際情況中，幸好北宋對遼國的和平通好政策生效，與遼國始終維持友好關係，宋太祖才能專心對付南方各國，假設遼國一時政策轉變，趁北宋對南方用兵時大軍壓境，北宋勢必面臨兩面作戰的劣勢，在此情形下北宋很有可能被遼國所滅，因為遼國乃當時東亞第一強國，北宋可能成為五代第六個短命的朝代。所以採先北後南戰略，不用怕南方各國的攻擊而處於內線作戰的地位。至於先南後北則要顧慮到兩面作戰的不利形勢，故與遼國關係的良好與否，亦成為先南後北戰略是否成功的重要因素之一。

重要戰略決策制定之後，必須要有貫徹到底的決心。宋太祖在訂定先南後北的戰略決策後，執行到中途卻轉而北伐，最後北伐失敗。其實戰略方針訂定後，在執行中出現情況變化，局部或全部變更作戰計劃是可能的。但這種情況，必須是帶全局性、根本性的情況。例如影響敵我力量對比和戰機的緊迫性，導致戰局發生變化的情況，如此則必須調整原定的戰略決策，如果僅是某些枝節上出現新情況，即貿然改變既定的戰略方針，則往往失策。宋太祖平定後蜀後，本想繼續平定南漢，但此時北漢政局發生變化，內部發生爭奪王位的紛爭，宋太祖認為討平北漢的戰略時機來臨，遂決定揮師北上。開寶元年（968）八月派兵攻北漢，北漢向遼國求援，遼廷決議派兵增援北漢，宋太祖也親率大軍圍攻太原城，卻久攻不下，宋軍多生病，遼國續增援軍，宋太祖在衡量情勢後不得不撤兵。宋太祖戰略目標的改變太過草率，突然的改變戰略目標，牽一髮而動全身，各種相關作戰準備無法重新擬定、配合，

〔註17〕法國戰略家約米尼（Antoine Henri Jomini）提出之「內線作戰」，即是居中央位置的己方對兩方面之敵的作戰，在己方兵力不足，或處於劣勢之際，採取內線作戰的方式，常可擊敗優勢兵力的敵方。參見氏著、鈕先鍾譯，《戰爭藝術（The Art Of War）》（台北：麥田出版有限公司，1997年5月），頁104～112、頁312～314。內線作戰書中翻譯成內作戰線，與其相應的還有外作戰線。內作戰線：是一支或兩支軍隊在對抗幾支敵軍時所採取的路線，其方向的選定，足以使我軍主將在短時間之內，調動和集中他的全部兵力，而使敵軍必須要用較大的兵力始足與他對抗。外作戰線：凡是一支軍隊同時向敵人的兩翼，或是向敵人的各部份進行作戰，其所採取的作戰線都是屬於這種性質。另尚可參見 Gunther Blumentritt（布魯門特步）著、國防部史政編譯局譯，《戰略與戰術》（台北：國防部史政編譯局，1980年7月），頁172～173。

當然逃不過失敗的命運。所幸宋太祖觀察到滅北漢的時機尚未成熟，故及時停止對北漢的進攻，仍繼續執行先南後北的戰略，所謂亡羊補牢猶未晚也。

第二節　強幹弱枝政策

唐代自安史之亂後，由中央集權演變爲地方分權，所謂朝廷之權散之四方。唐末五代的亂局，可以說是藩鎮之禍的擴大與延長。後周世宗雖然曾經致力削平群雄，卻「壯志未酬身先死」，未能完成統一大業。北宋承繼後周奠定的統一基礎，經過宋太祖、太宗兩代的努力經營，運用先南後北的戰略方針，終於統一全國。一個王朝在完成統一大業後，所面臨的是如何長治久安問題，北宋初年君臣針對唐末五代的亂源，力謀攻善，於是制定了「強幹弱枝」的政策，將全國精兵集中於中央，地方只有弱小的武備，地方無法和中央對抗，亦即「重內輕外」。強幹弱枝政策的實施，可由杯酒釋兵權和削藩來看出北宋對這個政策是如何的徹底施行。

宋太祖對強幹弱枝政策如此注重，實有其特殊背景。五代更迭是唐代藩鎮跋扈變亂的延續，「藩鎮盛，而唐以亡，更歷五代，亂亡相踵，未有不由於兵者。」〔註18〕更令宋太祖寢食難安的是，五代皇帝有多位皆出自於軍士的擁立，他自己也是其中之一。在宋太祖之前，有後唐明宗李嗣源、後唐廢帝潞王李從珂、後周太祖郭威，所以陳橋兵變是第四次，趙翼對此有詳細論述：〔註19〕

> （宋）太祖由陳橋兵變，遂登帝位，查初白詩云：「千秋疑案陳橋驛，一著黃袍便罷兵。」蓋以爲世所稀有之事也。不知五代諸帝，多由軍士擁立，相沿爲故事，至宋祖已第四矣。宋祖之前，有周太祖郭威；郭威之前，有廢帝潞王從珂；從珂之前，有唐明宗李嗣源，如一轍也。

帝位的得失操於軍人之手，對政權乃是莫大威脅，故宋太祖對於藩鎮和掌握禁軍兵權的將領，展開了一連串的措施。藩鎮和禁軍都是五代的禍根，而當時禁軍將領又兼領方鎮，重要方鎮亦兼典掌禁軍，如此內外相通，禍患由此而生，所以宋初的強幹弱枝，即是先從肅清禁軍爲強本之始，此乃宋太祖具

〔註18〕《宋史》卷187〈兵志〉一，頁4569。

〔註19〕趙翼，《廿二史劄記》（台北：樂天出版社，1973年2月）卷21〈五代諸帝多由軍士擁立〉，頁288。

親身經歷陳橋兵變之背景，於是訂定強幹弱枝政策。

一、整編中央禁軍收回兵權

宋太祖的強幹弱枝政策從大的方面來說，是強中央以弱地方，從小的方面來說，則爲強禁軍以弱諸道之兵。一般都以爲是起於建隆二年（961）杯酒釋兵權，其實宋太祖在登基之後，就實施多項措施，計劃一步一步收回禁軍兵權。

首先是取消禁軍兩首腦人物，北宋時禁軍三衙鼎立，各有都指揮使（侍衛親軍的馬軍都指揮使、步軍都指揮使，殿前軍的都指揮使），但並無統率者，此乃經過宋太祖的整編。事實上在後周時，侍衛親軍有馬步軍都指揮使，駕乎馬、步兩都指揮使之上；殿前軍則在都指揮使上有殿前都點檢。北宋創建時，侍衛親軍的馬步軍都指揮使原由李重進擔任，建隆元年（960）宋太祖以韓令坤代李重進爲馬步軍都指揮使，又使韓令坤領兵在外。宋太祖以殿前都點檢的身份登基，登基後先由慕容延釗升任殿前都點檢，與韓令坤領兵巡邊。建隆二年（961）三月宋太祖取消了兩個人在禁軍的職位，據《長編》所載：
〔註20〕

> 殿前都點檢宵軍節度慕容延釗罷爲山南西道節度使。韓令坤罷爲成德節度使，自是殿前都點檢不復除授。

從此侍衛親軍與殿前軍兩軍的首腦人物都取消了，聶崇岐對北宋禁軍將領變遷有詳細整理，參見下表：

表二：北宋禁軍將領變遷表〔註21〕

司	高級將領職銜	太祖將代周時	太祖受禪後	建隆元年（960）冬	建隆二年三月	建隆二年九月後
侍衛親軍司	馬步軍都指揮使	李重進	韓令坤	韓令坤	石守信	缺
	副都指揮使	韓通	石守信	石守信	缺	缺
	都虞侯	韓令坤	張令鐸	張令鐸	張令鐸	缺
	馬軍都指揮使	高懷德	張光翰	韓重贇	韓重贇	劉光義
	步軍都指揮使	張令鐸	趙彥徽	羅彥	羅彥	崔彥進

〔註20〕《長編》卷2，太祖建隆二年二月癸亥條。
〔註21〕聶崇岐，《宋史叢考》（台北：中華書局，1979年10月），頁270。

殿前司	都點檢	趙匡胤	慕容延釗	慕容延釗	缺	缺
	副都點檢	慕容延釗	高懷德	高懷德	高懷德	缺
	都指揮使	石守信	王審琦	王審琦	王審琦	韓重贇
	都虞侯	王審琦	趙光義	趙光義	趙光義	張瓊

其次，宋太祖以其弟趙光義為殿前都虞侯。趙光義即後來的太宗，與趙普同為陳橋兵變的要角，頗獲宋太祖信任：〔註22〕

> 朕（宋太宗）周顯德中年十六，時江淮未賓，從昭武皇帝南征，……，
> 屢與賊交鋒。賊應弦而踣者眾。（宋）太祖駐兵六合，聞其事，拊髀
> 大喜。年十八，從周世宗，（宋）太祖下瓦橋關瀛莫等州，亦在行陣。

宋太宗熟悉軍事武技，故任命為殿前都虞侯具重大意義，宋太祖之想法乃是將禁軍的兵權轉入宋太宗之手。接著宋太祖將處理軍務文官改用文人，宋太祖以文人治軍，先從處理軍務文官開始，「先是兩京軍巡及諸州馬步判官皆以補將吏，於是詔吏部流內銓注擬選人。」〔註23〕

上述措施皆是宋太祖在杯酒釋兵權前推行，至於著名的杯酒釋兵權則是在建隆二年（961）七月：〔註24〕

> 召守信等飲，酒酣，屏左右，謂曰：「我非爾曹之力不得至此，念爾
> 曹之德無有窮盡，然天子亦大艱難，殊不若為節度使之樂，吾終夕
> 未嘗敢安枕而臥也。」守信等皆曰：「何故？」上曰：「是不難知矣，
> 吾此位者誰不欲為之？」守信等皆頓首曰：「陛下何為出此言？今天
> 命已定，誰敢復有異心？」上曰：「不然。汝曹無異心，其如麾下之
> 人欲富貴者，一旦以黃袍加汝之身，汝雖不欲為，其可得乎？」皆
> 頓首涕泣曰：「臣等愚，不及此，惟陛下哀矜，指示可生之途。」上
> 曰：「人生如白駒之過隙，所為好富貴者，不過欲多積金錢，厚自娛
> 樂，使子孫無貧乏耳。爾曹何不釋去兵權，出守大藩，擇便好田宅
> 市之，為子孫立永遠不可動之業，多置歌兒舞女，日飲酒相歡，以
> 終其天年，我且與爾曹約為婚姻，君臣之間，兩無猜疑，上下相安，
> 不亦善乎？」皆拜謝曰：「陛下念臣等至此，所謂生死而肉骨也。」

〔註22〕《長編》卷29，太宗端拱元年正月庚辰條。
〔註23〕《長編》卷1，太祖建隆元年十月乙酉條。
〔註24〕《長編》卷2，太祖建隆二年七月戊辰條；杯酒釋兵權相關記事尚可參見《宋史》卷250〈石守信傳〉，頁8810。

　　　明日皆稱疾請罷。上喜，所以慰撫賜賚之甚厚。

宋太祖處理此事不似漢高祖劉邦的大肆殺戮功臣，因宋太祖心存仁厚，故爲史臣所讚美，而有「漢光武之於功臣，豈過是哉。」〔註25〕的美譽。

　　這些將領所以願意交出兵權，一方面因爲宋太祖的盛名；另一方面則是情勢所迫。宋太祖收回兵權固然是爲自己設想，也爲將領們設想，因在唐末五代，不但有悍將，更有驕兵，換言之，天子受制於悍將，而悍將受制於驕兵，天子與將帥的地位皆不安全。這類驕兵戾卒多屬藩鎭或霸主的親衛牙兵，此輩動輒脅制主帥，「變易主帥如兒戲。」〔註26〕擁立、廢逐、戕殺、及至舉族殺滅，都是這些驕兵戾卒任意率性而爲，朝廷受制於強臣悍帥，悍帥也受制於驕兵戾卒。趙翼曾分析其中原因：〔註27〕

　　　秦、漢、六朝以來，有叛將、無叛兵。至唐中葉以後，則方鎭兵變，
　　　比比皆是。蓋藩帥既不守臣節，毋怪乎其下從而效之，逐帥殺帥，
　　　視爲常事。爲之帥者，既慮其變而爲肘腋之患，又欲結其心以爲爪
　　　牙之助，遂不敢制以威令，而徒恃厚其恩賜，此驕兵之所以益橫也。

石守信、高懷德等將領爲了自身安全著想，當然願意「多積金帛田宅以遺子孫，歌兒舞女以終天年。」但是這項剝奪宿將軍權的措施，並非短時間可完成，乃經過一段時間逐步實施，《宋史·王彥超傳》載：〔註28〕

　　　開寶初，彥超自鳳翔來朝，與武行德、郭從義、白重贊、楊廷璋俱
　　　侍曲宴，太祖從容謂曰：「卿等皆國家重臣，久臨據鎭，王事鞅掌，
　　　非朕所以優賢之意。」彥超知旨，即前奏曰：「臣無勳勞，久冒榮寵，
　　　今已衰朽，願乞骸骨歸田園，臣之願也。」行德等竟自陳昔戰功
　　　及履歷艱苦，帝曰：「此異代事，何足論。」翌日，皆罷行德等節鎭。

從上述對話可看出宋太祖對石守信、王彥超爲首的這兩批將領態度有極大差異。對石守信等人是「明日，皆稱病乞解兵權。」對王彥超等人是「翌日，皆罷其節鎭。」前者爲溫和的態度，石守信等人是處在主動的狀態，主動的將兵權交出，宋太祖是在一個被動接受的地位；而後者則是強硬的處置，何以如此？因爲北宋已開國十年，中央基礎穩固，宋太祖不像前者處於被動地位，而是可以斷然取回兵權。

〔註25〕《宋史》卷 250〈石守信傳〉，頁 8829。
〔註26〕《廿二史劄記》卷 22〈魏博牙兵凡兩次誅戮〉，頁 298。
〔註27〕《廿二史劄記》卷 20〈方鎭驕兵〉，頁 267～268。
〔註28〕《宋史》卷 255〈王彥超傳〉，頁 8912。

　　宋太祖收回將帥兵權，所以要「歷以時日，逐步實施」者，正是因爲不少將帥不願交出兵權。這批將帥隨宋太祖南征北討統一天下，人人都有莫大戰功與尊榮，而喜愛尊榮之心人皆有之，一旦交出兵權，能否保有尊榮與官爵不無疑問。宋太祖洞悉這些將帥的微妙心理，因此對這些將帥提供優渥的禮遇與待遇。首先廣建豪華府邸賜與諸將帥，「宋初，革五季之患，召諸鎮節度會於京師，賜第以留之。」〔註29〕美其名爲與天子同住京師保有尊榮，實爲宋太祖收就近監視之效。其次封賜高官厚祿，雖爲高官，實爲虛銜，而厚祿則是國家多花些錢罷了，比起將帥擁兵自重隨時有叛亂之虞，宋太祖財政上的損失與政權的安定性相較，可謂以最少的付出獲得最大之效果。最後則是轉移諸將帥的好戰習性於原野射獵，如此一來，在娛樂之中，既可滿足其欲望，又可穩定其情緒，《宋史·高懷德傳》曾載：〔註30〕

　　（高懷德）好射獵，嘗三五日露宿野次，獲狐兔累數百。或對客不
　　捨而起，由別門引數十騎從禽於郊。

讓這些將帥從軍事上的征伐轉移到對動物的射獵，不但可消磨其體力，且如此一來對兵權便不會有非分之想。再者，軍事權與財產權皆爲權力的一種，宋太祖雖剝奪其軍事權，但以財產權代之，使諸將帥不致感到權力盡遭剝奪，不會因兵權盡失而感到空虛，不僅可減低諸將帥的反動思想，還可使他們從金錢追逐中得到滿足，「石守信累任節鎮，專務聚斂，積財鉅萬。」〔註31〕即爲明顯之例。

　　宋太祖雖然對諸將帥非常禮遇，但內心不免有恐懼心理，故嚴禁他們蓄養親兵，由下列兩件史實可看出宋太祖對諸將帥擁有私人武力的畏懼，《長編》：〔註32〕

　　殿前都虞侯，嘉州防禦使張瓊自殺。瓊性麤暴，多所陵轢。時軍校
　　史珪、石漢卿等方得幸，瓊輕目爲巫媼。珪、漢卿銜之切齒。……
　　珪、漢卿因譖瓊養部曲百餘人，自作威福。……時上（宋太祖）已
　　下郊祀制書，方欲肅整京都。召瓊面訊之。瓊不伏，上怒，令擊之。
　　漢卿即奮鐵撾擊其首，氣垂絕，乃曳出，遂一御史府按鞫。瓊自知
　　不免，行至明德門，解所繫帶以遺母，即自殺。上旋聞其家無餘資，

〔註29〕《宋史》卷167〈職官志〉七，頁3972。
〔註30〕《宋史》卷250〈高懷德傳〉，頁8823。
〔註31〕《宋史》卷250〈石守信傳〉，頁8811。
〔註32〕《長編》卷4，太祖乾德元年八月辛丑條。

> 止有奴三人，甚悔之。責漢卿曰：「汝言瓊部曲百人，今安在？」漢
> 卿曰：「瓊所養者，一敵百耳。」亟命卹瓊家，官給喪事。以瓊子尚
> 幼，乃擇其兄進為龍捷指揮使。然亦不罪漢卿。

《長編》另載：〔註33〕

> 殿前都指揮使、義成節度使韓重贇罷軍職，出為彰德節度使。先是
> 有譖重贇私取親兵為腹心者。上（宋太祖）怒欲誅之，謀於趙普。
> 普曰：「陛下必不自將親兵，須擇人付之。若重贇以讒誅，即人人懼
> 罪，誰敢為陛下將者。」上怒猶未解，普開陳愈切，上納其言，止
> 命重贇出鎮。

由此可知宋太祖對諸將帥恩賜甚豐，但是對他們的防範之心卻未曾鬆懈，上
述兩種措施皆為鞏固統治權而為之，其因在於諸將帥住在京師，若有私人武
力可隨時謀反叛變，如此則趙宋政權危矣，故宋太祖不能不加以監視，並嚴
禁有畜養親兵情事發生。

二、削弱地方藩鎮權力

　　宋太祖在掌握禁軍兵權之後，僅僅達到強幹弱枝政策中的初步：「強幹」
而已，地方上還有許多虎視耽耽的藩鎮，然臥榻之側，豈容他人鼾睡，且這
些藩鎮有錢有兵，更令宋太祖寢食難安，故削弱地方藩鎮權力勢在必行。

　　宋太祖「弱枝」的國策除了唐末五代積弊的歷史因素外，也有宋太祖得
國之初部份藩鎮拒奉北宋正朔而叛變的現實因素，而後者更具有催化的作
用。建隆元年（960）四月，佔有潞州（山西上黨）的昭義節度使李筠及盤據
揚州（江蘇揚州）的淮南節度使李重進先後起兵，拒絕承認北宋政權，宋太
祖御駕親征親率大軍討平二李的反叛。〔註34〕亂平後，宋太祖曾就地方藩鎮
動輒反叛問題問於樞密使趙普，宋太祖問曰：「自唐末以來，帝王凡易八姓，
戰鬥不息。」其因安在？如何能「息天下之兵，為國家長久計。」其道為何？
針對宋太祖這兩個問題，趙普一一回答：第一、唐末五代之亂，由於「方鎮
太重，君弱臣強。」第二、制馭藩鎮之道，在於「奪其權柄、制其錢穀、收
其精兵。」第三、功臣如石守信、王審琦等，皆宋太祖宿將，固可不憂其叛，
然「皆非統御才，恐不能制服其下，苟不能制服其下，則軍伍間萬一有作孽

〔註33〕《長編》卷8，太祖乾德五年二月癸酉條。
〔註34〕參見《宋史》卷1〈太祖本紀〉，頁6；卷484〈周三臣傳〉，頁13970～13979。

者，彼臨時亦不得自由耳。」〔註35〕其中第二項的奪其權柄、制其錢穀、收其精兵，即成為宋太祖削藩的三大綱領。

（一）奪其權柄

方鎮太重乃其權力過大，君弱臣強則是君王權力不足，宋太祖為鞏固中央朝廷權力，須削弱方鎮權力。而對方鎮奪其權柄，方法不只一樣，宋廷中央首先收回方鎮司法權：〔註36〕

> 上（宋太祖）謂宰臣曰：五代諸侯跋扈，多枉法殺人，朝廷置而不問，刑部之職幾廢，且人命至重，姑息藩鎮當如此耶？乃令諸州，自今決人辟訟，錄案聞奏，委刑部詳覆之。

接著又在每縣設置縣尉，「每縣復置縣尉一員，……，凡盜賊鬥訟，先委鎮將者，詔縣令及縣尉復領其事。」〔註37〕如此一來，縣尉和藩鎮分享了司法訴訟的權利，而這些縣尉都由中央派遣，以往藩鎮司法大權獨攬的情況已不復存在，然而削奪藩鎮之權最重要者乃置通判與罷領支郡二事。

通判設置始於建隆四年（964），「始命刑部郎中賈玭等通判湖南諸州。」〔註38〕當時剛將湖南收入北宋版圖，為安定地方起見，無法罷廢現有官員，然又需落實宋廷中央的政策，故在「偽命官」一時難以全部廢除情形下，乃派京官為通判，含有監視之意味。以後所平諸國，新收各州亦置通判，等到削藩政策實施後，遂依各地府、州大小及事務繁簡，設置通判一員或二員不等，此類中央所命新官，因自認身負特殊使命，難免有恃權驕縱之舉，紛爭之事時有所聞：〔註39〕

> 國朝（北宋）自下湖南，始置諸州通判，既非副貳，又非屬官，故常與知州爭權。每云：「我是監郡，朝廷使我監汝！」舉動為其所制。
>
> （宋）太祖聞而患之，下詔書戒勵，使與長吏協和，凡文書非與長吏同簽書者，所在不得承受施行。

由上述引文可知通判的地位與權力，而宋廷中央藉通判的普遍設置，使中央、地方的權力產生微妙變化：朝廷之權漸增，藩鎮之權漸減。

〔註35〕關於宋太祖與趙普的君臣問對，參見《長編》卷2，太祖建隆二年七月戊辰條。
〔註36〕《長編》卷3，太祖建隆三年三月丁卯條。
〔註37〕《長編》卷3，太祖建隆三年十二月癸巳條。
〔註38〕《長編》卷4，太祖乾德元年四月乙酉條。
〔註39〕歐陽修，《歸田錄》卷2，百部叢書集成之四十六：學津討源·二十四。

　　宋廷在收回司法權、設置通判逐漸產生效果情形下，接著更進一步削減藩鎮兼領的支郡。所謂支郡，並非節度使所直接治理的州，如山南東道節度使轄襄、均、房、復四州，節度使駐襄州，均、房、復三州各有防禦使、團練使或刺史，但仍須受節度使節制，是爲支郡。罷藩鎮支郡，雖始於宋太宗時，然其開端實啓自宋太祖削平諸國後，即令新收各州直隸中央。至於宋太宗之所以罷藩鎮支郡，乃肇因於趙普與高保寅之爭，《長編》有載：〔註40〕

　　　　上（宋太宗）初即位，以少府監高保寅知懷州。懷州故隸河陽，時
　　　　趙普爲節度使。保寅素與普有隙，事頗爲普所抑。保寅心不能平，
　　　　手疏乞罷節度領支郡之制，乃詔懷州直屬京，長吏得自奏事。

高、趙之爭後，又有虢州刺史許昌裔控訴保平節度使杜審進（保平節度使轄陝、虢二州），宋廷命李瀚前往地方了解，李瀚查明情況後上奏宋廷：〔註41〕

　　　　節度領支郡多俾親吏掌其關市，頗不便於商賈，滯天下之貨。望不
　　　　令有所統攝，以分方面之權，尊獎王室，亦強幹弱枝之術也。

宋太宗其實早有罷藩鎮兼領支郡之意，李瀚之言無異正中下懷，遂於太平興國二年（977）八月，將十八個節度使兼領的支郡收歸朝廷直轄，於是節度使所領只有一州一郡，地域狹小力量薄弱，已無力威脅中央，此爲徹底之弱枝矣。

（二）制其錢穀

　　所謂制其錢穀，則在收回藩鎮的財政權，因唐末五代地方財政弊病嚴重，地方賦稅上繳中央比例甚低，由於唐代賦稅採行「三一之法」，即僅以賦稅的三分之一貢於中央，其餘三分之一留鎮，三分之一留州。然至唐末五代時，各藩鎮均以賦稅自私，有的竟連三分之一都未上繳朝廷，於是中央財政拮据，中央軍隊亦隨之衰弱。北宋初年仍沿五代之弊，藩鎮來朝，猶不貢舉，若不收回財政權，容易重演藩鎮之禍，於是宋太祖在地方設轉運使，將天下財賦統歸朝廷，地方州郡財用，除歲用外，不得擅自占留，於是地方無餘財，中央根據地方的需要與請求撥款，全國支用皆由中央統籌分配：〔註42〕

　　　　（宋）太祖乾德三年（965）詔：「諸州支度經費外，凡金帛悉送闕
　　　　下，無得占留。」自唐末兵興，方鎮皆留財賦自贍，各曰留使、留

〔註40〕《長編》卷18，太宗太平興國二年八月丙寅條。
〔註41〕《長編》卷18，太宗太平興國二年八月丙寅條。
〔註42〕馬端臨，《文獻通考》（台北：新興書局，1963年10月）卷23〈國用〉一。

> 州，其上供殊鮮。五代疆境迫蹙，藩鎮益強，率令部曲主場院，厚
> 斂以自奉。太祖周知其弊，後藩群有闕，稍命文臣權知，匠在場務，
> 或以京朝官、廷臣監臨，於是外權削，而利歸公上，條禁文簿，漸
> 爲精密。

由此可知宋太祖整頓地方財務收回財政權的決心，然根本之方法，仍須中央派財政官員取代藩鎮主持稅收，此爲斧底抽薪的積極措施，《宋史‧食貨志》載：〔註43〕

> 諸州通判官到任，皆須躬閱帳籍所列官物，吏不得以售其姦。主庫
> 吏三年一易、市征、地課、鹽麴之類，通判官、兵馬都監、縣令等
> 並親臨之，見月籍供三司，欺隱者實於法，募告者，賞錢三十萬。

此後北宋財政，不但盡「除藩鎮留州之法。」且各地「粟帛錢幣，咸聚王畿。」〔註44〕宋廷中央成爲全國財富的集中地及指揮中樞。

收掌地方財權，如果不統一全國貨幣，各地仍可藉自造貨幣之權以紊亂國家金融，操縱國家經濟。北宋初建，全國貨幣甚爲混亂，宋太祖有鑑於此，乃斷然採取統一貨幣的措施，頒用新錢與禁行舊錢雙管齊下，《宋史‧食貨志》：「（宋）太祖初鑄錢，文曰『宋通元寶』，凡諸州輕小惡錢及鐵鑞錢悉禁之。」〔註45〕

宋太祖統一全國貨幣後，接著推動公賣政策，採取民生必需品的公賣政策，優點有二：一爲增加各地對中央的依賴度與向心力；二爲增強中央對地方的控制度與指揮力。若中央未推行公賣政策，則奸商可以上下其手操縱國計民生，如此一來藩鎮可藉此叛上作亂。例如漢時商賈以鹽鐵致富者，爲數眾多，而吳王劉濞鑄錢煮鹽，國用饒足，最後興兵作亂。〔註46〕爲了有效杜絕地方藩鎮積聚財富，中央有必要推行公賣制度，於是宋太祖將鹽劃歸官營，由國家經營煮鹽售鹽。除了鹽實施公賣外，接著又實行茶、酒公賣，一則增加國庫的收入；二則增強中央的力量。

（三）收其精兵

削藩三大綱領中最後一項的收其精兵，開始於乾德三年（965）八月，

〔註43〕《宋史》卷179〈食貨志〉132，「會計」，頁4348。
〔註44〕《宋史》卷173〈食貨志〉126，「農田」，頁4156。
〔註45〕《宋史》卷180〈食貨志〉133，「錢幣」，頁4375。
〔註46〕參見《漢書》卷35〈吳王劉濞傳〉，頁1903～1905。

宋太祖「令天下長吏擇本道精兵驍勇者，籍其各送都下，以補禁旅之闕。」
〔註47〕宋太祖首先命各州在所屬軍隊中選拔勇猛精壯者，送至京師補入禁
軍；接著又選強壯威武的士兵定為「兵樣」，送到各州、縣，命地方官員召
募符合「兵樣」標準的人加以訓練，一律送到京師為禁軍。如此一來，各地
方軍隊中的驍勇強壯者，率皆集中至京師成為中央控制的禁軍，地方軍隊再
無精兵，僅剩老弱病殘而已。這些無作戰能力的兵卒編成地方廂軍後，僅供
差役，地方再也沒有軍事力量可以和中央抗衡。

　　通過「奪其權柄、制其錢穀、收其精兵」等一連串的削藩措施，宋太祖
確實將藩鎮的司法權、財政權、軍事權等收歸中央，藩鎮已無實力和朝廷對
抗，因此北宋初年雖然還有藩鎮，但已非唐末五代擁有軍隊且掌握財稅、司
法等權力的強大藩鎮。此時的藩鎮，宋廷皆能完全指揮，中央的政策均能落
實至地方，地方賦稅也能按時上貢中央，唐末五代藩鎮對抗朝廷的情況已不
復見。

　　藩鎮自唐末以來為禍中國，歷經五代而至北宋，雖然藩鎮的數量有增無
減，驕悍之氣也未曾稍減，但是隨著五代各朝實力的逐漸增強，和唐末所呈
現外重內輕的情形已迥然不同。而後周世宗整軍經武、勵精圖治，兵精糧足
遠勝前朝，藩鎮氣焰早已不復當年。宋太祖承其餘緒，削藩之事，實已至水
到渠成之勢，何況宋太祖滅後蜀、吞南漢、併南唐，戰績輝煌，對於僅有三
五州的藩鎮，實屬輕而易舉之事，所以在罷藩鎮的過程中，除了一個義武節
度使孫行友需動用軍事力量征討外，〔註48〕其餘皆兵不血刃未費一兵一卒，
這和昔日撤換節度使需大費周章、歷經種種曲折之難易程度相比，實不可同
日而語。

　　強幹弱枝政策歷經宋太祖、宋太宗兩朝的努力得以完成，而宋太祖開國
時推行此項政策，乃為矯正五代以來的種種弊端，故強幹弱枝政策有其內外
兩面。內為「罷宿將典禁兵」，不讓功臣宿將掌握禁軍兵權，矯正五代將帥動
輒擁立君主的惡習，且宋太祖也是因此而君臨天下，自然害怕歷史重演；至
於外則是撤消藩鎮，將藩鎮擁有的多項權力一一收回，使地方無法對抗中央，
也因強幹弱枝政策的徹底成功，終結唐末五代以來分裂的局面，讓中國再度
成為大一統的國家。

〔註47〕《長編》卷6，太祖乾德三年八月戊戌條。
〔註48〕參見《宋史》卷253〈孫行友傳〉，頁8873。

　　強幹弱枝政策雖然對趙宋皇室皇權的鞏固，及宋廷的中央集權有正面且積極的貢獻，但不可否認，此政策亦有其負面之缺失，茲舉二例言之。

　　其一：削弱藩鎮確對宋廷有利，集權中央使藩鎮無法和中央對抗，不僅有利北宋的大一統，更使五代暴戾紛亂的局面一變而為太平盛世。然而，一項政策若執行不夠徹底、或是矯枉過正，往往會帶來負面效果，甚至造成重大傷害，如罷藩鎮即未徹底實施。從唐末五代即一直存在的夏州定難軍李氏及府州永安軍折氏，此兩大藩鎮並沒有遭罷廢，在地方上仍然擁有極大的土地與權力。其中李氏雖然在宋太宗時一度內屬，但這只是宋廷的羈縻政策，北宋並未能真正掌控夏州，雖然宋廷給予李氏極佳之優遇，但李氏最終還是舉起反幟，縱兵四出侵略北宋西境。宋仁宗時，李氏獨立建國，國號曰「夏」，即吾人熟知之西夏。再如府州折氏，直至北宋末年仍世領其地，官名雖不一定為節度使，但專制一方則從未改變。折氏對北宋尚稱忠謹，並未叛宋自立故姑且不論，然李氏為禍北宋不可謂不大，北宋耗盡軍隊、金錢投入對西夏作戰，卻世世代代遭受其威脅，倘若強幹弱枝政策執行徹底，將李氏、折氏這二個藩鎮一併罷廢，也許就不會有後來的西夏，更不會有宋夏百年戰爭。

　　其二：強幹弱枝政策矯枉過正，地方無武力可禦敵，即便一般盜賊也無法捕緝，地方治安毫無設防，此可從北宋統一天下後，對地方「毀城隍、收甲兵」得到驗證：〔註49〕

> 太祖、太宗削平僭偽，天下一家，當時議者乃令江淮諸郡，毀城隍，收兵甲，徹武備者二十餘年。書生領州，大郡給二十人，小郡減五人，以充常從，號曰長吏，實同旅人，名為郡城，蕩若平地。……
> 蓋太祖削諸侯跋扈之勢，太宗杜僭偽覬望之心，不得不爾。

這樣的地方武力，即便追捕雞鳴狗盜都顯吃力，一旦大股匪幫寇掠城池，地方州縣望風逃逸也不足為奇，甚至還要勞動中央禁軍下鄉平亂，也難怪「名為郡城，蕩若平地。」真可謂一言中的。

　　強幹弱枝政策雖開創北宋統一盛世，然其產生的流弊亦不少，其實一項政策的施行，要因時間、環境的變化而有所修正，若不隨時因時、因地置宜且加以檢討改進，到此項政策的中、後期時，仍然依循該政策原始的初衷，當然只見其害而不見其利了。

〔註49〕《宋史》卷293〈王禹偁傳〉，頁9798～9799。

第三節　宋太祖的建軍政策

　　一個國家的強盛與否，一般皆著眼於其軍事力量，雖然軍事力量並不是絕對的因素，尚包括其他的政治、經濟、社會等因素，但不可否認的軍事力量佔了主要的因素。而北宋之所以積弱不振，和遼國、西夏作戰常遭敗績，這不得不對宋太祖的建軍政策做一了解，《宋史‧兵志》即詳載宋太祖的軍事思維及其建軍政策：〔註50〕

> 太祖起戎行，有天下，收四方勁兵，列營京畿，以備宿衛；分番屯戍，以捍邊圉。於時將帥之臣，入奉朝請；獷暴之民，收隸尺籍，雖有桀驁恣肆而無所施於其間。凡其制為什長之法，階級之辨，使之內外相維，上下相制，截然而不可犯者。是雖以矯累朝藩鎮之弊，而其所懲者深矣。

其中的「使之內外相維，上下相制。」即成為宋太祖建軍政策的中心思想。觀乎宋太祖的建軍政策，實含有新舊兩種精神，需知，一種政策的施行，不能憑空而來，一定有舊的根據，再加入新的精神。宋太祖建立北宋兵制，保留部份五代時的制度，如禁軍分屬殿前、侍衛兩司，領軍將領稱為都點檢、都指揮使、都虞侯等，又如節度使、觀察使、團練使等名稱，雖然唐代就有，但是在北宋時擁有的實權已大不相同。至於北宋軍隊來源，雖然並非只有招募一途，但還是以募兵為主，這也是承襲五代而來。

　　至於宋太祖建軍政策的新精神乃為矯正將領專橫和藩鎮跋扈，其弊端重者有三：唐末五代藩鎮專橫，朝廷不能制，天子形同虛位，此為一也；士卒不僅驕惰且動輒要脅主帥，更有殺一帥另立一帥的暴行，導致將帥軍威不振，軍令無法貫徹，此為二也；文武職權混亂，節度使常守中書令兼侍中，待其掌握軍政大權後，便容易犯上作亂。宋太祖針對上述三點加以抑制或改革，如對兵將施以懷柔，由於陳橋事變的成功，使他深深了解到懷柔是對付兵將的一項利器，故在即位之前即曾用這種方法取得軍心；再如不令夙有軍威或功勳的將帥領軍，後周太祖、宋太祖都因名位已高握有軍權，故能取得天下，其實後周太祖曾對功臣宿將領軍有所節制，宋太祖更能深鑑此弊，徹底改善。由於宋太祖大力矯正將領專橫和藩鎮跋扈的惡習，故宋人多對宋太祖的建軍政策加以讚揚：「祖宗兵制之精者，蓋能深鑑唐末五代之弊也。」〔註51〕

〔註50〕《宋史》卷187〈兵志〉140，頁4569～4570。
〔註51〕陳傅良，《歷代兵制》卷8，百部叢書集成之五十二：守山閣叢書‧八。

　　既然宋太祖的建軍政策是為了改善唐末五代的軍政弊端，因此建軍政策表現出來的特質有六：文武柄的分持、握兵權與調兵權分離、內外相制的兵力分佈、實行「更戍法」使兵將分離、精兵主義、重視兵士體魄戰技等，前面四項主要都是使將相士卒互相掣肘，表現出「互相維制」之精神，茲將此六項特質分述如下：

一、文武柄的分持

　　北宋採行「文武兩柄」分立政策，樞密院與中書省對立，稱為「兩府」，中書省為東府，樞密院為西府。樞密院為北宋最高軍政部門，起源於唐朝，五代時一度改為崇政院，至北宋時「文武兩柄」始成分立之型態。

　　隋唐行三省制，以三省長官主理政務，三省分工為中書省承接皇帝誥命、門下省加以審議、尚書省執行，之後中書、門下二省職權相混，皆主決策。至於樞密使則創設於唐代宗時，由宦官擔任：〔註52〕

> 唐代宗永泰中始置內樞密使二員，以宦者為之，……其職惟掌承受表奏，於內進呈，若人主有所處分，則宣付中書、門下施行而已。……國朝因之。首命趙韓王普為，號稱二府，禮遇無間，每朝奏事，與中書先後上所言，兩不相知，以故多所疑貳，祖宗亦賴此以聞異同，用分宰相之權。

據上所載，樞密使於唐代宗設立時，因和君主親近，逐漸掌握軍政大權，進而侵奪中書省之職權，成為決策機構，中書、門下反而下降成為執行機構。宋太祖設樞密使時，性質又不同，中書、樞密的職權劃分相當清楚，中書主政務、樞密掌軍務，樞密院正式成為與中書省並重之行政機關，有其專門的職掌，舉凡軍國機務、兵防邊備、戎馬之政令、侍衛諸班直、內外禁兵招募、閱試、遷補、屯戍、掌罰之事等，於是「樞密院與中書對持文武二柄，號為二府。」〔註53〕宋太祖之意，務使文、武兩大權分離，以免集中少數人，如此不但可掃除武將驕橫的弊端，且大臣專權之患也不易發生。然嚴格說來，宋太祖開國之初，「文武兩柄」並沒有完全分離，芮和蒸即認為：「（宋）太祖開國之初，雖分置二府，但魏仁浦以宰相兼樞密使，范質、王溥以宰相兼知樞密院事，文武兩柄猶未完全分立，以後由於情勢推移，分治乃成定制。」

〔註52〕王明清，《揮麈後錄》卷1，百部叢書集成之四十六：學津討原・二十五。
〔註53〕《宋史》卷162〈職官志〉，頁3798。

〔註54〕文武兩柄完全分立有其過程，首先是宋太祖罷宰相范質、王溥參知樞密院事，范質、王溥在後周時即爲宰相、參知樞密院事，同時掌管政務、軍務，宋太祖自然不願兩人同時掌握軍政大權，遂接著在建隆三年（962）十月，以趙普接任樞密使一職，此後宰相不再兼樞密使，標誌北宋「文武兩柄」分立完全定型。

宋太祖不讓文武二柄合一，除了在制度上分離外，更在自己的行爲態度上予以嚴格區分，如朝廷準備用兵時，均與樞密使商討戰略、戰術，卻將宰相排除在外，宰相完全無法與聞軍事。以建隆元年（960）四月，昭義節度使李筠反叛及九月淮南節度使李重進叛變爲例，宋太祖御駕親征時，戰爭指導與作戰方針都是運用當時樞密使吳延祚、樞密副使趙普的意見。〔註55〕此外，宋太祖亦不喜宰相與樞密使過分接近，《宋史·李崇矩傳》載：「時趙普爲相，崇矩以女妻普子承宗，相厚善，帝聞之不悅。」〔註56〕《宋史·趙普傳》亦載：「宰相、樞密使每候對長春殿，同止廬中；上聞普子承宗娶樞密使李崇矩女，即令分異之。」〔註57〕趙普爲宰相、李崇矩爲樞密使，皆位極人臣，乃北宋政、軍最高首腦，宋太祖擔憂兩人聯姻過分親密結果，容易使軍政大權由一人一家掌握，故宋太祖對此婚姻頗不以爲然，時刻欲加以抑制。其實宋太祖並非反對兩人子女結婚，而是在宰相、樞密使的位置上不宜，若是趙普、李崇矩當時任一人非宰相或樞密使，宋太祖應不會對此聯姻有太大意見。

宋太祖文武柄分持之制度不僅成爲定制，其精神亦爲歷代君主所承襲，即便進行變法改革之宋神宗，雖盡除多項祖宗家法與國家制度，卻對文武柄分持不敢變動。當時有人建議廢除樞密院改歸兵部，宋神宗卻云：「祖宗不以兵柄歸有司，故專命官以統之，互相維制，何可廢也。」〔註58〕一旦樞密院併入兵部，宰相即可掌握軍權，文武柄分持將徹底消失，故宋神宗反對此議。事實上，宋太祖是以樞密使分宰相之權，故其基本精神應如宋人劉安世所云：〔註59〕

〔註54〕芮和蒸，〈論宋太祖之創業開國〉，收於《國立政治大學學報》（台北：國立政治大學，1968年12月）第18期，頁237～273。
〔註55〕參見《長編》卷1，太祖建隆元年四月條。
〔註56〕《宋史》卷257〈李崇矩傳〉，頁，8953
〔註57〕《宋史》卷256〈趙普傳〉，頁8933。
〔註58〕馬端臨，《文獻通考》卷58〈職官〉8。
〔註59〕劉安世，《盡言集》卷9，百部叢書集成之九十四：畿輔叢書·十。

> 國朝以來，初革五代之弊，用宰相以主文事，則建參知政事以爲之
> 貳；命樞密使掌武備，則設副使、簽書以爲之佐。雖員數名品，時
> 或不同，而文武兩柄，未嘗專付於一人也。

據上引文可窺知宋太祖使文武柄分持之意涵，蓋以「中書制民、樞密主兵」，
乃欲使文武重臣互相牽制，無法犯上作亂，危及趙宋政權也。

二、握兵權與調兵權分離

宋太祖雖將文武兩柄分歸中書省、樞密院，若樞密院能掌握全國軍隊，
且能隨意調動，一旦樞密使有反意，更能恣意指揮軍隊叛亂，爲防患未然，
宋太祖進一步將武柄一分爲二，調兵權與握兵權分開。以北宋精銳的禁軍而
言，禁軍一向由「三衙」分掌，「三衙」指殿前司、侍衛馬軍司、侍衛步軍
司，「三衙」長官稱爲「三帥」，分掌禁軍但互不統屬，「三帥」皆由皇帝任
免，直接對皇帝負責，地位重要且位高權重，殿前司職掌殿前諸班直之統制、
訓練、番衛、戍守、遷補、賞罰等，侍衛馬軍、步軍司則掌馬軍、步軍，其
他職掌與殿前司均同。「三衙」雖掌握全國精銳的禁軍，卻只有握兵權，無
法調動軍隊。調派軍隊之權力，宋太祖賦之樞密院，因此若外敵入侵或地方
有亂，負責調發軍隊的樞密院，便會調動軍隊迎擊或平亂，可見軍隊的移防、
調動，均由樞密院爲之，宋人范祖禹對「三衙」與樞密院分掌握兵權與調兵
權曾云：〔註60〕

> 祖宗制兵之法：天下之兵，本於樞密，有發兵之權，而無握兵之重；
> 京師之兵，總於三帥，有握兵之重，而無發兵之權。上下相維，不
> 得專制，此所以百三十餘年無兵變也。

范祖禹將宋太祖握兵權與調兵權分離之精神解釋的非常透徹，亦即軍政、軍
令系統分立，而北宋歷代君王也沿襲宋太祖的握兵、調兵雙權分離之精神與
制度，確實收到國內無兵變之效果。

三、「內外相制」的兵力分布

宋太祖爲免地方勢力威脅中央，他對全國軍隊的部署有一套藍圖，其兵
力分布乃將京城駐軍與外地駐軍保持均衡，稱爲「內外相制」。北宋初有禁軍
二十餘萬，宋太祖將十萬部署在京城，十萬餘分散到各地駐紮，使皇帝在京

〔註60〕 范祖禹，《范太史集》卷26，四庫全書珍本，初集·集部·別集類。

城可直接掌握的軍隊與各地方的軍隊數量約略相等。宋太祖採「內外相制」的兵力部署有兩大目的，其一：京城駐軍多於外地任何一個地方，地方將領欲起兵叛亂，其兵力絕對無法和京城禁軍抗衡，朝廷佔有兵力優勢，且皇帝有足夠兵力迅速平亂，使叛亂無法擴大威脅趙宋統治；其二：使京城兵力足以制止外地可能發生的變亂，也使外地駐軍聯合起來足以制止京城駐軍可能發生的內變，內外軍隊互相制約，使變亂無從發生，即便發生，也能迅速平定不致蔓延擴大。其實宋太祖採「內外相制」兵力部署最大的戰略意義在於確保趙宋皇室的統治不受威脅，因為使京城駐軍多於外地任何一個地方，不但反映了宋太祖以兵保衛京城的意圖，也使五代地方武力威脅中央的情形不再發生。

宋太祖奉行「槍桿子出政權」的真理，唯有掌握軍隊才能確保統治權，因此控制全國軍隊勢所必須，而「內外相制」的兵力部署確實達成此戰略目的，陳傅良的《歷代兵制》曾載宋太祖「內外相制」之法：[註61]

> （宋太祖時）前後精兵不過二十餘萬，京師屯十萬，足以制外變；外郡屯十萬，足以制內患，京師、天下無內外之患者，此也。京師之內，有親衛諸兵，而京城之外，諸營列峙相望，此京城內外相制之兵也。府畿之營雲屯數十萬眾，其將、副視三路者以虞京城與天下之兵，此府畿內外之制也。非特此也，凡天下之兵皆內外相制也。

宋太祖首先使京城禁軍相制，即親衛諸兵與列營諸兵互相牽制；之後再令京城附近駐軍與邊境三路駐軍（指河北路、河東路、陝西路三路）相制，即京城駐軍與外地駐軍互相牽制；最後更使全國之兵皆相維相制，透過此種層層相扣、節節緊逼的細密部署，領軍將領若再想沿襲五代惡習，發動政變以武力推翻朝廷，除非全國將領聯合一致，否則絕無取代趙宋政權之可能。

在互相牽制、相維相剋的機制下，宋太祖除了攻取南方諸國時曾派遣京師軍隊大量外出外，其他像對抗北方遼國及備禦西方党項、羌、戎等少數民族的邊疆軍事部署，都不讓邊關將領握有太多軍隊，如果北疆、西疆戰況緊急，則由京師駐軍前往支援，宋太祖此舉意義在於，備禦北方、西方的確需大量軍隊，但在邊關設置數目龐大之軍隊，長年駐守下，容易與將領培養革命情感，形成將帥的私人武力，因此不在邊疆放太多軍隊，一旦敵軍入侵而當地駐軍無法應付時，遂由京師軍隊往援，而這些赴援軍隊擊退外敵後仍回

〔註61〕陳傅良，《歷代兵制》卷8。

京師駐地，使這些軍隊無法形成邊關將領的部曲。

宋太祖對邊關將領及兵力部署有兩大準則：一為「小其名而重其權」；另一為「少其兵而久其任」。邊將握兵太多，難免要破壞「內外相制」的佈兵本義，因此首先對邊將「小其名而重其權」，宋太祖對各級邊將的權力賦予採職權分離主義，職低者未必權小、職高者未必有權，擁有兵權的邊將官職不能太高，因為官職太高朝廷不易控制，位不高則朝廷易制，因此如甚得宋太祖寵信的郭進，不過是區區西山巡檢使而已，但是他的權力卻很大。至於「少其兵而久其任」，則是如前所述，不在各邊關部署重兵，宋太祖時各邊關駐軍通常僅有數千人而已，很少超過萬人，像郭進領的兵，「多者不過萬人，少者五六千人而已。」〔註62〕。因為兵少，邊將無法擁兵自重；而久任邊職，則能對邊關情勢與各少數民族有通徹之瞭解。

綜上所述，宋太祖對全國兵力部署把握住二個原則：首要原則乃針對軍隊，在相維相制下，京城軍隊以及京城和各地軍隊達成適當平衡。次要原則是針對領軍將領，以職權分離方式，令擁有兵權的邊將僅有少量的兵和不高的官職，未領軍之邊關官員則有較高之官職，且有管轄領軍邊將的權力。

四、實行「更戍法」使兵將分離

所謂「更戍」乃指更番戍守要地，即軍隊之定期換防，無論屯駐京城或駐紮外地之禁軍，都必須經常調動，即京城駐軍須輪流到外地或邊境戍守。此法乃宋太祖所創，他創立「更戍法」有其意義與目的。其意義在使士卒能「均勞逸、知艱難、識戰鬥、習山川。」〔註63〕亦即藉「更戍法」而加強軍士之訓練，提高部隊之戰力，馬端臨曾謂「更戍法」曰：〔註64〕

> 五代承唐藩鎮之弊，兵驕而將專，務自封殖，橫滑難制。祖宗初定天下，懲創其弊，分遣禁旅戍守邊地，率一、二年而更，欲使往來道路，足以習勞苦，南北番戍，足以均勞役，故將不得專其兵，而兵亦不至於驕惰。

《歷代兵制》亦稱「更戍法」：〔註65〕

〔註62〕參見蘇轍，《欒城集》卷21，王雲五主編，國學基本叢書四百種。
〔註63〕司馬光，《司馬文正公傳家集》卷52，王雲五主編，萬有文庫薈要。
〔註64〕馬端臨，《文獻通考》卷153〈兵考〉5。
〔註65〕陳傅良，《歷代兵制》卷8。

> 爲一階一級之法，動如行師，俾各服其長，待之盡善矣。爲更戍法，
> 便更出迭入，無顧戀家室之意，殊方異邦不能萌其非心，僅及三年
> 已復更戍。

由此可知宋太祖施行「更戍法」除了使軍隊能適應各地的山川地形氣候，令士卒不至於驕惰之外，其實還有一個最重要的目的，即兵將分離，使兵不爲將有，有固定之禁軍而無固定之將帥。自「更戍法」施行後，在京城統領禁軍的將帥，僅負訓練之責，一旦軍隊被派遣到其他地方，便由當地的地方將領統轄。然調派禁軍往何地駐守乃由樞密院決定，統領禁軍的殿前、侍衛二司不得過問。而地方將領，大者如宣撫使、經略使，次者如知府事、知州事，其下皆有鈐轄、都監，爲地方主兵之官，禁軍一旦戍守該地，便歸其統率，「更戍法」眞正達到所謂「兵無常帥、帥無常師」之目的，因軍隊流動性大，無法常駐一地形成地方勢力，加上沒有固定的將領統轄，因此便有「兵不識將、將不識兵」之情形，如此一來，統兵將領無法和兵士結合，兵將不相習，將領不能在兵士中建立自己的聲望，遑論率兵和朝廷對抗，五代那種將帥擁私兵、藩鎮割據的情形便不可能發生。

五、精兵主義

　　北宋長期以來一直受到遼國、西夏的威脅，爲了備禦西疆、北疆，不斷增兵因應，然北宋軍隊戰鬥力不高，加上重文輕武風氣影響，軍人社會地位低弱，而士兵來源又施以募兵制，導致士兵素質不高，但是遼國、西夏的威脅未曾稍減，爲了捍衛國家安全只能擴充軍隊員額，於是冗兵問題出現。冗兵一直困擾北宋朝野，歷代君臣均未能有效解決，且冗兵問題影響軍事、政治、經濟、社會等各層面。其實宋太祖的建軍政策是採高素質的精兵主義，這也是爲懲五代之弊，因五代各藩鎮互相傾軋，莫不擴張軍備增加士兵員額，軍費支出龐大，對財政造成一定程度影響，是故宋太祖暸解冗兵問題的嚴重性，對士兵不求量多而求質精，特別注重士兵的素質和戰技，因此北宋初年禁軍的挑選和訓練甚爲嚴格，務求每位士兵皆爲精銳，《長編》載：〔註66〕

> 上（宋太祖）謂群臣曰：「晉漢以來，衛士不下數十萬，然可用者極
> 寡。朕頃案籍閱之，去甚冗弱，親校其擊刺、騎射之藝，今悉爲精
> 銳。」

〔註66〕《長編》卷3，太祖建隆三年十一月甲子條。

據上所載，宋太祖的建軍思想並非以量取勝，而是求量少質精，因此對兵額的擴充一直做嚴密控制，不使軍隊數目增加太快。

宋太祖在位期間對軍隊數量控制得宜，因此沒有冗兵情形發生，以宋太祖一朝軍隊員額觀之，建隆年間全國軍隊約二十萬，至開寶年間約三十七萬八千。〔註 67〕表面上看軍隊數目似乎增加，其實不然，須知建隆時期宋太祖初創北宋政權，當時尚未統一天下，北宋軍隊並未有廂軍等地方軍隊，因此這二十萬全是禁軍。至開寶年間，統一戰爭已完成十之八九，僅剩北漢一隅尚未入宋境，故這三十七萬八千的兵額，包括禁軍十九萬三千和廂軍十八萬五千。〔註 68〕

從建隆到開寶年間，隨著北宋領土的擴張，統治人口必然也隨之成長，合理預見軍隊數量必然增加，然事實卻不盡然，中央禁軍數量並未增加，且出現減少的現象，由二十萬減為十九萬三千。此外，宋太祖在進行統一戰爭消滅一地政權時，必然會接收該政權的軍隊，全國軍隊數量必然大為增加，然宋太祖不願冗兵現象發生，時時調控軍隊數目，將接收各地的軍隊，去其冗弱、悉為精銳，因此在宋太祖時期，軍隊重質不重量，士兵素質高，吾人可以確信，宋太祖時應無冗兵現象。只不過從宋太祖以降，後代北宋君王並未具備宋太祖的戰略思想與建軍政策，面對西、北二敵的威脅，只有增兵一途，導致北宋軍隊數目不斷攀升，產生嚴重冗兵問題，若趙氏子孫皆能秉持宋太祖的建軍政策，軍隊重質不重量並控制兵額的成長，相信冗兵問題雖不致不會發生，但必然能減緩其對國家財政、軍事、經濟、政治、社會等各層面的衝擊。

六、重視兵士體魄戰技

宋太祖是軍事將領出身，訓練兵士的體能戰技本來就是其擅長之項目，因此宋太祖對兵士的體魄與戰技特別重視，時常親臨校閱，《長編》有載：〔註 69〕

> 令天下長吏擇本道兵驍勇者籍其名送都下，以補禁旅之闕，……上（宋太祖）每御便殿親臨試之。

〔註 67〕參見馬端臨，《文獻通考》卷 152〈兵考〉4。
〔註 68〕參見馬端臨，《文獻通考》卷 152〈兵考〉4。
〔註 69〕《長編》卷 6，太祖乾德三年八月戊戌條。

除了親自驗收兵士的體能戰技外，宋太祖更訂定賞罰標準，對於武藝不精者改調外職以爲懲罰，「上（宋太祖）於後苑親閱殿前諸武藝，不中選者三百餘人悉援外職。」〔註70〕透過親自督導及賞罰分明的制度，上至將帥、下至士卒，人人均重視體魄、戰技的鍛練。

第四節　北宋立國戰略之分析

　　根據鈕先鍾的國家戰略體系，國家利益、國家目標、國家政策、國家戰略四者是互動關係，〔註71〕並非是上下、主從的關係，在過程中會因國家利益的改變而修正戰略方向，這樣才能符合戰略的靈活性，能應付各種戰略環境的變化。現依此觀點分析北宋的立國戰略，分述如下：

一、穩健的統一戰略

　　宋太祖建立北宋後，開始進行消滅其他政權的統一戰爭，在先南後北、先弱後強的抉擇中，宋太祖選擇將戰略目標先瞄準南方弱小諸國，避開北方的遼國和恃遼國爲後援的北漢。究其原因在於五代各朝受遼國威脅甚大，後周世宗雖曾北伐遼國迭獲勝利，但未曾動搖遼國根本，故宋太祖的戰略思考在於北宋政權初創未久，其首要國家利益在求生存，避免成爲第六個短命的朝代，如果先伐北漢將與遼國爲敵，攻滅北漢固然可使北宋開國氣象大爲恢弘；反之若敗，在北宋政權根基未穩情形下，不排除其他南方政權兵進汴京取北宋而代之；或者宋太祖因北伐兵敗，導致威嚴盡失，軍士趁機擁立其他將帥爲帝，不論何者，北宋都將退出歷史舞台，中原將出現第七個小朝代，因此宋太祖爲追求北宋求生存的首要國家利益，採持盈保泰、穩紮穩打的戰略，先求自身生存，在消滅南方實力較弱諸國後，人口、土地、賦稅必然增加，北宋國力將大幅提升，屆時再北伐自然較有勝算。

　　國家利益並非一成不變，外在戰略環境的變化會影響國家利益，而國家利益的思考常取決於決策者的認知。宋太祖在執行先弱後強的統一戰略的過程中，外在戰略環境突然發生變化，促使他對國家利益的思考改變。宋太祖在消滅後蜀後本想繼續進攻南漢，但此時北方戰略環境發生變化，北漢因發

〔註70〕《長編》卷7，太祖乾德四年十二月庚辰條。
〔註71〕關於鈕先鍾的國家戰略體系，詳見本書第一章第一節〈戰略的涵義〉，頁16～21。

生王位繼承紛爭，內部動盪不安，宋太祖決定掌握此戰略契機移師北伐，欲一舉攻滅北漢，不料遼國派軍增援北漢，宋太祖久攻不下只好退兵，繼續用兵南方。

宋太祖突然改變先南後北、先弱後強的戰略，乃肇因於北漢發生政爭，趁此內亂興兵伐北漢乃一大良機，宋太祖認爲先滅北漢是當時最大的國家利益，由於國家利益已改變，故整個戰略隨即改變，南征轉而北伐。另外，宋太祖伐北漢不利時迅速決定退兵，回到原來的先弱後強戰略，究其原因乃是在戰略方面未見效果，於是加以調整，重新回到原本的戰略方向，國家利益自然又回到當初的設定，正印證鈕先鍾的國家戰略體系中國家利益、國家目標、國家政策、國家戰略四者是互動關係，當國家利益改變時，國家戰略也隨之改變；國家戰略遇阻礙加以調整時，國家利益也隨之改變。

二、權力盡歸中央的強幹弱枝

北宋建立後，宋太祖推行強幹弱枝政策的目的，是爲懲唐末五代以來的藩鎮之禍。然宋太祖推動強幹弱枝似乎頗爲急切，他並非在陸續消滅南方諸國，北宋根基已穩後次第推行，而是在登基時即推行多項措施，如前文所述取消禁軍單一最高指揮官、杯酒釋兵權等，按常理而言，在統一戰進行過程中，宋太祖需借重高懷德、石守信等將領南征北討，若要收回兵權亦需等統一戰爭告一段落，爲何宋太祖急於實施強幹弱枝政策，關鍵在於宋太祖對自身利益的認知，他認爲收回兵權，權力盡歸己身才能確保自己的統治，而帝制時期「朕即天下」的觀念，使皇帝自身的個人利益，即成爲國家利益。

宋太祖陳橋兵變黃袍加身，乃五代以來軍士擁立皇帝的第四次，宋太祖自然害怕歷史重演，爲了趙宋政權的長治久安，即位之後立刻實施強幹弱枝，強中央以弱地方，收回地方的司法權、財政權；強禁軍以弱地方之兵，將全國精兵集中中央，地方只有老弱武力；剝奪功臣宿將兵權，並在京師設豪華府邸留置，名爲尊寵實爲監視，如此一來，地方無武力亦無功臣宿將，毫無力量與資源可和中央對抗，宋太祖可高枕無憂矣！綜上所述，國家利益影響國家政策的推行，而國家政策是爲維護國家利益，從北宋立國後宋太祖積極推行強幹弱枝政策即可得到明確的驗證。

三、兵權多分與兵將分離的建軍政策

宋太祖建軍政策的精神與內涵，都是爲了改善唐末五代軍政的弊端，其

思考方向是預防兵變發生，使北宋能長治久安，趙姓帝位能千秋萬代，這當然是為己身利益著想，而帝制時期帝王利益就等於國家利益。宋太祖依循此脈絡思考而出的建軍政策，如文武柄的分持、握兵權與調發兵權分離、實行更戍法、內外相制的兵力分布等，都是為維護國家利益而決定的政策。雖然宋太祖的建軍政策有許多獲致不錯的效果，終北宋一朝內亂極少，沒有軍士擁立皇帝事情發生，地方也無法對抗中央，因為精兵都集中在中央。然事物往往有一體兩面，北宋軍力不振，部份原因不得不歸咎於宋太祖的建軍政策。

　　北宋中期後，宋太祖的各項軍事政策面臨挑戰。以兵將分離的政策而言，「更戍法」的實施，雖然使軍士能熟悉各地的山川地形，使他們不易驕惰，但事實上，每二、三年更換一次駐地，就如同討伐一場戰事一樣，兵疲馬困，而且消耗國帑甚鉅。另外在「兵無常帥，帥無常師」的情形下，無法培養將帥與士卒間患難與共的革命情感，軍隊也不容易實施長期一貫的訓練。再者如兵權多分的政策，如「內外相制」的兵力分布，雖在北宋前期施行頗佳，等到西夏戰事一起，為了對西北長期用兵，朝廷必須在邊關屯駐大量兵馬，這已與「內外相制」的精神背道而馳，幸好這些兵馬都是由文人領軍，減低兵變或內亂發生的機會，但是伴隨而至的卻是因文人領軍，宋軍戰鬥力不強的負面影響。

　　為了對西夏用兵，宋廷需在西陲常駐軍隊，北宋君王必須思考以往的軍事政策是否改變，做到將能識兵、兵能知將，增加宋軍戰鬥力。然而歷代君王均無多大改變，仍緊守宋太祖以來的軍事政策，視為祖宗家法不可動搖。這些北宋君王思考的仍然是如何維護趙氏王朝利益，若將宋太祖軍事政策改變，如握兵權與調發兵權合一，雖可增加作戰機動性，且在做全盤戰略規劃時，容易收事權合一之效，然如此一來即增加兵變危險。西夏並無威脅北宋生存的實力，若為了對付西夏，改變以往的軍事政策，一旦五代軍士擁立皇帝故事重演，那才是真的威脅趙氏王朝的生存，因此北宋歷代君王衡量利益得失後，緊守宋太祖的軍事政策自然是可預期。

　　另外像冗兵問題，長期以來一直困擾北宋歷代君臣，其實宋太祖早已注意此問題，因此對軍隊數量加以控制，但是後來對遼國、西夏的軍事行動，不得不增加兵額，如果宋太祖當初不僅是注意到，甚至能防患於未然，也許北宋的冗兵問題不會如此嚴重。宋太祖的募兵制在北宋初期頗能收效於一時，所募之兵素質尚可，但是隨著宋太祖提倡文風、重文輕武觀念的影響下，加上承平日久，募兵素質大為降低，甚至飢荒時竟募飢民為兵；加上宋太祖

的募兵制又沒有一套完整的退役制度，四十歲以後至六十歲無戰鬥力之老兵，又不能不養，同時對遼國、西夏作戰時，要維持戰鬥力不得不募新兵，於是冗兵問題便產生了，假設宋太祖能設立一套完整的退役、備役制度，也許冗兵問題不會一直困擾著北宋。

由於宋太祖是軍事將領出身，因此對兵士的體魄戰技相當注重，相較之下對戰術的要求較少，更何況是對兵法戰略的研究。在平定南方諸國的過程中，只有滅荊南、湖南時是用「假途滅虢」的戰略稍可稱許外，其他對各國的軍事行動並沒有多大戰略上的作為，因為南方各國太弱，宋太祖認為只要有一支身強體壯、戰技純熟的禁軍即可攻無不克、戰無不勝，而事實上也是如此。如此的戰略環境加上宋太祖的出身，使他過份強調個人體魄戰技的追求，遂忽略對戰略的研究，以致於之後北宋對抗遼國、西夏時，不僅軍事戰術上無法取勝，宋廷又無法設計出一套大戰略，甚至最後竟設計出「聯金滅遼」的戰略，終於導致北宋滅亡。其實戰略的研究和體魄戰技的追求須雙軌並重，上位者有一套完整的大戰略指導、將領具有優秀的戰術指揮、士卒有強健的體魄與戰技，如此才能國強兵壯，若是只專注一項而忽略其他，當然逃不過衰弱的命運。

小　結

以北宋的立國戰略而言，藉由統一戰略、強幹弱枝政策、軍事政策三個面向的分析，可知由國家利益、國家目標、國家政策構成的國家戰略體系，彼此之間乃息息相關且互為流動。

國家利益、國家目標、國家政策乃影響國家戰略的決定要素，北宋創建之初，宋太祖都是依此脈絡思考制訂各項政策形成立國戰略。首先，宋太祖為了避強擊弱，擇定先南後北、先弱後強的統一戰略，避免先和實力甚強的北漢及遼國為敵，所以宋太祖的國家利益在確保北宋王朝不會提早夭折，趙宋政權能傳承不絕；其次，強幹弱枝政策乃基於唐末五代地方藩鎮勢力過大不聽中央號令，宋太祖為了維護宋廷中央的利益，實際上也是維護其趙氏一家一姓的利益，於是削弱地方強化中央集權，此即國家利益影響國家政策；最後，宋太祖的軍事政策也是和他所維護的趙宋政權個人利益有關，由此利益出發，宋太祖一連串的軍事政策，都在避免軍士擁立皇帝事件發生，好讓趙宋王朝能安穩無虞。

　　由宋太祖的先南後北戰略、強幹弱枝政策、軍事政策形成的國家戰略，其國家利益都是為維護宋太祖及其子孫能永續執政，而帝制時期皇帝的利益幾乎等同於國家利益，據此國家利益推行的各項政策，終北宋一朝並無多大改變。宋太祖殫精竭慮訂定的立國戰略，對遏止將帥驕悍、防止軍士擁立皇帝收效甚大，也確實維護趙宋政權的利益。然水能載舟亦能覆舟，宋太祖重文輕武貶抑武人的結果，使北宋文風極盛卻武力不振，對遼國、西夏兩大邊患始終無法降服，飽受異族威脅，不似漢征匈奴、唐伐突厥能取得勝利，最後北宋還被取遼國而代之的金國（女眞）所滅。

　　北宋的立國戰略，都是宋太祖為了改善唐末五代驕兵悍將和藩鎮權力過大而訂定，故重文輕武有其因素在本無可厚非，但是至北宋中期時，宋太祖立國戰略的各項政策繼續施行，顯然不合時宜，外在戰略環境改變，戰略須適時調整，北宋中期諸帝所處戰略環境已與宋太祖開國時不同，武力不盛的結果使遼國、西夏威脅愈來愈大，但北宋歷代君王不願做大幅度調整，終致女眞入侵而亡國。北宋亡於外患雖是事實，卻不可據以否定宋太祖的立國戰略，因宋太祖為了懲前代之失，制訂立國戰略有其背景因素，可惜其子孫未洞澈時空環境的變化，對宋太祖的強幹弱枝及軍事政策加以檢討修訂，由此可知，要維護生存利益，在戰略環境有所改變時，必須適時調整戰略方向因應，才是國家安全之道。

第三章　北宋與遼、西夏戰略關係之演變

　　傳統中國的對外關係，一直是建立在唯我獨尊的心態上，且此處的「我」是指以漢民族為主體所建立的王朝。漢民族王朝的中國是唯一的天朝上國，其餘的少數民族或外邦屬國，皆須臣屬於中國之下，與中國是朝貢關係。事實上，中國在東亞一直是超級強權，有實力對其餘國家實施霸權式的外交，其餘國家也無實力挑戰中國的權威。然上述情形並非一成不變，雖然以漢民族為主體的中國歷代王朝，大多數時間是唯一霸權，主宰和他的外交關係，但是當中國積弱不振，他國實力凌駕中國之上時，中國的天朝外交自然無法實施，此時，中國和這些實力大於己的國家，他們的外交關係就是平等的外交關係，中國的對外關係也會有所調整。

　　北宋武力不盛，而契丹所建的遼國，數敗北宋，北宋對遼國自然無法以傳統中國的天朝外交對待，與遼國進行的是平等外交關係，尤其是澶淵之盟後，雙方皆信守盟約，因此使宋遼戰略關係呈現平和狀態，未有大型戰爭發生。至於西夏，北宋國力雖略大於西夏，卻始終無法收服，反而屢次遭西夏擊敗，西夏亦經常竄擾北宋西疆。北宋在傳統中國外交思維下，視西夏為跳樑小丑，不肯以平等外交對待，也使宋夏戰略關係始終維持緊繃狀態。

第一節　北宋與十國之關係

　　在中華民族成長的過程中，雖然兼容並蓄包容許多民族，但是一直以來皆是以漢民族為主體，而漢民族是以農耕為主的民族。其餘少數民族多以遊牧、漁獵為主，其中對漢民族威脅最大的，是北方遊牧民族。隨著中原各朝

代的更替，環繞在四周外族的名稱也不斷變換，從匈奴、突厥到契丹，但是漢民族「明夷夏之辨、嚴夷夏之防」的觀念一直未改變，歷朝歷代皆是以此種觀念對待外族。

在以漢民族為中心的觀念指導下，以中國為中心的世界體系，是王道政治下的一種理想制度，這種制度乃建立在各個外族對中國朝貢的基礎上，在這種體系與制度下，中國與其餘外族的外交關係，是不對稱的上下關係，中國以上國姿態君臨各外族之間。然而以中國為中心的世界體系及朝貢制度，雖然是中國傳統對外關係的主要模式，但是中國的對外關係並非僅止於此項模式。易言之，此種外交關係是建立在中國乃國際體系中唯一之權威，其餘國家或外族無法凌駕中國之上。但是在中國漫長的對外關係史上，仍有許多不同的模式值得探究，當以中國為主的國際體系不能實現時，中國與外邦之間不得不勉強發展各種形式的實質關係，平等的外交關係也就是這種無可奈何外交關係的一種。

北宋是一個積弱不振的朝代，遼國和西夏虎視眈眈環繞北宋左右，北宋為漢民族所建王朝，遼國則是契丹族、西夏則為党項族所建。在北宋傳統漢民族自大心態下，對外關係必須維持天朝威嚴，然而北宋自身實力不如遼國，欲維持上國外交有所困難，於是北宋出現了對遼國、西夏不同的外交關係，這兩種不同的外交關係，使北宋對遼國和西夏有不同的的外交模式，而這也影響北宋對遼國、西夏戰略認知與戰略態度的不同，因此形成北宋對遼國與西夏迥異的戰略關係。在詳細剖析北宋與遼國、西夏戰略關係之前，須先瞭解北宋初建時與十國的外交關係，才能清楚明白北宋君臣對外關係的起始，及其對外政策的淵源與脈絡；同時，北宋君臣乃秉持漢民族一貫的天朝上國心態，因此也要先瞭解傳統中國對外關係之模式與樣貌，才能對北宋君臣對外心態有清楚之認識。

一、傳統中國的對外關係

夷夏之間的對立，在商朝之前就已經出現。中國在三代逐漸形成以漢民族為主的族群，一般稱為「華夏民族」，而漢代之後，「中國人」已是漢民族在面對少數民族時的自稱。一般而言漢民族文化高，環繞在四周的少數民族，文化普遍較低，故漢民族在觀念上覺得與其他各民族有別，是因為本身的文化程度高於其他民族。環繞在漢民族周邊的少數民族，侵略性強，夏商周三

代都有與周遭少數民族作戰的紀錄，如夏禹曾率軍討伐三苗；商朝時，鬼方等少數民族屢屢寇邊；西周也和戎族多次發生衝突，最後甚至遭犬戎所滅。雖然夏、商、西周等朝皆與周遭的蠻夷戎狄有軍事對抗的情事發生，但是上述三朝的統治階層並非刻意挑起戰爭，對蠻夷戎狄等少數民族也未以鄙視的態度視之，會與他們戰爭大多為了開疆拓土或抵禦其入侵。

　　然而至東周時情況為之一變，漢民族與少數民族產生嚴格的夷夏之辨，此乃西周被犬戎所滅，周幽王被殺，漢民族的威嚴和自信遭到空前挫敗，此前並未有漢民族王朝遭少數民族覆滅且天子被其所殺情況發生，是故周室東遷建立東周王朝後，漢民族與少數民族的分際從此有了清楚的界線。由於東周王室衰弱，無法領導諸侯對抗少數民族，於是諸侯霸主必須挑起「尊王攘夷」的重擔，團結諸侯力量對抗少數民族。而「尊王攘夷」的霸業首先由春秋五霸的齊桓公完成，齊桓公以管仲為相，齊國大治，齊桓公在管仲的輔佐下，九會諸侯、一匡天下，不僅成功抵禦少數民族的入侵，更維繫了漢民族所謂的中原正統文化。

　　孔子對管仲之功曾贊曰：「微管仲，吾其被髮左衽矣。」〔註1〕孟子亦云：「吾聞用夏變夷者，未聞變於夷者也。」〔註2〕孔子、孟子對管仲的讚賞，背後都凸顯了漢民族文化的優越感，這套漢民族的夷夏觀念與夷夏之防，成了幾千年來以漢民族為主體的中原王朝和少數民族間一道不可跨越的鴻溝。中國是天朝上國，有崇高的道德文化，不能和落後的少數民族雜處。蠻夷戎狄等少數民族若欣慕華夏文化願意漢化，努力學習中原文化並奉行漢民族的風俗習慣，漢民族當然可包容這些文化較低的少數民族，藉以彰顯中原文化的廣闊與包容。若是不願意採行中原文化，那就是與漢民族為敵，雙方往往兵戎相見。

　　散居在中國北方的遊牧民族匈奴，在戰國時期崛起，統一北亞遊牧民族後，成為秦漢時期中國的北方大患。而在匈奴南方的農業地區，由於漢民族的秦漢王朝相繼建立，皆統一中國建立專制的封建政權，於是中原農業民族與北亞遊牧民族兩大勢力的對抗於焉成形，更成為中國數千年來無法解決的

〔註1〕 劉寶楠、劉恭冕編撰，《論語正義》（台北：世界書局，1992年8月）卷17
　　　〈憲問十四〉，頁314。
〔註2〕 胡毓寰編著，《孟子本義》（台北：正中書局，1992年11月）〈滕文公上〉，
　　　頁161。

問題,而遊牧民族真正威脅到中原農業民族的生存,亦是由此開始,三代時雖遭遇少數民族威脅,但並未真正威脅到國家生存,然而自匈奴始,北亞遊牧民族消滅中原漢民族王朝的例子,歷史上所見多矣!。〔註3〕

漢武帝時不僅擊敗北方宿敵匈奴,更通西域、收服西南夷、納朝鮮越南入版圖,中國此時建立了以中國為中心的國際關係體系,中國為天朝上國,和周遭少數民族或外邦形成朝貢與冊封關係,對中國天威臣服者須按時入貢,再由中國國君冊封該少數民族或外邦首領為某某王之頭銜。然因漢民族文化水準較高,故漢民族君臣對四周的少數民族大多持鄙視之態度,透過武力與教化交互運用,軟硬兼施,利用羈縻攏絡、貿易賞賜、和親、以夷制夷、以夷攻夷等策略對付少數民族,藉以鞏固中國在此國際體系中的領導者地位與最高權威。

以中國為中心的國際體系並非一成不變,有時也會遭受挑戰,在漢唐武功強盛的朝代,因有強大國力作後盾,故建立以中國為中心的國際體系不成問題。然當國力衰弱無法抵禦少數民族時,執政者只要這些大部分是遊牧民族的少數民族不入侵中原已是心滿意足,更遑論維持少數民族及外邦對中國的朝貢制度。現代國際關係講究彈性與靈活運用,然在封建時期的中國,一旦國力衰弱,中國仍怯於和少數民族建立平等關係,此乃漢民族君臣傳統觀念皆欲維持統一王朝及朝貢制度之自尊,視與少數民族建立平等關係為恥辱,這種以漢民族為中心的本位主義,或可稱之為自大,雖在國力不強、甚至分裂的朝代,仍然被當時執政者奉為圭臬,深刻影響歷代與少數民族建立平等關係的嘗試,此皆為中國不肯放下天朝上國的尊嚴所致。

傳統中國對外關係是以中國為中心的獨尊觀念,各少數民族皆須對中國朝貢,而中國有義務維持各少數民族間及其與中國的和平關係,歷朝君臣都

〔註3〕 北魏、金、元、清都是異族入主中原之例。魏復古(Karl A. Wittfogel)稱西元前 221 年至西元後 1911 年的中國史為中華帝制時期,分成典型中國朝代和征服與滲透王朝二大類型及十個時期:一、典型中國朝代:(一)秦漢(前 221 ~220)、(二)分崩離析時期之漢族王朝(220~581)、(三)隋唐(581~907)、(四)宋(960~1279)、(五)明(1368~1644);二、北方異族所建之征服與滲透王朝:(一)拓跋魏(386~556)、(二)遼(契丹,907~1125)、(三)金(女真,1115~1234)、(四)元(蒙古,1206~1368)、(五)清(滿洲,1616~1912)。這十個時期各有其歷史背景,各有其特殊問題,但其中有五個主要朝代顯示了特出的社會文化型態。參見魏復古著,蘇國良、江志宏譯,〈中國遼代社會史(907~1125)總述〉,收於鄭欽仁、李明仁編譯,《征服王朝論文集》(台北:稻鄉出版社,2002 年 8 月),頁 50~51。

應努力達成此目標，而能達到此目標者大多爲統一王朝，分裂的朝代或少數民族入主中原的時代則往往無法達成，前者如南宋受女眞和蒙古侵略所苦；後者如五胡亂華時諸多少數民族在北方建立十六國政權。當漢民族王朝衰弱時，少數民族對中國的欺凌，中國的態度視之爲以下犯上，正因歷朝都抱持以漢民族爲本位的對外態度，不論治世或亂世、統一或分裂，傳統中國的對外關係皆是以自我爲中心，嚴重影響到與少數民族建立平等關係的可能，但是和少數民族建立平等關係的朝代並非沒有，如北宋曾與遼國簽訂「澶淵盟約」，此種模式在積弱不振的朝代，遂成爲中國對外關係的模式之一。

二、北宋與十國關係之演變

趙匡胤陳橋兵變建立北宋政權取代後周，是爲宋太祖，〔註4〕然而紛亂的五代十國並未結束，〔註5〕北宋是否會成爲第六個短命的朝代，考驗宋太祖的政治與戰略智慧。當時的中國並未統一，北方的北宋繼五代之後，成爲中原的正統王朝，而與十國並存的結果，使北宋初年的中國成爲多元的國際關係體系。北宋初建，實力尙未顯露，而十國中任何一國皆比北宋創建的早，且多傳位兩、三代以上，故新興的北宋，其對外關係，自然不敢馬上以傳統中國的天朝上國自居，是故北宋潛避鋒芒，與南方諸國維持對等的外交關係，北宋與各國使節往來不絕於途，彼此也有互結姻親。事實上，北宋和十國間的對等外交關係，實承襲五代而來，五代十國乃唐末藩鎮延續，五代雖爲中國正統王朝，但各地割據政權林立，五代任何一朝皆未能統一中國，且十國中有多國國力大於五代各朝，因此五代各朝在這種現實環境下，雖佔據中原地區，卻未有強大實力令十國俯首稱臣，故和十國的外交關係呈現平等原則，未見傳統中國唯我獨尊的對外關係。宋太祖承襲五代對十國的外交策略，在實力不足時，北宋是否會成爲五代另一個短命的小朝代，猶未可知，故宋太祖與十國維持平等關係，不在這種小問題上與十國衝突，採取厚積實力的保守策略。

〔註4〕 參見脫脫，《宋史》（中華書局點校本）卷1〈太祖紀〉一，頁3～4。

〔註5〕 十國乃前蜀、後蜀、吳、南唐、吳越、楚、南平、閩、南漢、北漢十個割據政權。參見歐陽修，《新五代史》（中華書局點教本）卷61〈吳世家〉、卷62〈南唐世家〉、卷63〈前蜀世家〉、卷64〈後蜀世家〉、卷65〈南漢世家〉、卷66〈楚世家〉、卷67〈吳越世家〉、卷68〈閩世家〉、卷69〈南平世家〉、卷70〈北漢世家〉，頁747～872。

　　北宋初建時的中國，國際局勢複雜，北宋和十國間形成一複雜的國際系統，而中國諸國和其他少數民族也形成另一國際體系，如北方的契丹族、西邊的党項族，契丹當時已建國號爲遼，仿效漢民族逐步建立以皇帝爲中心的封建制度，和五代十國已是敵對國體形式，不再是仰中國鼻息看邊進貢的屬夷，且遼國實力大於北宋及十國中任何一國，乃東亞超強，分裂的中國無法用天朝上國的姿態處理對遼關係，故遼國和當時中國各國的外交關係，屬平等的外交關係，甚至遼國的對外關係，逐漸展現傳統中國獨霸外交的想法與作爲。

　　在上述此一大型的國際體系中，由於五代各朝並非統一朝代，國勢不強，故對外關係採平等對待，甚至交好某國共同對抗他國，如邢義田認爲：吳越與五代王朝維持良好關係，目的在限制南唐的活動，加強與南唐的競爭；而南唐也和北方的遼國建立友好關係，增強和吳越對抗的力量；北漢亦以遼國爲後援，對抗其他國家。〔註6〕北宋既承襲後周而來，建國時實力不足，自然延續五代平等外交政策，對外關係不論是遼國或十國，均是如此。易言之，北宋並非不想採取傳統天朝上國的對外關係，而是迫於現實環境，不得不先以平等的外交關係和他國相處。

　　宋太祖建立北宋後開始統一的工作，期盼建立如漢、唐般強盛的大帝國，而他統一的戰略思維採先南後北、先易後難的戰略，一一剪滅十國中的九國，崩逝時僅餘北漢尙未消滅。〔註7〕宋太宗繼位後，積極對北漢用兵，太平興國四年（979）滅北漢，統一自唐末以來紛擾的中國。北宋統一後，自然以天朝上國自居，當時北宋北有遼國、西有西夏，三國並峙於東亞大陸上，統一後的北宋，其對外關係將有所改變，勢必揚棄初建國時平等的對外關係，對遼國、西夏的關係將有所調整。北宋有傳統天朝上國的思維做指導，但也有現實條件的影響，故形成北宋對遼國、西夏兩種截然不同的對外關係。

第二節　北宋與遼之戰略關係

　　北宋與遼之戰略關係呈現複雜且豐富之樣貌，大型戰爭有之；邊疆糾紛

〔註6〕參見邢義田，〈契丹與五代政權更迭之關係〉，《食貨月刊》1 卷 6 期，頁
　　　296～307。

〔註7〕宋太祖先易後難、先南後北的統一戰略，來自於王朴的〈平邊策〉，參見司馬
　　　光，《資治通鑑》（台北：西南書局，1982 年 9 月）卷 292〈後周紀〉3，世
　　　宗顯德二年，頁 9525～9526。

有之；和平時期亦有之；甚至消滅遼國的滅亡戰爭，在北宋末年也出現，可見衝突、和平、妥協，成為宋遼戰略關係的三大特徵。而宋遼的戰略關係，依雙方的戰略緊繃程度，大致可分為前中後三期，以澶淵之盟及女真興起為分界，前期為澶淵之盟前；後期為女真興起；中期則在兩者之間，每個時期的宋遼戰略關係皆受不同的戰略環境影響，因此每一時期呈現的戰略樣貌都不同。

一、遼之民族與源起

遼國乃契丹所建，契丹此一名稱最早見於魏書，「契丹國，在庫莫奚東，異種同類，俱竄於松漠之間。」〔註8〕當時「契丹」一詞，只是一個民族的名稱，至十世紀才變成國號。契丹在隋唐時國力不強，無法對漢民族王朝構成威脅。五代時勢力漸強，不僅成為北亞最大勢力，亦南下侵略中國北方，使五代北疆遭受莫大威脅。由於五代為分裂之亂世，梁唐晉漢周各政權皆國力不振無法和契丹抗衡，遂使契丹乘機崛起成為東亞第一強國，甚至一時代表中國。現今俄國人稱中國為 Kitai；西方人稱中國人為 Cathay，都是源自契丹一詞。〔註9〕至於契丹種族的起源各家說法不一，有曰通古斯族、或云東胡族、鮮卑宇文氏、鮮卑族、滿族、蒙古種等不一而定。〔註10〕《遼史》則認為契丹應與宇文、庫莫奚同出於鮮卑族。〔註11〕

契丹世居遼河流域，初期是游牧生活型態，之後漸漸轉向農牧並重，除了飼養羊馬等牲畜外，並種植玉黍為食。契丹和其他遊牧民族一樣均長於騎射技術，加上嚴密軍事組織，以及塞外民族好戰的特性，因此對中國造成莫大威脅。五代之前，因中國本身國勢甚強，乃亞洲首強，契丹無法威脅中國生存，反遭隋、唐等漢民族王朝擊敗，進而歸降中國。〔註12〕然而五代時，契丹趁中國內部分裂之際，乘機坐大。

契丹領導方式共分為八部，〔註13〕各部部長稱大人，八部大人共推薦一

〔註8〕魏收，《魏書》（中華書局點校本）卷100〈契丹傳〉，頁2223。
〔註9〕參見陶晉生，《中國近古史》（台北：東華書局，1979年10月），頁45。
〔註10〕參見王民信，《契丹史論叢》（台北：學海出版社，1973年6月），頁23～25。
〔註11〕脫脫，《遼史》（中華書局點校本）卷63〈世表〉，頁949。
〔註12〕參見康樂，《唐代前期的邊防》（台北：台灣大學歷史研究所碩士論文，1976年6月），頁15。
〔註13〕八部為徂皆利部、乙室活部、實活部、納尾部、頻沒部、內會雞部、集解部、

大人以統轄八部，耶律阿保機於後梁開平元年（907）被推舉為八部大人。他即位後實施一連串革新措施，對內團結諸部，吸收漢文化、重用漢人，建立各項制度與法規；對外則侵略中國北方，攻城掠地。耶律阿保機於後梁貞明二年（916）建國稱帝，建元神冊，是為遼太祖。後唐同光四年（926）遼太祖崩，其子耶律德光繼位，是為遼太宗。遼太宗雄才大略有併吞漢民族王朝的野心，遂準備展開全面進攻後唐的軍事行動，而石敬塘也在此時提供遼太宗滅後唐一大助力。石敬塘為滅後唐，因實力不夠，故欲請遼國出兵援助，並答應事成後割燕雲十六州〔註14〕為遼國軍援代價。雖然石敬塘在遼軍援助下滅後唐、建立後晉政權，是為後晉高祖，但割讓燕雲十六州，使北方國防門戶洞開，導致從後晉以降各朝代面對遼國時無險可守，對後代影響極大，其中尤以北宋為最。

二、宋遼前期戰略關係：和平、衝突、妥協

耶律阿保機初起時，尚對漢民族王朝懷有敬意，曾請求後梁冊封，後梁承繼唐朝政權，地位在遼國之上，有傳統中國天朝的影子。至於後梁之後五代各朝，遼國實力漸強，已壓過中國，後唐、後周和遼國維持對等關係；而後晉、後漢則較像遼國之藩屬，北宋和遼國的關係則比較單純，是國與國的對等關係。

（一）宋太祖時的和平

宋遼外交關係建立是在北宋開寶七年（974），遼國涿州刺史耶律昌术〔註15〕致書北宋知雄州孫全興：〔註16〕

> 若或交馳一介之使，顯布二君之心，用息疲民，重修舊好，長為與
> 國，不亦休哉。

北宋也善意回應，遣使賀遼國次年正旦，〔註17〕可見北宋開國初期，不願與

奚溫部。參見《遼史》卷37〈地理志〉一，頁438。

〔註14〕燕雲十六州為幽、涿、薊、檀、順、瀛、莫、蔚、新、媯、儒、武、雲、應、朔、寰等十六州，範圍約在今河北、山西、內蒙古等地，參見方豪，《宋史》（台北：華岡出版社，1979年10月），頁98～99。

〔註15〕耶律昌术在《遼史》其本傳稱耶律合住，參見《遼史》卷86〈耶律合住傳〉，頁1321。

〔註16〕轉引自聶崇岐，〈宋遼交聘考〉，《燕京學報》27期，1940年6月。另參見，《宋史》卷3〈太祖紀〉三，頁43；《遼史》卷8〈景宗紀〉上，頁94。

〔註17〕參見《遼史》卷8〈景宗紀〉上，頁94。

遼國兵戎相見，雙方維持友好關係。

　　宋太祖時因致力於統一工作，對遼國不願輕啓戰端，以免腹背受敵；而宋太宗時國內已統一，戰略目標自然轉向北方，收回燕雲成為首務，故宋太宗對遼國採積極的攻擊戰略；宋眞宗時因澶淵戰場的勝利，簽訂澶淵盟約，使宋遼關係自此穩定下來，雖不可避免會有邊界糾紛造成小型衝突，但如宋太宗時期大規模的戰爭與衝突已不復見，由此可知，宋初三帝對遼國戰略關係的處理皆不同，而澶淵盟約成為宋遼關係的關鍵點。

　　宋太祖以統一國內為目標，並訂定「先南後北」的戰略順序，對遼國完全採取守勢。假若宋太祖不能與遼國保持和平關係，一旦遼國趁其出兵平定南方諸國時，遣軍寇邊，北宋將腹背受敵，極有可能成為另一個五代短命的小朝代，故宋太祖須與遼國維持和平關係，始能無後顧之憂專力南征。至於遼國當時乃遼穆宗在位，此人不理政事且無心南侵，於是在雙方皆無意對對方採取軍事行動情況下，宋遼戰略關係呈現難得的和平狀態。

（二）宋太宗時的衝突

　　宋太宗即位後，宋遼戰略關係為之一變，由於北宋統一障礙僅剩北漢，而北漢以遼國為後援，為了完成統一大業，宋太宗勢必與遼國衝突，而宋太宗不僅要滅北漢，甚至欲伐遼國收復燕雲十六州，《遼史‧景宗紀》載：[註18]

> 乾亨元年（宋太平興國四年、979）春正月乙酉，遣撻馬長壽使宋，
> 問興師伐劉繼元之故。丙申，長壽還，言：「河東逆命，所當問罪，
> 若北朝不援，和約如舊，不然則戰。」

由於宋軍消滅十國中的九國，有如摧枯拉朽，軍事行動非常順利，故宋廷君臣對北伐北漢深具信心，大將曹彬即認為：「國家兵精甲銳，人心沂戴，若行弔伐，如摧枯拉朽耳。」[註19]然而北漢和遼國，並非如南方諸國的衰弱，遼國更是當時東亞第一強國，北宋將領南征累積起來百戰百勝的信心需有所修正，然事實上大部分北宋將帥這種心態卻未改變。

　　雖然北宋大軍順利攻滅北漢，但宋太宗在勞師遠征疲憊之餘移師伐遼，欲乘戰勝餘威直取燕雲，然軍心已開始浮動，宋太宗未能體察宋軍將士長年進行統一戰爭的疲憊，仍堅持繼續進軍。太平興國四年（979）十一月，宋軍

─────────────────

〔註18〕《遼史》卷9〈景宗紀〉下，頁101。
〔註19〕李燾，《續資治通鑑長編》（台北：世界書局，1961年11月，以下簡稱《長編》）卷20，太宗太平興國四年正月丁亥條。

圍攻幽州（北京市），與遼軍大戰於高梁河，結果宋軍大敗。宋遼經此戰役後，北宋對遼國作戰的信心已有動搖，多位大臣勸宋太宗先撤軍，休養生息再圖後舉，如李昉有言：「竣府藏之充溢，洎閭里之充富，期歲之間，用師未晚。」〔註20〕但宋太宗復仇心切，次年十一月再度攻遼，戰爭結果宋軍再敗於瓦橋關。雖然對遼國軍事行動接連失利，但宋太宗恢復燕雲目標不變，仍積極籌劃伐遼行動。

宋太宗為孤立遼國並爭取北宋盟友，遂積極經營與高麗關係，而高麗政治態度一向親附中國，北宋建國時高麗曾遣使入貢，即使平時也信使往來，可見雙方關係良好。北宋對高麗蓄意籠絡乃有戰略目的，宋太宗希望在二次伐遼時，高麗能發揮側翼牽制作用，當北宋大軍正面迎擊遼軍時，高麗軍能從遼軍背後襲擊，使其腹背受敵，達成宋軍與高麗軍雙面合擊之戰略目標。事實上，在遼國的背後不止高麗，尚有渤海、女真等，故北宋也與渤海、女真等組織聯盟，策劃一場聯合攻遼的國際軍事行動。而遼國也清楚明白遭多面軍事力量圍攻的後果，為了突破孤立情勢，在北宋籌組的反遼軍事行動尚未完成前，為搶得戰略先機，立即出兵準備各個擊破。太平興國九年（984），遼軍先討平女真，接著進攻渤海並降服之，宋太宗籌組的反遼軍事行動幾乎瓦解，僅剩一高麗。當遼軍移師準備征討高麗時，宋太宗認為遼軍主力攻高麗，南方邊防必然空虛，此為收復燕雲的最佳戰略時機，乃大舉北伐遼國，宋遼第二次戰爭爆發。

宋太宗會主動在雍熙三年（986）挑起第二次宋遼戰爭，除了前文所述遼軍進攻高麗無暇南顧外，北宋尚有一戰略優勢，即當時遼國乃遼聖宗在位，年僅十二，由蕭太后聽政，宋廷君臣欲利用幼君在位伐遼，並聯絡高麗共同進攻，但高麗並未出兵助宋攻遼，顯然在敷衍北宋，《宋史・高麗傳》載：〔註21〕

> （雍熙）三年（986），出師北伐，……遣監察御史韓國華齎詔諭之曰：「……幽薊之地，中朝土疆。……今已董齊師旅，殄滅妖氛。惟王久慕華風，素懷明略。……迭相椅角，協比鄰國，同力蕩平。」……
> （高麗）遷延未即奉詔，國華屢督之，得報發兵而還。

由於高麗未配合北宋的聯合攻遼軍事行動，使北宋單獨面對強敵遼國。戰爭

〔註20〕《長編》卷21，太宗太平興國四年十二月丁丑條。
〔註21〕《宋史》卷487〈高麗傳〉，頁14038～14039。

初起時，宋軍連下遼國州縣，然歧溝關一役（河北易縣拒馬河之北），宋軍主力為遼軍所殲，《遼史‧聖宗紀》載：〔註22〕

> 遼師與曹彬、米信戰於歧溝關，大敗之，追至拒馬河，溺死者不可勝紀。餘眾奔高陽，又為遼師衝擊，死者數萬，棄戈甲如丘陵。

歧溝關一役打垮了北宋對遼國作戰信心，宋軍兵士心理層面對遼軍甚為恐懼，且北宋也無力再北伐，爾後北宋對遼國的戰略，不得不採取守勢，恢復燕雲的雄心壯志只好擱置。

遼國雖然在歧溝關大勝，卻沒有乘勝追擊，持續進軍北宋以取得更大戰果，最重要原因乃高麗未平，遼國側面威脅未除，若遼軍向南擴張勝果，一旦高麗從後襲擊，與宋軍形成雙面夾擊態勢，遼國將陷入內線作戰困境，故遼國為了先解決高麗的側翼威脅，只能對北宋暫採守勢，將戰略目標轉向東邊，因此端拱二年（989）二月，蕭太后在第二次宋遼大戰取得決定性勝利後，決定收軍北返，命蒲領「率兵分道備宋。」〔註23〕由於遼國的戰略目標轉向高麗，使宋遼衝突遽減，北宋得以暫時喘息，宋遼關係暫告舒緩，然彼此間的小衝突不可避免，遼人往往越境劫掠財貨，因此兩國常在戒備狀態中。

（三）宋真宗時的妥協

遼國暫緩對北宋的侵略，乃為全力對付高麗，一旦討平高麗再無東顧之憂後，遼國將可戮力南侵，宋遼戰略關係勢必進入緊張狀態。景德元年（1004）閏九月，蕭太后與遼聖宗御駕親征大舉進攻北宋，各地宋軍無法抵禦遼軍攻勢節節敗退，遼軍連戰皆捷情況下直抵澶州（河北濮陽）北郊之澶淵。宋廷君臣面對如此危難，意見紛歧，有遷都之議；亦有號召天下兵馬回擊遼軍之議，宋真宗猶疑未決，而宰相寇準力勸宋真宗御駕親征，宋真宗最終依寇準之議親率援軍北上澶淵。宋軍在宋真宗親臨前線的情況下，士氣大振力挫遼軍，宋遼遂在澶淵形成對峙局面。當戰事陷入膠著雙方均無進展時，宋遼皆欲結束這場戰事，和議遂開始蘊釀。

宋遼雙方各自有終止戰爭的戰略認知，先就遼國而言，首先：戰事和戰線的拉長，對孤軍深入的遼軍頗為不利，遼軍雖然直抵澶州，但所過城鎮多未能攻下，兩翼、後路全是宋軍，前面又是宋真宗的精銳禁軍，遼軍已陷入

〔註22〕《遼史》卷11〈聖宗紀〉二，頁122。
〔註23〕《遼史》卷12〈聖宗紀〉二，頁135。

被宋軍包圍的態勢；其次：遼國此次侵宋是為了獲得關南地，〔註24〕蕭太后的戰略構想是先攻下瀛州（河北河間），造成既定事實，迫使北宋放棄關南地。不料，瀛州宋軍堅守，遼軍屢攻不下，加上遼軍損傷愈來愈多，澶淵之役是遼國屢次入侵中原以來遭遇的最大挫折，遼聖宗已不願再戰，遂有退兵的念頭。再就北宋而言，宋太宗兩次北伐大敗於遼國的殷鑑不遠，宋人對遼國仍有恐懼感，加上北宋重文輕武，積弱不振，至宋真宗時軍隊戰力已不復宋太祖時期，宋軍雖能一時阻遏遼軍，乃靠宋真宗御駕親征的士氣鼓舞，然而能抵擋多久，實未可知。對宋廷君臣而言，既然宋軍無法抵禦遼軍入侵，若能以有限的財帛達成和議使遼國退兵，則和約並非不可以接受。另外，與此同時，北宋與西夏的戰略關係也進入新的考驗，西夏主李繼遷死後，李德明繼位，是否仍尊崇北宋向在未定之天。北宋為了減少兩面作戰的危險，須先解決北方的危機，於是宋遼兩國各自基於對自己的戰略認知，和議很快達成，即「澶淵之盟」。

「澶淵之盟」的內容為北宋每年給遼國歲幣銀十萬兩、絹二十萬匹，宋遼約為兄弟之國，二國不得於緣邊開移河道，廣浚壕塹。〔註25〕北宋雖然損失了每年銀十萬兩、絹二十萬匹，卻也換來了長期的和平，直至北宋末年宋徽宗的「聯金滅遼」，雙方才再度爆發大型戰爭，其間雖偶有小衝突，大多能維持和平關係，雙方的和平乃建立在對等與友好的基礎上。「澶淵之盟」是往後北宋與遼國關係的重要基礎，也是中國對外關係的一件大事，此乃傳統中國首次放棄天朝上國威嚴，第一次與少數民族訂定平等的約定，和以往以及爾後傳統中國對待少數民族及外邦的「朝貢制度」大相逕庭，這種關係不但說明了中國可以與少數民族平等相處，也體現傳統中國處理對外關係具有之彈性，會隨著國際情勢不同而有所轉變。

三、宋遼中期戰略關係：妥協與紛爭

宋遼簽訂澶淵盟約後對雙方的影響各有不同，在遼國方面，從北宋獲得的歲幣對改善財政有極大幫助，並藉著和北宋的貿易，取得許多工藝品，而漢民族文化也源源不斷輸入，可見澶淵盟約對遼國進步幫助很大。至於北宋，

〔註24〕關南地即今河北省任邱附近地方，此地原為後晉石敬塘所割之地，後為後周
世宗收復。參見《宋史》卷290〈曹利用傳〉，頁9705～9706。
〔註25〕參見《長編》卷58註文所引。

雖然歲幣是一項負擔，但是每年付給遼國的十萬兩銀，對經濟繁榮的北宋而言，不過區區之數；而二十萬匹絹，只相當於越州一地的年產量，故歲幣和布絹對北宋財政負擔不大，此與宋遼戰爭時花費的巨額軍費比較，其差距不可以道理計，能花費如此的代價即能換取長期的和平，對北宋而言十分划算，如王旦曾對宋真宗云：〔註26〕

> 國家納契丹和好巳來，河朔生靈方獲安堵。雖每歲贈遺，較於用兵之費，不及百分之一。

不過，澶淵盟約帶給北宋的並非僅有好處，還有負面影響。北宋花費很少代價即能換得和平，因此養成北宋上下買和苟安心態，認為只要花費不多的錢幣、絹布便能安撫遼國，使其不會南下生事，便不需要投入大量軍費在戰備整備上，因此「澶淵之盟」後北宋對遼國此北方大敵已喪失戰略警覺，北方國防線幾乎荒廢，無視忘戰必危的重要性，富弼即曾對此提出嚴厲批判：〔註27〕

> 所可痛者，當國大臣論和之後，武備皆廢。以邊臣用心者，謂之引惹生事；以縉紳慮患者，謂之迂闊背時。大率忌人談兵，幸時無事，謂敵不敢背約，謂邊不必預防，謂世常安，謂兵永息。恬然自處，都不為憂。

與其說是宋人認為金錢外交能換取和平，倒不如說是宋人的鴕鳥心態，對於北宋軍隊的衰弱與遼軍的強盛，宋人當然知之甚詳，因此不願意面對遼強宋弱的真實情況，一旦兩國開戰，宋軍恐是勝少敗多，故宋人能逃避即逃避，既然能以金錢財貨獲得北方安寧，即使北方戰備不修，北宋也不願以正面態度面對，此種畏戰苟和心態，甚至是日後導致北宋滅亡的因素之一。

一紙澶淵盟約維持了宋遼間長期和平，使北宋北方邊警驟減，北宋對遼國戰略關係轉為和平，這是傳統中國對外平等關係的新嘗試，然而這卻是建立在北宋對遼國的妥協上。從景德元年（1004）「澶淵之盟」至宣和四年（1122）「聯金滅遼」止，這長達114年的時間，北宋對遼國的戰略關係呈現出妥協式的和平，與其說是北宋自詡澶淵盟約促使宋遼和平，毋寧說是北宋基於戰略現實不敢尋釁遼國，所以北宋中期與遼國的戰略關係，雖然大致平靜沒有大型衝突，卻是北宋自我妥協不敢面對現實的結果。

北宋中期與遼國戰略關係呈現一張一弛的妥協與紛爭，雖然北宋自我妥

〔註26〕《長編》卷70，真宗大中祥符元年十一月癸未條。
〔註27〕《長編》卷150，仁宗慶曆四年六月戊午條。

協不願與遼國衝突，但這只是限於爆發大型戰爭，一般的紛爭則在所難免。由於苟和的心態成為「澶淵之盟」後北宋對遼國關係的主流，北宋一心以財貨外交籠絡遼國，不思整飭戰備以為後盾，遼國自然看穿北宋弱點，在和北宋發生紛爭的談判過程中，以武力為後盾，北宋不敢開罪遼國，只好任遼國予取予求。其一是慶曆二年（1042）三月，遼興宗趁北宋欲用兵西夏之際，遣使北宋索求關南十縣，且調兵遣將做南討準備，以武力為談判後盾。反觀北宋，面對此次紛爭，不思動員軍隊以為籌碼，反而持續以金錢外交為主要談判方式，其結果當然是以錢幣滿足遼國，北宋再增加歲幣二十萬。其二是熙寧七年（1074）二月，遼國遣使抗議北宋河東部隊沿邊增修堡壘與強化防禦工事，當時宋神宗和王安石也沒有和遼國開戰的勇氣，仍然以苟和心態面對遼國，最終結果仍是妥協，北宋拆除沿邊軍事設施並放棄若干土地，遼國再度以製造紛爭達成其戰略目的。

四、宋遼後期戰略關係：全面戰爭

宋遼再度發生戰爭是在北宋末年，先撕毀澶淵盟約的竟是北宋，北宋聯合新興的女真滅了遼國。北宋為收復燕雲失地，執行「聯金滅遼」的戰略本無可厚非，然自「澶淵盟約」後，宋遼關係長期和平，故使宋廷君臣瀰漫著苟和心態，邊關將領因循苟且，訓練不實、武備不修，因此在「聯金滅遼」一舉滅亡遼國後，北方鬆弛的防務，自然無法抵禦金國的入侵。〔註28〕反面言之，如果澶淵之盟後，北宋能記取教訓，秣馬厲兵，以「勿恃敵之不來、恃吾有以待之」的戒慎心態，將對付西夏整飭西方邊防的態度同樣運用於北方，河北不致兵備廢除，北宋才能轉「宋遼對抗」為「宋金對抗」，而不會被金國所滅。

北宋對外關係的處理上，對遼、夏各有不同。對遼國不可能視如西夏那般的蠻夷小國看待，宋太祖一開始就將其視為對等國家。首先，遼國早於北宋建立，國力強盛，乃東亞第一強國，中國當時的五代十國，任一國家的國力皆無法和遼國相比擬。北宋初建時，為了先掃平各地割據政權，自然不敢得罪遼國，唯有如此才不致妨礙北宋對內的統一戰爭。其次，除了宋太宗主動出擊和遼國兵戎相見外，宋真宗和遼國訂定「澶淵盟約」後，兩國平等的

〔註28〕參見脫脫，《金史》（中華書局點校本）卷2〈太祖紀〉，頁26。

外交關係大致底定，北宋對遼國是國與國之間的對等關係，這也是傳統中國另一種的對外關係模式。宋遼相互約爲兄弟，兩國之間使節往來頻繁，兩國帝后去世，對方皆致哀、輟朝、或禁音樂，〔註29〕兩國的關係可說相當友好。宋遼關係一直到宋徽宗時干戈再起，北宋才又採攻勢戰略主動攻擊遼國。自時間點觀之，自宋眞宗的「澶淵盟約」至宋徽宗的「聯金滅遼」，一百餘年間，兩國除偶有小規模衝突和劃界糾紛外，並沒有發生大規模的戰爭；再就務實的和平層面觀之，北宋對外關係的處理上，對遼國遠比對西夏要來的成功。

第三節　北宋與西夏之戰略關係

　　北宋外患先後有遼、西夏、金，西夏乃三者中國力最弱，卻困擾北宋最久、爲患最烈者。西夏從李繼遷叛宋降遼後，即成爲北宋西北隱憂，但北宋初年國內未定，宋廷未採武力討伐，以恩威並施方式欲收爲北宋屬夷，但西夏叛服不定，北宋懷柔政策並未收到多大效果。宋夏關係至李元昊時發生驟變，因李元昊獨立建國，僭號稱帝，宋廷自然無法忍受西夏屬夷與天朝中國爭輝，乃放棄以往招納懷柔的政策，開始武力征討。此時北宋國力漸衰，而夏人久處沙漠之地，勇悍善戰，加上西夏游移兩端，強則侵擾邊疆、弱則遣使請和，讓北宋疲憊不已。北宋所採懷柔政策、武力討伐完全失敗。宋夏百年戰爭中，大小戰爭數百次，雙方互有勝負，可以說是一場消耗戰，雖然西夏比不上北宋的地大物博，應該會更感疲困，但實際上，北宋損失遠較西夏爲大，人力、物力、財力的長期消耗自不待言，最重要的是國家聲望之喪失。北宋乃天朝上國，遲遲無法令西夏歸順，這恐怕是宋廷君臣最無法承受的。

一、北宋之前西夏與中國之關係

　　西夏與漢民族接觸甚早，其遠祖爲拓跋赤辭，以畜牧爲生，原居於青海東南河曲及四川松潘以西的山谷地帶。西夏一直臣屬於其周邊強盛之國家，吐谷渾強盛時，拓跋赤辭聽命於吐谷渾，而唐太宗時中國天威遠播，拓跋赤辭率眾內屬，唐廷賜姓李氏，授西戎州都督，此爲西夏臣服中國之始：〔註30〕

〔註29〕參見《長編》卷98，眞宗乾興元年六月乙巳條。
〔註30〕參見《舊唐書》（中華書局點校本）卷198〈西戎傳・党項羌〉，頁5291～5292。

> 有羌酋拓跋赤辭者，初臣屬吐谷渾，甚爲渾主伏允所暱，與之結婚。
> 及貞觀初，諸羌歸附，而赤辭不至。李靖之擊吐谷渾，赤辭屯狼道
> 坡以抗官軍，……擊破赤辭於肅遠山，斬首數百級，虜雜畜六千而
> 還。……岷州都督劉師立復遣人招誘，於是與思頭並率眾內屬，拜
> 赤辭爲西戎州都督，賜姓李氏，自此職貢不絕。

西夏從此開始與中國關係日見緊密。唐玄宗開元中，西夏受吐番侵逼求援於唐，唐廷置靜邊（陝西米脂縣西）等州以安置。安史之亂，西夏主拓跋守寂助唐平亂有功，擢爲容州刺史，領天柱軍。黃巢之亂時，拓跋思恭亦出兵助討黃巢，亂平後唐廷以功賜定難軍節度使，領有銀（陝西米脂縣）、夏（陝西靖邊縣）、綏（陝西綏德縣）、靜（四川松藩縣）、宥（陝西靖邊縣東）五州之地，西夏實力大增。五代時，中原紛亂，契丹爲中國北方邊患，五代各朝致力防範契丹崛起於北疆，然西方的西夏卻爲五代所忽略，西夏與中國關係一度中斷。

二、宋夏前期戰略關係：同盟與衝突

宋太祖建北宋政權後，西夏主李彝興秉持以往與中國友好關係的外交政策，不僅遣使奉表入賀，更獻馬三百匹，宋太祖大喜，以玉帶賜之，西夏與中國關係再度建立，上距西夏遠祖拓跋赤辭臣屬於唐已有三百多年矣。

北宋初建時，宋太祖對內爲了消滅各割據政權，對外關係力求和平，避免產生爭端，故宋夏關係是和平共處時期，兩國甚至達成軍事同盟，如宋太祖、宋太宗時曾先後出兵助北宋攻北漢，可見雙方關係之緊密，史載：〔註31〕

> 乾德五年（967），（李彝興）卒，（宋）太祖廢朝三日，贈太師，追
> 封夏王。子克睿立。……開寶九年（976），（李克睿）率兵破北漢吳
> 堡砦，斬首七百級，獲牛羊千計，俘砦主侯遇以獻，累加檢校太尉。
> 太平興國三年（978），卒，（宋）太宗廢朝二日，贈侍中。子繼筠立。……
> 太宗征北漢，繼筠遣銀州刺史李克遠、綏州刺史李克憲，率蕃漢兵
> 列陣渡河，略太原境，以張軍勢。

李繼筠卒後，其弟李繼捧繼爲西夏主，李繼捧態度更加親宋。太平興國七年（982）入朝獻銀、夏、綏、宥四州，宋太宗大喜，賞賜豐厚。不過李繼捧獻地歸附北宋，事先並未徵得各部落及各部族同意，因此西夏內部意見分歧，

〔註31〕《宋史》卷485〈夏國傳〉上，頁13983。

逐漸產生分裂。此外，當時北漢已滅，北宋與西夏得以緩衝之因素已消失。北漢未滅前，宋夏能和平共處，是因西夏與北漢不和，北漢有平衡宋夏關係的作用，一旦第三勢力平衡作用消失，宋夏衝突遂不可免。

　　西夏內部對北宋的態度分爲兩派，李繼捧族弟李繼遷不滿李繼捧臣服於北宋，遂率部出走，「繼遷時年二十，自兄繼捧入朝，與克文議不協，自率故部居銀州。」〔註32〕西夏各部族中之酋首，不滿李繼捧採依附北宋政策者，大多率族人投歸李繼遷，李繼遷實力日漸壯大，《宋史‧夏國傳》載：〔註33〕

　　　　繼遷復連娶豪族，轉遷無常，漸以彊大。而西人以李氏世著恩德，

　　　　往往多歸之。繼遷因語其豪右曰：「李氏世有西土，今一旦絕之，爾

　　　　等不忘李氏，能從我興復乎？」眾曰：「諾」。

李繼遷決定率眾舉起反幟，遂出兵攻陷銀州，爲了有別於其族兄李繼捧的親北宋政策，決定採依附遼國政策，遼廷君臣大喜，遼聖宗封李繼遷爲「夏國王」，而爲進一步鞏固遼夏關係，更妻以義成公主，「（遼聖宗）詔以王子帳節度使耶律襄之女汀封義成公主下嫁，賜馬三千疋。」〔註34〕西夏與遼國的聯合，使北宋兩面受敵，遼國在北、西夏在西，若聯合興兵犯境，將威脅北宋生存。北宋當時正處於宋太宗對遼國作戰失利之際，元氣未復，對西夏用兵實有困難，且宋廷也認爲西夏小邦，不需武力討伐，故採懷柔政策，命李繼捧出鎮夏州，招撫李繼遷。宋廷懷柔政策雖收到一定效果，李繼遷於淳化二年（991）七月奉表請降，宋廷命爲銀州觀察使，〔註35〕但李繼遷叛服無常且狡黠難馴。不久，李繼遷又遣使遼國，遼夏關係一如往常，李繼遷再度興兵寇邊，北宋招撫之計終告失敗。

　　李繼遷和遼國關係緊密，對北宋之威脅也愈深，而一向與北宋友好的李繼捧，受遼國與李繼遷之誘惑，竟放棄以往依附北宋的政策，決定棄宋投遼，使北宋離間西夏，以李繼捧牽制李繼遷的政策失敗，《遼史‧西夏傳》載：〔註36〕

　　　　初，西夏臣宋有年，賜姓曰趙；迨遼聖宗統和四年（宋雍熙三年、

　　　　986），繼遷叛宋，始來附遼，授特進檢校太師、都督夏州諸軍事，

〔註32〕吳廣成，《西夏書事》（台北：廣文書局，1968年5月）卷3，頁92。
〔註33〕《宋史》卷485〈夏國傳〉上，頁13986。
〔註34〕《遼史》卷11〈聖宗紀〉二，頁127。
〔註35〕參見《宋史》卷5〈太宗紀〉二，頁88。
〔註36〕《遼史》卷115〈西夏傳〉，頁1524～1525。

遂復姓李。十月，遣使來貢。……（遼統和九年、宋淳化二年、991）

十月，繼遷以宋所授敕命，遣使來上。是月，定難軍節度使李繼捧
來附，授開府儀同三司、檢校太師，兼侍中，封西平王。

宋廷得知李繼捧叛宋附遼後，雖然採取緊急措施阻止李繼捧和遼國聯絡，並
將李繼捧強請至汴京，但宋太宗仍持以往懷柔政策，對李繼捧之叛行，不僅
予以寬赦更大加賞賜，欲以財貨之經濟利益籠絡李繼捧，可見北宋初年時，
宋廷君臣即一味討好西夏，不思在宋初國力較強時以武力展現天威，一舉蕩
平西夏以爲宋土，此後當北宋國力中衰後，自然容易爲夏人所輕。

宋太宗雖然對李繼捧叛宋附遼之舉不予追究，但亦深知一旦放李繼捧回
西夏後，恐無法控制其意志，故將其留置汴京，一則以爲人質；再則藉以號
召西夏族人。事實上，李繼捧號召效果不大，西夏各部族、部落推李繼遷繼
爲西夏主，宋廷亦知此情況，但對西夏仍採懷柔之策，尚未決定以兵伐之。

宋太宗崩後宋眞宗即位，李繼遷爲取得夏州之地，因武力進取始終無法
如願，乃改弦易張，決定歸附北宋並請求賜與夏州，宋夏關係似乎有所轉機，
從衝突進入妥協。而宋眞宗初即位，亦不願與西夏有所衝突，乃順勢接受李
繼遷之請求，授以定難軍節度使，更以夏、綏、銀、宥、靜等五州賜之，此
乃宋眞宗戰略思維一大謬誤。李繼遷據有五州後，不僅實力大增且叛心立現，
咸平五年（1002）出兵攻陷靈州（寧夏靈武），李繼遷再叛於北宋。靈州爲北
宋西北戰略要地，靈州之於北宋西疆，猶如燕雲十六州之於北宋北疆，西夏
佔靈州後，自此掌握北宋進出西部門戶。

北宋令西夏同時握有夏州與靈州誠爲一大戰略失策，等於自棄戰略要
地、西方門戶洞開，若北宋在夏州、靈州駐重兵，將可監控西夏動向，並阻
遏西夏軍隊東進之咽喉，以夏州而言，其爲北宋西方入中原門戶，《西夏書事》
有載：〔註37〕

夏州入中國有三路，一由綏州歷豐林縣葷子驛，入鄜延東北；一由
夏州越五百餘里，至蘆關出番界，入金明境爲延州正北；一從夏州
經四百里，至宥州入洪門，由永安城歷萬安鎮，抵延州西北。

而靈州則爲戰略要地，何亮曾云：〔註38〕

〔註37〕《西夏書事》卷3，頁88。

〔註38〕張鑑編著，《西夏紀事本末》（台北：文海出版社，1981年6月）卷5〈靈
州失陷〉。

輕棄靈武，則戎狄之患有未可量者三：靈武地方千里，表裡山河，
一旦給之，則戎狄之地廣且饒矣，一患也。自環慶至靈武凡千里，
故西域戎狄，剖分爲二，如捨靈武，則西域戎狄合而爲一，二患也。
冀之北，土馬之所生，自匈奴猖獗之後，無匹馬南來，咸取足乎西
戎。剖分爲二，其右乃西戎之東偏，實爲夏賊之境；其左乃西戎之
西偏，秦、渭、儀、徑之西北諸戎是也，如捨靈武則合而爲一。夏
賊桀黠，服從諸戎，俾不得貨馬于邊郡，則未知中國戰馬從何而來，
三患也。

當李繼遷發兵攻擊靈州時，宋廷卻陷入棄守未決的戰略困境。就西夏而言，
取得靈州才有立足之地，故非攻陷不可；就北宋而言，靈州乃重要國防戰略
據點，需牢牢掌握，若靈州陷於西夏，北宋西方咽喉不啻爲西夏所扼。然而，
宋廷朝臣意見分歧，棄靈州者認爲，靈州孤懸漠外，對北宋利大於弊，宋眞
宗亦猶豫未決。就在宋廷君臣棄守間無法做出戰略決策時，李繼遷掌握此戰
略良機，一方面採取時戰時和戰略困擾北宋決策；一方面遣軍攻陷興州（寧
夏銀川）及其附近諸堡塞，藉以孤立靈州。咸平五年（1002）三月，孤立無
援的北宋靈州守軍不支，終遭夏軍攻陷。次年（1003）五月，李繼遷在靈州
略北之地設興州，定都後改爲興慶府（寧夏銀川）。北宋面對靈州陷落的戰略
困境，並未對西夏採較強硬的姿態，導致李繼遷食髓知味，十月時再遣軍攻
陷西涼府（甘肅武威），而西夏取得北宋大片領土後，建國規模已備，史載：
〔註39〕

平夏以綏宥爲首，靈州爲腹，西涼爲尾。有靈州則綏、宥之勢張，
得西涼則靈州之根固。況其府庫積聚，足以給軍需、調民食，眞天
府之國也。

北宋輕易賜西夏夏州，又無決心守靈州，這都是宋廷初年一貫懷柔政策影響，
不敢以武力征討，只想以官爵利祿籠絡西夏，卻換得西夏得寸進尺。若北宋
能堅守靈州，不將夏州賜與西夏，以李繼遷當時實力，距北宋還有不小差距，
當不致攻陷靈州，若如此，尚能稍減西夏輕北宋之心，可惜宋廷一味安撫，
反使西夏壯大，小邦屬夷終成西邊之患。

宋夏關係在李繼遷死後獲得舒緩，其因在李繼遷率兵攻西涼府時，遭吐
蕃六谷部首領藩羅支所殺，而繼爲西夏主者乃李繼遷之子李德明，李德明相

〔註39〕《西夏書事》卷7，頁238。

較於其父李繼遷而言，對北宋較為恭順，但對北宋也非百分百臣服。李繼遷之死，李德明亦遣使告哀於遼國，而遼國亦先後遣使冊封李德明為「西平王」及「夏國王」，[註40] 可見李德明對北宋、遼國之相處方針皆是維持良好關係。至於北宋對西夏的戰略關係，取決於北宋君主的態度，宋真宗當時的戰略思考是，若北宋要面對北方遼國的威脅，又要應付西方西夏的侵擾，北宋將陷入兩面作戰的困境，耗損國力甚巨，因此必須維持北方與西方的和平。而事實上，北宋與遼國締結澶淵之盟後，雖花費大量財帛歲幣，但仍然換取北疆和平。面對此局勢，北宋應集中全力平服西夏，讓西夏完全臣服北宋，如此才能彰顯天朝上國威嚴，滿足宋廷君臣自尊。可惜宋真宗仍以懷柔政策處理西夏，提出優渥條件：「封王」、「歲賜」來引誘李德明。李德明對宋遼兩國皆施以友好政策，享盡兩邊好處，但是西夏對北宋仍偶有寇邊情事發生，北宋每遇邊事卻多加懷柔，遂逐漸增強西夏野心。

三、宋夏中、後期戰略關係：衝突與妥協

北宋對西夏每事懷柔，使李德明免去北宋威脅，對內能積極經營，故國勢日強。李德明為免西夏因繼承問題引發動亂，更立其子李元昊為繼承人，確保身後權力能順利轉移。李德明死後，李元昊嗣立，李元昊其人，據《宋史·夏國傳》載：[註41]

> 曩霄本名元昊，小字嵬理，國語謂惜為「嵬」，富貴為「理」。母曰惠慈敦愛皇后衛慕氏。性雄毅，多大略，善繪畫，能創製物始。……曉浮圖學，通蕃漢文字。案上置法律，常攜野戰歌，太乙金鑑訣。
> 弱冠，獨引兵襲破回鶻夜洛隔可汗王，奪甘州，遂立為皇太子。

事實上，李德明已經為李元昊奠定了稱帝建國的規模，李元昊野心甚大，曾勸諫其父勿臣於北宋，在繼為西夏主後更積極革新，對政治、軍事、學術加以改革，並整軍經武對外擴張領土。李元昊狡黠好戰，不僅數敗宋軍，還擊敗吐番別族角廝囉、破蘭州諸羌。西夏在李元昊積極對外拓展下，國土日廣，據有夏、銀、綏、宥、靜、靈、鹽、會、勝、甘、涼、瓜、沙、肅、洪、定、威、龍等十八州。[註42] 此時北宋正當宋仁宗在位，宋仁宗初期對李元昊的

[註40] 參見《遼史》卷115〈西夏傳〉，頁1525。
[註41] 《宋史》卷485〈夏國傳〉上，頁13992～13993。
[註42] 參見《宋史》卷485〈夏國傳〉上，頁13994。

擴張仍持宋眞宗的懷柔政策，一味姑息安撫，未下定決心以武力對抗，終致西夏問題不可收拾。

　　李元昊見北宋戰略態度模糊，決心建國稱帝，乃升興州爲府，改名興慶定爲國都，國號「大夏」，於寶元元年（1038）即皇帝位，西夏至此已非看邊進貢的屬夷，而是與北宋敵對的國家。李元昊稱帝後，宋廷君臣大爲憤怒，力主討伐。北宋一再懷柔的結果，終使西夏坐大，宋廷君臣再也無法忍受西夏的建國稱帝，這對傳統中國的權威乃一大打擊。宋廷君臣認爲唯有中國天子才是天下之主，其他邦國不能稱帝，須臣服中國之下。對遼國是因現實環境，北宋實力不如遼國，宋廷君臣只能隱忍，然西夏乃西疆小丑，竟然建國稱帝，此乃宋廷君臣所無法忍受。

　　宋仁宗決定以武力征討後，首先下詔削奪所賜官爵；接著絕互市；最後下達軍事動員，準備揮軍西指，對西夏進入全面戰爭型態，宋夏間的衝突不再是邊疆侵擾的小型戰爭了，而是國與國的對抗，此後直至北宋後期，宋夏間大小戰爭持續不斷，故有宋夏百年戰爭之稱。但是在這長期的對抗中，雙方皆有疲憊時，因此西夏會暫時妥協，遣使奉表北宋，而北宋因戰爭的消耗需休養生息，也會接受西夏的請和，暫時中止戰爭狀態，而雙方一旦元氣稍復，西夏即再度侵擾北宋，或宋軍發動攻勢進攻西夏，雙方又進入戰爭狀態，因此北宋中、後期對西夏的戰略關係，即成爲衝突與妥協互見的戰略型態。

　　自宋仁宗大舉進攻西夏始，宋廷君臣原本認爲西夏不足懼，一旦北宋大軍到來，西夏必定聞風歸降。不料，西夏實力遠超過北宋想像，宋軍遲遲無法收服西夏，反而在宋仁宗、宋神宗時大敗，宋夏戰爭耗損北宋人力、財力無限，宋廷應該思考的是，爲了傳統中國的尊嚴，是否有必要對西夏大動干戈。遼國雖爲北方強敵，且燕雲十六州無法取回，但是北宋以平等關係對遼國，簽訂「澶淵盟約」後，維持了宋遼長期的和平。若北宋能以平等態度對西夏，視爲對等國家，宋夏間應能達成和約，相信宋夏和平是可以期待的，北宋也不會損失財貨且軍隊傷亡無計了。

第四節　遼與西夏之戰略關係

　　以東亞地區方位而言，西夏地處西陲，與北宋、遼國、吐蕃等國爲鄰，而關係最密切者當爲北宋，其次爲遼國，再其次爲吐蕃。遼國爲東亞北方大

國，稱霸東亞大陸，與北宋南北對抗互爭長短。由於西夏位居北宋、遼國兩大國間，因此西夏常利用形勢與機會，搖擺於北宋與遼國之間，不但求生存發展，更謀求最大利益。自北宋建立始，西夏基本上採親北宋的政治態度，不但接受北宋的封號與賞賜，更與北宋達成軍事同盟，一度與遼國支持的北漢發生武力衝突，但這僅只西夏與北漢的恩怨，基本上西夏不願開罪遼國，對遼國還是保持友好態度，只是這種態度不如對北宋的緊密。

一、遼夏前期的戰略夥伴關係

北宋初期與西夏短暫的親密關係不久即受到嚴格考驗，宋太宗時西夏內部分成親遼派與親宋派，遼國更趁機分化。雍熙三年（986）二月，遼國封西夏李繼遷為定難軍節度使、都督夏州諸軍事，〔註43〕李繼遷並於十二月遣使進貢遼國，遼夏友好關係自此建立。而此時正是宋遼戰略關係緊繃時刻，雖然宋太宗對遼作戰以失敗收場，但北疆仍衝突不斷，宋遼有再度爆發大戰的可能，因此北宋戰略眼光著重在北方對遼國的警戒，對西北的西夏未予以重視僅僅以屬國視之，並未嘗試與西夏建立對等外交關係。然而「北宋之所失，正為遼國之所得。」北宋未對西夏積極經營，遂給予遼國絕佳良機。遼國為進一步鞏固遼夏關係，避免西夏再度靠向北宋，乃以中國固有的和親策略，於端拱二年（989）三月，「以王子帳耶律襄之女封義成公主，下嫁繼遷。」〔註44〕遼國與西夏結為姻親，雙方關係得到鞏固，已形成遼夏同盟的態勢，對北宋形成戰略包圍，北宋陷入兩面包圍的戰略劣勢。

李繼遷等親遼派倒向遼國已無庸議，但親宋派的西夏主李繼捧也受李繼遷及遼國的蠱惑，亦叛宋附遼，遼廷封李繼捧為西平王，「党項來貢，……（遼聖宗）封夏國王李繼遷為西平王。」〔註45〕李繼遷為李繼捧族弟，謹代表一部份西夏部落親遼派的立場，故遼國與李繼遷建立友好關係，只能表示西夏的部分意見，不能代表全西夏，因當時西夏主李繼捧乃親宋派。而當遼國爭取到西夏主李繼捧後，表示西夏親宋派力量瓦解，西夏與遼國已徹底建立友好關係了，遼國在權力平衡上佔據了有利的地位，而北宋失去西夏，代表在權力平衡上處於劣勢，北宋、遼國、西夏三者之間也首度出現了權力失

〔註43〕林旅芝，《西夏史》（香港：大同印務有限公司，1975年3月），頁205。
〔註44〕《遼史》卷115〈西夏傳〉，頁1525。
〔註45〕《遼史》卷13〈聖宗紀〉四，頁149。

衡的現象。

　　西夏雖然依附遼國，遼夏關係也進入最佳時期，但雙方並未達成軍事同盟，直至宋眞宗大中祥符年間，遼夏始有軍事同盟的出現。當時北宋甫與遼國訂定澶淵盟約，此約爲宋遼帶來和平關係。而遼國也因爲澶淵盟約，不能向南侵略北宋，逐將戰略目標轉向西方，此時剛好發生遼國境內東山地區党項族的叛變，遼廷決定準備出兵討伐。大中祥符六年（1013）七月，遼聖宗要求西夏主李德明出兵協助，「党項叛我（指遼聖宗），今欲西伐，爾（指李德明）當東擊，毋失犄角之勢。」〔註46〕李德明應遼聖宗之請出兵協助，遼夏聯軍討平了党項叛亂，而兩國也因此結成軍事同盟。兩國的軍事同盟堪稱穩定，天聖四年（1026）時再度啓動，由於當年六月，遼境內的甘州回鶻阿薩蘭部叛遼，遼廷命魏國公蕭惠前往西夏要求出兵協助，西夏亦再度出兵與遼軍組成聯軍共討回鶻阿薩蘭部。〔註47〕

　　遼國與西夏經由這二次的軍事合作，雙方的關係已不再是普通的外交關係，實質上已具有軍事同盟的意涵，雖然兩國並未對北宋達成攻守一體的同盟，然而如果遼國與西夏的友好關係繼續發展下去，也未嘗沒有可能，而且遼國非常重視與西夏關係的維持，天聖九年（1031）再度實施和親策略，遼廷以興平公主下嫁西夏主李元昊，並封李元昊爲駙馬都尉。遼夏在既是姻親又是軍事同盟的穩固情形下，北宋想要插手其間，沒有太大施展空間，只能靜觀其變。

　　西夏在雄才大略的李元昊繼位後，遼夏關係開始起微妙變化，以往的友好關係受到考驗。雖然遼國仍對李元昊極盡拉攏之能事，如前述以興平公主和親並封其爲駙馬都尉，但事實上遼國對西夏的態度仍是以屬國視之，遼國自比爲大國，從遼國對西夏的封賜，及要求西夏出兵助遼軍討伐叛亂，在在都顯示遼國將西夏視爲屬邦。可惜北宋並不會利用遼國與西夏的矛盾，從中分化離間，只能坐視兩國關係不斷強化，進而形成北宋西、北二敵，對國防安全形成莫大的威脅。若非桀傲不馴的李元昊也不願屈居遼國之下，同時與北宋、遼國爲敵，使遼夏無法繼續維持戰略夥伴關係，北宋因而得到喘息的機會，那北宋西、北兩邊的邊患將更爲嚴重。

〔註46〕林旅芝，《西夏史》，頁207。
〔註47〕《西夏書事》卷10，天聖四年六月條。

二、遼夏中期的軍事衝突

　　遼國與西夏友好關係的轉捩點發生在寶元元年（1038），興平公主於四月薨逝，李元昊素來與興平公主不和，因其為遼國公主，必須維持表面關係，但興平公主薨逝之消息，李元昊並未立即告知遼國，〔註 48〕遼廷在之後得知興平公主薨逝消息後，對李元昊延遲通報之舉措大為不滿，遂遣北院承旨耶律庶成入西夏詰問李元昊，此舉引起李元昊的不快，遼夏兩國雖未完全決裂，但已埋下衝突引信，自大且自滿的李元昊，絕對無法容忍遼國遣使者對其詰問，這項舉動等於對李元昊的輕視。果不其然，同年十月，李元昊不願屈居遼國、北宋之下，遂建國稱帝，國號「大夏」，都興慶，年號大授禮法延祚。〔註 49〕

　　李元昊稱帝建國必定引起北宋、遼國的不滿，但兩國的反應確有極大不同。先論北宋，北宋反應頗為激烈，宋廷君臣認為，身為天朝上國的北宋，豈能容許藩邦屬夷稱帝，宋廷朝臣雖然秉持天無二日的傳統漢民族王朝觀念對李元昊口誅筆伐，但卻無實際的軍事行動。次論遼國，遼廷君臣雖然也相當不滿，但與宋廷君臣相較之下反應尚稱溫和，並未對李元昊大加撻伐，此乃遼廷君臣對西夏的戰略眼光較為深遠。遼國對西夏的著眼點在雙方的實際利益上，如果因李元昊建國稱帝的事使兩國關係破裂，則北宋、遼國、西夏三方將各成直接對抗的態勢，因此保持與西夏的友好關係甚為重要，使往後北宋與遼國對抗時，能夠得到西夏的奧援。遼國並未如北宋背負中國自古即為天朝上國的包袱，一旦少數民族有人稱帝便是僭逆，因此對李元昊的稱帝，遼國雖有些許不滿，但著眼於國際現勢，只能以默許態度視之，畢竟實質利益較之帝王名號重要。

　　遼國與西夏正式決裂在慶曆三年（1043），李元昊稱帝後，急思對外拓展疆土，位於遼國境內的党項部族遂成為首要戰略目標。李元昊認為，身為西夏主體部族的党項族，既然已創建政權及國家，以往散居他國的党項族必須回歸西夏統治，統一所有的党項族勢所必然，於是李元昊將戰略眼光投射在遼國境內的党項部落，該年十月，西夏發動對遼國境內党項部落的攻擊行動，「十月，夏人侵党項。」〔註 50〕此舉引起遼國的震駭，也破壞了兩國長久以

〔註 48〕參見林旅芝，《西夏史》，頁 208。
〔註 49〕參見《西夏書事》卷 12，寶元元年十月條。
〔註 50〕《遼史》卷 115〈西夏傳〉，頁 1526。

來的友好關條，遼夏間的戰爭似乎一觸即發。然而遼廷君臣在經過審慎的戰略思考後，並沒有馬上訴諸戰爭，而是採軍事、外交雙管齊下的方式，軍事上調兵遣將，暗中列陣以待；外交上則遣高家奴為使出使西夏，〔註51〕對李元昊的軍事行動提出警告。

李元昊既已建國稱帝，故他對遼廷之態度已不若以往恭順，因此李元昊並未因遼國使者高家奴的警告而有所收斂，反而變本加屬，以高官厚祿誘使遼國封疆大吏變節投夏，而此政策也在隔年（慶曆四年、1044）四月收到效果，遼國山西部族節度使屈烈以五部叛遼投夏，此舉已碰觸遼國容忍底線，遼、夏間的炸彈因而引爆，戰事於焉爆發。遼國決定給與狂妄的李元昊嚴重打擊，故由遼興宗御駕親征，率十萬鐵騎三路伐夏。

稱帝未久的李元昊首度與遼軍交手，雖面對遼國十萬大軍，但夏軍作戰勇猛，先挫遼軍前鋒展現夏軍實力，接著與遼軍主力作戰，夏軍發揮地形優勢，利用沙漠地形與遼軍補給不易缺點，屢敗遼軍，雖然夏軍屢戰屢勝，但遼國援軍源源不絕，其後雙方互有勝負，戰爭陷入拉鋸。然遼國與西夏畢竟國力有不小差距，西夏漸感不支，且夏軍兵力已竭，若繼續與遼軍纏鬥下去，李元昊必須考慮遼軍攻入西夏境內造成的傷害，故李元昊決定放低姿態罷戰言和，不但上表遼廷請罪，更親率党項三部至遼國謝罪。〔註52〕而遼國的態度並非滅亡西夏或給予李元昊致命打擊，而是懲戒李元昊的自大，既然李元昊已率先請和並上表請罪，此舉等同承認遼國上國之地位，故遼廷也順勢罷兵停戰，接受李元昊的請罪，由遼興宗詰其納叛背盟，一場有可能引爆兩國大戰的衝突，在李元昊的戰略智慧與遼興宗的自我克制下，消弭於無形。

三、遼夏後期的和戰不定

遼夏衝突雖然最終平和收場，但一向關係緊密的遼夏，卻因此有了嫌隙，西夏已獨立建國，不再絕對的臣屬於遼國。李元昊戰後雖然仍對遼國持續進貢，卻也未事事恭順。至於遼國，雖然在此次衝突中取得勝利，卻也折損數倍於西夏的兵馬，身為攻擊的一方，兵士、武器損耗本就較防守一方來的嚴重，但以遼國大國的姿態與顏面而言，對西夏小國的軍事行動竟然遭致嚴重損耗，遼廷君臣不免臉上無光。遼國之所失正是西夏之所得，李元昊以一小

〔註51〕參見《西夏書事》卷17，慶曆三年十月條。
〔註52〕參見林旅芝，《西夏史》，頁 122～123。

國兵力竟能與遼國抗衡，令遼軍折損甚鉅，不但提升李元昊的自信，更逐漸開啓其輕遼之心。

李元昊領導的西夏，以中亞一小國，不僅建國稱帝，更連敗北宋、遼國兩大亞洲強權，遂養成其日益驕大之心，他認爲西夏與北宋、遼國已可平起平坐，李元昊對北宋的不臣之心早已有之。至於遼國，在與遼興宗的軍事衝突後，遼夏關係進入一個新局面，兩國時戰時和，以往的遼夏同盟已不復見，彼此間的衝突、糾紛不斷。

綜合言之，遼國與西夏的友好同盟關係因李元昊的窮兵黷武遭到破壞，兩國間已無法維持以往的和平局勢，更因北宋的積極介入，使遼夏關係產生不少變數。需知遼夏的結合是以對抗北宋爲戰略目標，遼夏反目成仇後，北宋自然不會放過這個機會，遂從中破壞兩國的合作，唯有關係惡劣的遼夏，才無法結盟共同對抗北宋，這也是最符合北宋的戰略利益。而就遼國而言，欲恢復以往緊密的遼夏關係已不可能，只能防止西夏倒向北宋形成對遼國包圍的戰略態勢，且西夏已非以往進貢的小夷，遼夏邊境須屯重兵防範，而西夏瞭解遼國的邊境佈局後，自然對遼國產生戒心，也會加以防範，於是在兩國相互警戒下，尋求平和的遼夏關係無異緣木求魚。

小　結

傳統中國的對外關係，一直是以中國爲中心的國際體系，其餘外邦外族均是屬夷，負有向中國朝貢的義務，而中國則是以此國際體系的老大哥自居。但是在中國漫長的對外關係中，另有一種對外政策也值得探究，那就是勢力不足以威震外邦時，只能與鄰國維持平等的外交關係。這兩種對外關係主軸，雖然以中國爲中心的國際體系一直是傳統中國對外關係主流，但歷朝君臣藉由中國與外族的變動關係中，不斷吸收前人經驗，配合當時中國與外邦的情勢制定對外政策。

唐朝是中國極爲強盛的朝代，但是唐朝的對外關係也有前後兩種變化。雖然唐朝強盛時，仍然抱持著以中國爲主的本位主義思想，漢民族地位優於其他種族，但是不可否認，在國勢由盛轉衰時，仍會出現具理性且有彈性的對外關係。以唐朝初年武功極盛爲例，唐太宗的「天可汗」制度使唐朝成爲世界一等強國，然安史之亂後國勢漸衰，已無法維持「天可汗」此國際體系，許多屬夷紛紛叛去，轉而投靠回紇、吐蕃，唐朝甚至受回紇、吐蕃等外族欺

凌。唐朝勢衰後，對外關係不能再以上國姿態對待外族，故對回紇、吐蕃只能以平等關係相待，甚至唐朝內亂時，還需向回紇借兵平亂。〔註53〕

　　陸贄認為中國的對外關係，必須視中國的勢力而定，中國是否有足夠勢力讓外邦外族誠心歸順，他舉出中國和夷狄勢力消長的三種情形：〔註54〕

> 夫以中國強盛，夷狄衰微，而能屈膝稱臣，歸心受制，拒之則阻其
> 嚮化，威之則類於殺降，安得不存而撫之，即而序之也？……當夷
> 狄強盛之時，圖之則彼釁未萌，禦之則我力不足，安得不卑詞降禮，
> 約好通和，啗之以親，紓其交禍？縱不必信，且無大侵，雖非禦戎
> 之善經，蓋時事亦有不得已也。儻或夷夏之勢，強弱適同，撫之不
> 寧，威之不靖，力足以自保，不足以出攻，得不設險以固軍，訓師
> 以待寇，來則薄伐以遏其深入，去則攘斥而戒於遠追？雖非安邊之
> 令圖，蓋勢力亦有不得不然也。

陸贄提出中國和夷狄之間勢力強弱的三種形勢，依北宋對外關係而言，實屬「強弱適同」的情況，北宋與遼國、西夏勢力相差不大，遼國在三者間武力略佔上風，北宋排名第二，雖然北宋整體國力強於西夏，但是對西夏戰事卻連遭敗績，無法達「中國強盛、夷狄衰微」的情形，在北宋、遼國、西夏三國均勢的情況下，三國皆「強弱適同」，北宋呈現出來的是「力足以自保，勢不足以出攻」的地步，北宋要如何調整對外關係，這對宋廷君臣都是一項嚴酷的考驗。

　　北宋統一自五代以來分裂的中國，但是，卻無法創造另一個漢、唐盛世，這在統一的中國極為少見。而北宋國勢不強的原因，乃是重文輕武的國策，造成武力不盛，與遼國、西夏「強弱適同」。至於另一個地理因素，則是北方邊防空虛無險可守，自五代後晉割讓燕雲十六州以來，在北方國防上造成一大缺口，遼國騎兵機動迅速，可長驅直入華北，威脅北宋都城汴京。另外，遼國又和西夏聯合，共同對抗北宋，自然使北宋北方、西方國防遭遇極大威脅。

　　北宋自宋太宗伐遼失敗後，一直視遼國為最大威脅，對遼國戰略關係一直持戒慎恐懼之戰略態度，王安石曾謂：「累世以來，夷狄人眾地大，未有如

〔註53〕 唐與回紇、吐蕃的關係，可參見鄭克強，《唐與回紇、吐蕃關係的戰略分析》
　　　　（台北：淡江大學國際事務與戰略研究所碩士論文，1986年6月），對三者
　　　　關係有詳盡分析。
〔註54〕 《舊唐書》卷139〈陸贄傳〉，頁3805～3806。

今契丹。」〔註55〕因北宋對夷狄的恐懼，使北宋對外採取守勢，雖然遼國和西夏，事實上均沒有能力滅北宋，也始終沒有威脅到北宋的生存，但卻使得宋廷君臣不論主觀或客觀上，均採取消極的對外關係，不願也無力對外採取較積極的政策，只求苟和而已，也因此使北宋與遼、西夏的戰略關係，存在隨時爆發衝突的危險。

傳統中國對外關係的主要模式，乃建立以漢民族爲中心的中國本位主義，在北宋可看到；至於另一種與外族建立平等的外交關係，在北宋也可看到。前者指的是北宋對西夏的外交模式，後者則是北宋與遼國的外交關係。北宋是個統一朝代，加上重文輕武、屬行文治，雖然武力不振，但文風甚盛，這也是中國士大夫地位最高的朝代。這些士大夫在政治上的表現，自然以漢唐盛世爲依歸，表現在對外關係上，承襲了以往外族對中國朝貢的思想。傳統中國乃天朝上國，必須有一大堆屬夷來貢，才能彰顯中國的仁德廣被。北宋對遼國戰爭接連失利後，好不容易在宋眞宗時以澶淵之盟維繫兩國和平。北宋深知遼國國力實大於己，要想以天朝威儀使遼國進貢，絕不可能，但是傳統中國的天威必須維持，於是將此目標轉移到西夏身上，這也是宋廷君臣想要繼承傳統中國的本位主義與優越感。然而當西夏不願稱臣於北宋時，宋廷便決定以武力解決，宋夏間長達百餘年的戰事就此開始。不料西夏雖小，武力未必弱，又有英主李元昊實施改革整軍經武。而北宋不僅武力不振，對西夏更抱輕敵之心，遲遲無法徹底收服西夏，反被西夏弄的國困兵疲，僅能以財貨獲得西夏名義上的臣服。

北宋既然無足夠實力令西夏稱臣納貢，又不願和西夏建立對等關係，北宋進退兩難，是其對外關係的一大失策，更使宋夏戰略關係陷入大小戰爭衝突不斷的地步。若宋夏建立對等關係，西夏將取得和遼國一樣的地位，如此一來，宋、遼、夏三國皆是各自獨立國家，北宋身爲中國統一王朝的尊嚴盡失，宋廷君臣自然不願如此，對西夏自是以夷狄對待，於是會有宋夏戰爭的發生。而宋夏長期戰爭耗盡北宋兵力、財力，假若宋廷君臣能揚棄傳統中國的天朝外交，代之以實務面的平等外交，對遼國、西夏皆一視同仁，宋夏戰略關係當能改善不少，北宋西方的和平當可預見，也不會耗損難以數計的糧秣與軍隊。

〔註55〕《長編》卷236，神宗熙寧五年閏七月戊申條。

第四章　北宋對遼、西夏的戰略認知

　　北宋需同時面對西、北二敵西夏、遼國的威脅，故北宋對外的戰略作為顯得複雜及特殊，因北宋不似其他漢民族王朝，最大外患多來自北方，戰略形勢相對單純，因僅有一當面敵人，置重兵於北方備禦即可。今則不然，北宋的戰略認知不能只單純鎖定在北方的遼國，尚須兼顧西方大敵西夏，然則北宋因國力不足無法收服西夏，西夏更稱帝建國與北宋分庭抗禮，致使宋廷亦須在西方置重兵防禦西夏的寇邊，故使北宋的軍力二分，可見西夏此一不穩定因素，牽制宋廷對北方遼國的軍事部署。

第一節　對北方遼國的戰略認知

　　北宋面對北方大敵遼國，其北方國防形勢頗為嚴峻，對於遼國的侵擾，北宋軍隊幾無防禦縱深可言，原因在於戰略重鎮「燕雲十六州」掌握在遼國手中；而首都汴京又無險可守，遼軍鐵騎很容易直搗京畿重地，這兩項因素使北宋北方國防相當脆弱且門戶洞開，故北宋面對遼國的戰略環境顯然較為劣勢。

一、戰略環境分析

　　宋太祖篡後周初建北宋政權時，疆域不大，大多承襲後周而來，「宋太祖受周禪，初有州百一十一，縣六百三十八，戶九十六萬七千三百五十三。」[註1] 經過宋太祖南征北討平定各國，至宋太宗太平興國四年（979）滅北漢

〔註1〕《宋史》卷85〈地理志〉一，頁2093。

後完成統一，北宋疆域始告確定，「東南際海，西盡巴僰，北極三關，東西六千四百八十五里，南北萬一千六百二十里。」〔註2〕北宋雖為大一統王朝，但其疆域與同為漢、唐等統一王朝小的多，且北方國防重地「燕雲十六州」掌握在遼國手中。燕雲十六州對北宋與遼國彼此間的國防關係至為重要，其地理位置約在今河北北部、內蒙古南部、山西的北部與東北部，自古即為一重要戰略位置。以中原農業民族觀點而言，控制此地可據險而守，抵禦北方遊牧民族南下，乃中原農業民族防守北方遊牧民族南侵的重要防線；反之，就北方遊牧民族觀點而言，掌握此地即可威脅中原農業民族，長驅直入中原腹地，因此燕雲十六州的掌握與否，深刻影響北宋、遼國兩國的國家生存與國防安全。

（一）燕雲十六州的控制權

燕雲十六州概分兩大部分，一為今河北省北部，即燕山山脈及軍都山以南，河間、任邱以北的區域，此地域稱為「燕」，亦稱「山前」，遼人在今北京市建南京以為該地區首府。另一為今內蒙古南部及山西句注山脈以北的區域，該地域稱為「雲」，亦稱「山後」，以今山西大同為首府，遼人建西京於此。上述「燕」、「雲」兩地區間北宋與遼國的國防線，東起泥沽（天津市塘沽），沿大清河以北、西至界河（拒馬河），經山西靈邱縣北，沿恆山、句注山、雁門關、寧武、保德縣。這條國防線上以北的地區，自周代開始，歷經秦漢乃至隋唐的二千多年間，皆為漢民族王朝北方國防線上之戰略重地，亦是中原農業民族為保生存，避免遭北亞遊牧民族侵害的民族自衛的生命線。

這條國防線自古以來一直掌握在漢民族王朝的手中，肩負抗拒北方遊牧民族的重責大任，然而進入五代後情勢丕變。石敬瑭將此地區割讓給遼國後，漢民族王朝的北方門戶自此洞開，中原農業民族一直受到北方遊牧民族的侵擾，由此可知，此地理上的國防線對中原農業民族的安危影響有多巨大。顧祖禹曾形容此地域：「燕薊不收，則河北不固；河北不固，則河南不可高枕而臥。」〔註3〕顧祖禹之論足可說明失去燕雲十六州對漢民族王朝造成極為嚴重的後果。如依國家領土戰時為作戰基地、平時為佔據戰略位置做衡量標準，北宋的疆域結構可謂先天不足、後天失調。由於北宋承繼後周、後周上承後

〔註2〕《宋史》卷85〈地理志〉一，頁2094。
〔註3〕顧祖禹，《讀史方輿紀要》（台北：台灣商務印書館，1968年12月）卷10〈直隸〉一。

漢、後漢上接後晉，後漢、後周皆未收復燕雲十六州，故北宋承接後周而來的疆域，先天上即有不可彌補的缺陷；而北宋受重文輕武國策影響，國力始終不如遼國，歷代君王均未能自遼國手中光復燕雲十六州，無法用後天積極的北伐彌補先天未能掌控燕雲十六州的不足，因此北宋一朝，在北方藩籬盡失，戰略要地掌握在遼人的情形下，使中原農業民族隨時暴露在北方遊牧民族威脅下之情形，乃漢民族王朝前所未聞。

（二）宋太祖的建都選擇

漢民族統一王朝都城的選擇，在唐代之前大多在關中地區，五代開始直至清代，才有其他地區較多的選擇。立國擇都關係國家安危，故建都需從山川形勢、地理位置、交通經濟、國防安全等因素考量，宋太祖定都汴京而非洛陽、長安，明顯是從交通經濟著眼而非國防安全。

設若宋太祖建都洛陽，雖然燕雲十六州已入遼國，遼軍騎兵逕攻洛陽可從北方長驅南下，渡過黃河後，沿現在的隴海線西進，但會遇到一道山勢障礙，即須越過鄭州一帶的京索之山，如此而言，洛陽防禦遼軍的攻擊勉強算有險可守。倘若遼軍自山西邊塞南下，將會遭遇五台山、雁門關兩道防線，五台山乃天然阻礙，雁門關則屬人為關隘，宋軍在五台山和雁門關佈防，遼軍騎兵要衝破這兩道國防線直抵黃河岸顯非易事，將會蒙受重大損失。至於汴京，本身即是個大平地，不僅直接暴露在黃河正面，且北宋未能控有燕雲十六州，在北方防線薄弱、藩籬盡撤的國防態勢下，加上太行山以東是個大平原，正能凸顯遼軍騎兵飄忽迅捷的特性，一旦遼國大軍南下犯宋，騎兵部隊僅需幾天即能抵達黃河，而渡過黃河便可逕攻汴京城，可見北宋脆弱的北方國防對建都汴京而言相當不利。

宋太祖對其定都汴京所遭遇的國防困境也相當瞭解，故在其晚年的開寶九年（976）四月，曾有遷都河南地區之舉。對河南形勢與國家安危之關係，顧祖禹曾評論曰：〔註4〕

> 河南古所稱四戰之地也。當取天下之日，河南在所必爭，及天下既定，而守在河南，則岌岌焉有必亡之勢矣。……河南者，四通五達之郊，兵法所稱衢地者是也。……古未有不可守之地，而可以言戰者。

宋太祖欲以長安或洛陽為北宋都城，乃著眼於長安、洛陽絕佳的國防形勢與

〔註4〕顧祖禹，《讀史方輿紀要》卷46〈河南方輿紀要序〉三。

地理位置，因長安與洛陽所在的地域，自古即爲漢民族王朝的國防戰略中樞，亦是政治中心，特別是此處戰略地理的優勢，不論對內或對外，皆可成爲進可攻、退可守的根本之地，據此可統治中原、外抗強敵，實爲建都最佳選擇。雖然自唐中葉安史亂後中國南方發展愈來愈迅速，至唐末五代時中國經濟中心已有漸趨東南之跡象，至北宋時情況更甚，故宋太祖初建北宋政權時定都汴京，乃是經濟因素超越長安、洛陽的國防地理因素。如果宋太祖晚年西遷長安或洛陽，爲了彌補長安、洛陽的經濟劣勢，加強交通運輸建設，如開鑿運河等，使東南方的米糧能輸送至長安、洛陽，其實是可考慮的方向。然而宋太祖欲將都城西遷長安、洛陽的戰略思考，無法獲得宋廷朝臣的認同，其弟趙光義亦是後來的宋太宗也表反對，宋太祖的遷都之舉終究未能實行，對於宋廷上下的一致反對，眾臣均主張不宜率爾遷都，以汴京爲都城實爲最佳選擇，對此宋太祖曾嘆言：「不出百年，天下民力殫矣。」〔註5〕除了宋高宗復興趙宋政權建立南宋時有定都之議外，自宋太祖之後的宋室諸帝，均未曾有遷都之議，更遑論遷都之舉了。

北宋建都汴京，使一個統一王朝的都城無險可守，且時時暴露在敵人鐵騎威脅下，此乃漢民族王朝前所未聞之事，如果說北宋北方國防劣勢乃因燕雲十六州淪入遼國之手的先天缺憾，然立國建都的選擇，以汴京爲都，則是北宋將自身弱點葬送於遼人之手，故不論先天或後天，北宋面對遼國，其北方國防形勢遠遜於歷代漢民族王朝面對北方遊牧民族的戰略優勢。

二、北宋與遼國的衝突

遼國爲北宋北方大敵，當時不僅雄霸東亞盛極一時，更隨時有南下併吞北宋之企圖，北宋君臣處於這種危急情況下，對遼國的戰略認知，首要之務在於鞏固北方國防，而鞏固北方國防的先決條件，在於掌握對遼國的戰略優勢，此戰略優勢即是燕雲十六州的掌握，一旦北宋控有燕雲十六州，雖無法阻止遼國南侵，但北宋在燕雲十六州派駐重兵，卻能遲滯遼軍南侵步伐，不似遼國掌握燕雲十六州時，遼軍騎兵能隨時南侵，北宋不易設防。因此北宋握有燕雲十六州的控制權，遼軍便無法長驅直入侵入北宋中原腹地，如此便能爲宋廷爭取抗拒遼軍的時間與空間，諸如從其他地方抽調宋軍馳援；或派中央精銳禁軍開赴前線支援等。

〔註5〕《長編》卷17，太祖開寶九年四月癸卯條。

　　為了在北方掌握對遼國的戰略優勢，北宋必須收復燕雲十六州才能鞏固北方國防，如此一來即須與遼國為敵，而欲和遼國兵戎相見，則應將宋廷領導中心的都城置於穩固之地，然後始可與遼國在軍事上互爭長短。若將政治中心之都城置於無險可守且位於四戰之地的汴京，雖有漕運之利便於掌握東南的糧食與財賦，但在大清河及句注山的防禦線一旦被遼軍鐵騎踏破，汴京隨即陷入被攻陷之虞，故據上所述，燕雲十六州的得失與都城的選擇，即為北宋對遼國戰略認知的重要關鍵。惜這兩項戰略關鍵北宋均未能掌握，不但無法光復燕雲十六州，更以汴京為都，種下了日後與遼國訂定澶淵之盟的恥辱，及一百餘年後北宋遭女真滅亡的禍根，此皆北宋君臣在建國初期對遼國戰略認知不清，導致後世子孫須嘗受之苦果。

（一）澶州衝突

　　遼國蕭太后與遼聖宗於景德元年（1004）以收復瓦橋關（河北雄縣舊南關）為名，親率大軍南侵，遼軍屢獲勝仗，宋軍節節抵抗失城陷地。遼軍將領蕭撻凜攻破遂城，生俘宋將王先知；之後再攻陷定州，俘虜雲州觀察使王繼忠。遼軍乘勝追擊，直撲黃河邊之澶州（河南濮陽），對距離甚近之都城汴京造成極大威脅，宋廷朝野震動。然宋廷朝臣和戰不定，主張力戰者有之；力主遷都避難者亦不在少數，前者以同中書門下平章事（宰相）〔註6〕寇準為代表；後者則以另一位宰相王欽若為主，主張遷都昇州（江蘇南京），其他尚有陳堯叟等大臣主張遷都益州（四川成都），宋廷鴿派、鷹派意見分歧對立。至於宋真宗則懼敵畏戰，欲遷都以避遼軍兵鋒，故趨近於王欽若等人主張，然在寇準、畢士安等主戰派重臣堅持之下，遂親至澶州督戰。

　　遼軍進至定州後，與宋軍出現對峙局面，與此同時，由於宋真宗親往前線督軍，北宋各地宋軍逐漸往定州、澶州附近集結。另一方面，遼軍深入宋境，面對宋軍的軍事壓力愈來愈大，王繼忠乘機力勸蕭太后與北宋講和。蕭太后深思熟慮後，為免腹背受敵陷入戰略困境，不如趁遼軍尚控有戰略主動時釋放和平訊息，乃向北宋提出和約，但為宋真宗所拒，兩軍遂進入相互爭戰局面。十一月，在朔州攻城的遼軍為守城宋軍擊退，以蕭太后為首的遼軍大本營深覺顏面無光，欲發動大規模攻勢雪恥，遂將遼軍主力集中於瀛州（河北河間）城下，發動凌厲攻城行動，然北宋瀛州守將季延渥死守城池，遼軍

〔註6〕北宋在宋神宗元豐五年（1082）改官制前，以同中書門下平章事為宰相，參知政事為副相。

晝夜不停攻城十餘天，卻始終未能攻下瀛州。

遼國南京統軍使蕭撻凜率軍攻克祁州後，蕭太后命其與主力會師合力進攻澶州，蕭撻凜遂率軍往澶州，在攻克德清（河南清奉）後，與蕭太后所在的遼軍主力，已對澶州形成合圍之勢。面對遼國大軍的包圍，澶州城內北宋軍民已有浮動情緒產生，幸守將李繼隆死守澶州城門，阻遏遼軍的攻勢。而蕭撻凜自恃勇猛，率數十輕騎在澶州城下巡視，由於太過輕敵，澶州城內宋軍以伏弩襲殺蕭撻凜，蕭撻凜頭部中箭墜馬陣亡，遼軍士氣大挫，史載：[註7]

> 將與宋戰，（蕭）撻凜中弩，我兵（遼兵）失倚，和議始定。或者天
> 厭其亂，使南北之民休息者耶！

蕭太后聞蕭撻凜遇伏身亡哀痛不已，「（蕭）太后哭之慟，輟朝五日。」[註8]寇準見遼軍陣亡一大將，軍心已顯低迷，而宋軍民心士氣卻有顯著提升，一來一往間，宋軍精神戰力已高於來犯之遼軍，寇準欲乘勝追擊，乃力促宋真宗登上澶州北城門樓督戰，守城宋軍「遠近望見御蓋，踴躍歡呼，聲聞數十里。契丹相視驚愕，不能成列。」[註9]由「不能成列」一語觀之，遼軍實已有厭戰之心，攻城戰力已喪失泰半。反觀宋真宗御駕親征令澶州宋軍士氣大振，各地宋軍開赴澶州附近的數量也愈來愈多，蕭太后見此情況不得不做戰略評估，在深入宋境補給不易情形下，加上增援宋軍有漸增之勢，為避免遼軍後路被切斷，造成被宋軍包圍的後果，遂決定終止對北宋的軍事行動並與宋廷洽談停戰協定。

（二）澶淵之盟的簽訂

由於蕭太后與宋真宗皆不願再興師交戰，宋真宗原本即是主和派，而蕭太后也認為此次南伐已無法再擴張勝果，故在北宋派出閣門祗候曹利用前往遼軍大本營談判時，雙方迅速於十二月初達成停戰協議，遼軍北返，北宋與遼國的軍事衝突暫告一段落，兩國並於次年訂定和約，內容如下：[註10]

1、北宋與遼國約為兄弟之國，遼聖宗年幼，遂稱宋真宗為兄，宋真宗則稱遼聖宗為弟，宋真宗並稱蕭太后為叔母。

2、兩國以白溝河為國界，雙方撤兵。遼國歸還北宋遂城及瀛、莫二州。

〔註7〕《遼史》卷85〈耶律撒合傳〉，頁1319。

〔註8〕《遼史》卷85〈蕭撻凜傳〉，頁1314。

〔註9〕《宋史》卷281〈寇準傳〉，頁9531。

〔註10〕參見《遼史》卷14〈聖宗紀〉五，頁160；《宋史》卷281〈寇準傳〉，頁9531。

3、此後凡有越界盜賊逃犯，彼此不得停匿。兩朝沿邊城池，一切如常，不得創築城隍。

4、北宋需歲輸遼國「歲幣」銀十萬兩、絹二十萬匹，並於雄州交割。

5、兩國於邊境設置榷場，展開互市貿易。

澶州又名澶淵，故北宋與遼國簽訂之和約史稱「澶淵之盟」，盟約締結後，北宋與遼國百餘年間不再有大規模的戰事，兩國緊繃的關係亦逐漸和緩，不僅通使頻繁，共達三百八十次之多，且於蕭太后生辰時，宋眞宗更遣使祝賀；另外如遼國國內發生饑荒，宋廷也會派人在邊境賑濟，而遼國對北宋亦禮尚往來，如宋眞宗崩逝消息傳至遼國，遼聖宗集蕃漢大臣爲之舉哀，故據上可知，兩國統治階層皆對對方國內事務展現關懷之意。

北宋和遼國訂定澶淵之盟後，爲了展現對盟約的信守，一方面也是北宋本身國力的衰退，對遼國的戰略思維，逐漸由攻勢作戰轉爲守勢作戰。宋眞宗乃北宋第三位君主，北宋國力最盛乃在宋太祖的開國時期，揮軍掃平各地割據政權，展現開國王朝的恢弘氣象，然至宋太宗繼位時，雖繼承宋太祖統一大業，消滅最後一個割據政權北漢，完成北宋的統一工作，然北宋從宋太祖時鼎盛的國力已漸走下坡，從宋太宗伐遼遭受的敗績已可見端倪，可見北宋至宋太宗時，對遼國的攻勢作爲已不可能，遂轉變爲守勢爲主的防衛作戰，在北宋這種欠缺積極攻勢作戰的戰略態勢下，主動出兵收復燕雲十六州已不太可能。而宋眞宗繼承其父宋太宗皇位時，北宋國力並未向上提升，反而有逐漸向下衰弱傾向，故北宋此時實已無力採攻勢作戰深入遼境內收復燕雲十六州，且更害怕遼國再度尋釁生事，因此北宋和遼國簽訂澶淵之盟時，宋廷對遼國能否長期信守盟約不無疑慮，如是之故，宋眞宗指示邊將：「朝廷雖與彼好，減去邊備，彼之動靜，亦不可不知，間諜偵候，宜循舊制。」〔註11〕對遼國的政治動態仍密切注意。之後遼國握有大權的蕭太后去世，此一政治變動引起宋廷君臣憂慮，擔心「國主（指遼聖宗）懦弱，自今恐不能堅守和好。」〔註12〕由此可見，北宋與遼國盟約初立時，北宋對遼國仍有戒心，時刻擔心邊關生事，除刺探敵情之作爲不可少外，更高度重視邊關防務。

北宋對邊防的重視自君主以至將領皆是如此，從中央到地方亦復如是。以君主而言，宋眞宗於大中祥符二年（1009）詔令沿遼國邊界之城池與關隘，

〔註11〕《長編》卷59，眞宗景德二年二月乙巳條。
〔註12〕《長編》卷73，眞宗大中祥符三年正月丁巳條。

整修城牆繕治兵仗,並儲存食糧以爲戰守之備,勿恃敵之不來、恃吾有以待之,強調邊防對北宋安危的重要性,並規定每年由中央派大臣前往邊界巡視防務,且定爲永制。再以將領言之,李允負責雄州(河北雄縣)防務十餘年,他不僅時刻整軍備戰,對雄州防禦工事亦極爲重視,更以遼人之長在騎兵,而雄州地勢平坦,一旦遼國以騎兵優勢進攻,宋軍防守不易,爲遏阻遼人鐵騎如履平地的戰略優勢,首要之務在遲滯騎兵的進攻,而最有效防禦之策即是增加障礙物,抵消騎兵快速移動的進攻優勢,於是李允奏請宋廷於雄州一帶廣建屋宇,增加遼國騎兵行進的阻礙,同時鼓勵百姓遷入,如此一來,星羅棋布的屋宇不但成爲屏障使遼國騎兵無法來去縱橫,而增加的百姓不僅增加雄州的生產力以及賦稅,更充實雄州的防禦力量。

(三)北宋對遼國的長期警戒

北宋對遼國的戒心直至宋仁宗初年仍未完全去除,遼國的兵馬調動往往牽動宋廷君臣的戰略神經。天聖二年(1024),遼國兵馬調動頻繁,目的僅是在燕京附近進行圍獵,然而如此正常的軍事動作,卻也令宋廷大爲緊張,宋仁宗以防河爲名,下詔邊關守將加強戰備整備工作,其戰略思考乃著眼於遼國恐以圍獵爲名行伐宋之實,故先做好防禦準備,以免驟然遭逢攻擊而無還手之力。明道元年(1032),宋仁宗一定程度沿襲其父宋眞宗對遼國採取嚴防的戰略思想,詔飭與遼國戰略關係最緊張的河北地區「練士馬、葺器械,毋得弛備。」〔註13〕且爲了阻遏遼國騎兵的快速機動,於河北地區整建方田,四面穿鑿溝渠,廣一丈、深二丈,如此一來遼國騎兵便無法馳騁。由上述宋眞宗、宋仁宗整飭邊防的情形可知,北宋雖與遼國訂定澶淵之盟,但對遼國的警戒卻未曾稍減,可見北宋上下對澶淵之盟是否能帶來和平仍抱疑問態度,但深一層而言,其實是長久以來農業民族對遊牧民族的不信任所致。前文已述,北宋自宋太宗滅北漢後國力漸走下坡,加上在守勢主義的國家戰略指導下,兼之燕雲十六州早由遼國掌控,北宋欲北伐進攻遼國不太可能,因此北宋懼怕者乃遼國的入侵,由於漢民族自詡爲仁義道德的實踐者,故北宋必然堅守澶淵之盟的承諾,但對文化遠遜於己的遊牧民族,能否信守盟約實無把握,因此雖有盟約的存在,但基於對遼國的不信任,遂對北方邊防相當重視,視爲國防第一要務。

〔註13〕《長編》卷111,仁宗明道元年三月丁酉條。

　　從宋眞宗至宋仁宗的數十年間，北宋對遼國的戒心固然未減，期間也發生數次邊界警報，不過後來皆證實乃虛驚一場，兩國邊界相安無事，往往只顯示宋廷敏感朝臣的多慮。茲舉數例言之：

1、景德四年（1007）河東地區的邊界騷動，起因乃遼國搜捕盜賊逼近宋境，河東守將緊急上報宋廷認爲遼國恐有侵略之虞，然宋眞宗的戰略判斷認爲遼國實無侵擾之舉，認爲河東守將太過多慮，之後果然證明遼國並無越界進攻之舉。〔註14〕

2、天聖元年（1023），遼聖宗突然駕臨幽州，宋廷君臣大疑，因遼國君王無預警出現在兩國邊界地區，南侵之意無法排除，故北宋上下的疑懼乃理所當然。宋仁宗速遣程琳出使遼國探詢原因，而程琳回報遼國並無侵宋之意，遼聖宗此舉乃宣撫當地百姓，果不其然，遼聖宗不久後便離開幽州。〔註15〕

3、天聖二年（1024），北宋雄州知州高繼忠接獲邊關守將上報遼軍士兵侵入宋境劫掠，遼軍恐有進一步滋擾行動，望高繼忠早做準備，然高繼忠認爲「契丹歲賴吾金繒，何敢渝盟。」〔註16〕遼國爲了獲取北宋的歲幣與絹帛，不可能撕毀盟約，因爲如此一來，遼國將無法獲得上述實質利益，故高繼忠認爲以平常心待之即可，其後乃知搶掠兩國邊界者乃渤海人。

4、明道元年（1032），北方邊將向宋廷示警，謂遼國將大舉南伐，宋廷朝臣大爲恐慌，紛向宋仁宗建議應掌握戰略先機，儘速令沿邊守將做好備戰準備，同時由中央遣將率精銳禁軍增援前線，強化北方邊界防禦力量，不過參知政事薛逵卻持不同意見，他認爲北宋「歲遺甚厚，（契丹）必不敢輕背約。」〔註17〕之後情勢發展一如薛逵所料。

　　基於上述多次經驗，北宋認爲遼國已有信守盟約之心，北方邊警得以暫息。至於令遼國堅守澶淵之盟的最大原因，北宋認爲是銀絹之利的結果。

三、北宋對遼國的戰略鬆懈

　　澶淵之盟經過北宋與遼國多次的檢驗後，北宋認爲遼國意在維持兩國的

〔註14〕　參見《長編》卷83，眞宗大中祥符七年十一月己酉條。
〔註15〕　參見《長編》卷101，仁宗天聖元年八月戊子條。
〔註16〕　《長編》卷102，仁宗天聖二年十二月己卯條。
〔註17〕　《長編》卷111，仁宗明道元年十二月癸亥條。

和平關係，故應有堅守盟約的決心，遼國主動進犯宋境的機率不大，而這股氣氛逐漸瀰漫宋廷內外，文臣武將充斥苟和心態，原本對遼國的警戒也逐漸鬆懈。

（一）宋廷君臣的苟和心態

當北宋多位君主屢次下詔整修邊備時，許多邊將卻置若罔聞，對遼國毫無戒心，邊關防務鬆弛、器械不修、兵士訓練荒廢等情況所在多矣，然宋廷朝臣並非全然畏戰苟安之輩，仍有人對鬆弛的國防安全提出警訊，如韓琦、范仲淹等有膽有識之大臣。當時北宋面對遼國的國防情勢是：中央屯駐邊關的禁軍訓練不足，不僅軍紀鬆弛，紈絝更是充斥軍中，甚至抗遼第一線的邊關守將亦多無能怕事之輩，自請調任南方或中央者不在少數，慶曆四年（1044），韓琦即針對北宋北方國防亂象指出：「自河朔罷兵以來，幾四十年，州郡因循，武事廢弛，凡謀興葺，則罪其引惹。」〔註18〕范仲淹亦看到北宋對遼國的嚴重邊防缺失，因此與韓琦聯銜上書宋仁宗，建議復行唐代之府兵制，以徵兵取代募兵，不料卻遭致宋廷絕大多數大臣反對，反對派認為改變過鉅，一旦再行府兵制，將對現行兵制產生重大衝擊，恐會驚擾百萬宋軍，舉國上下亦為之騷動不安，因為影響層面太廣，遍及軍事、經濟、社會、政治等各個層面，故宋仁宗也因茲事體大，未予採行。由此可知，北宋君臣對澶淵盟約的維護與信賴，已成為北宋對遼國警戒備戰的心理障礙，縱然有韓琦、范仲淹等人的先知卓見，然在宋廷上下一片苟安的心態下，無法刺激宋廷做任何改變，即使日後面對遼國增加歲幣的勒索，宋廷依然未做任何軍事改革，可見北宋軍事的怠惰已然積重難返。

澶淵之盟後宋廷君臣充滿苟和心態，反應在北宋對遼國的國防戰略上，則是沒有任何戰略作為可言，幾近於撤守防線。以戰鬥人員素質而言，用現代術語稱之即所謂的軟體，北宋和遼國沿邊地帶的將領與士兵，尤其是河北地區，不論是士氣、經驗、紀律、訓練等均無可稱述；再就戰鬥兵器及防禦工事而言，即所謂的硬體，邊關宋軍不但武器、兵仗未修，防禦設施亦年久失修，傾頹殘破者處處可見，足證戰備整備工作皆未落實。北宋上從宋廷君臣、下至邊關官兵，泰半皆認為澶淵盟約可恃，完全沒有備戰的戰略思想。河北防務，北宋向來視為天下根本、存亡所繫，〔註19〕澶淵之盟前，北宋君

〔註18〕《長編》卷149，仁宗慶曆四年五月壬戌條。
〔註19〕參見《長編》卷166，仁宗皇祐元年三月庚子條。

臣無不積極整軍備戰，隨時做好迎敵的準備，然自澶淵之盟後，宋人認為與遼國緊張之對峙關係已過，和平已可期待，而事實亦是如此，北宋與遼國之戰略關係，已不似以往的劍拔弩張，北宋北方國防情勢的趨緩，導致軍備廢弛、官兵因循怠惰，北宋欲仰賴此等戰略思想、軍隊、軍事設施等抗拒北方之敵遼國，無異緣木求魚。而歷史的發展亦是如此，女真興起建立金國政權後，早已看穿北宋北方的國防戰線乃金玉其外、敗絮其中，於是滅遼後長驅南下侵宋，北宋北方防線脆弱不堪一擊，金軍如入無人之境，北宋政權頓時土崩瓦解，宋徽宗、宋欽宗二帝遭虜至北方，所謂冰凍三尺非一日之寒，北宋亡國的後果實肇因於北宋諸帝未能重視北方防務，且大臣亦欠缺居安思危的戰略思想。

（二）北宋對遼國的妥協

　　戰略的制定主要受戰略環境所左右，亦即以特定的形勢為前提才有戰略觀念的發展，一旦形勢改變，戰略就不能一成不變的因襲舊章，行動必須經常適應環境，而環境往往是流動不居的。〔註20〕北宋在澶淵之盟後，君主忘戰、朝臣苟安、邊備廢弛，在面對遼國兩次的增兵威脅時，北宋統治階層仍然無動於衷，無視外在戰略環境已發生改變，本身需有一定的戰略作為，北宋的戰略制定一如以往，以忍辱負重為出發，透過歲幣買和手段，只願追求屈辱的和平，而不願從事整軍經武、強化邊防等積極戰略作為。

　　第一次遼國對北宋的威脅，乃遼興宗趁北宋疲於應付西夏的侵擾之際，無暇顧及北方，決定收復遭後周世宗奪去的關南十縣。遼興宗以兩面手法的戰略作為，一面籌集糧秣、調動軍隊積極備戰；一面遣使向北宋提出要求，慶曆二年（1042）三月，遼國使者抵達汴京，以北宋增築與遼國邊區之防禦工事，以及征討西夏未通知遼國為藉口，要求歸還原屬遼國的關南十縣。宋仁宗驟然見此無理要求頗為惱怒，理所當然予以拒絕，然而宋仁宗亦無任何軍事動員以防遼軍的南侵，仍想通過和平手段解決此次兩國紛爭，遂以富弼為使，談判的籌碼則是聯姻或增加歲幣，雖是以談判為主，但仍需以軍事力量做後盾，但北宋不此之途，沒有任何作戰準備，可以想見宋廷君臣僅想以財帛消弭遼國的威脅，因此談判最後的結果是北宋增加二十萬歲幣。此次事件凸顯北宋君臣求和、買和心態，遼國未動一兵一卒，僅是派一使者，並調

〔註20〕J. F. C Fuller（富勒）著、鈕先鍾譯，《戰爭指導》，（台北：軍事譯粹社，1981年 6 月），頁 4。

動一下軍隊做出南侵態勢，北宋君臣即感受到莫大軍事壓力，以如此少代價卻能獲得年增二十萬歲幣的利益，分析其原因，即是遼國君臣完全看穿北宋君臣不願興師動兵，而只想以財帛息事寧人的心態。

第二次遼國對北宋的威脅發生在熙寧七年（1074）二月，遼國遣使要求重劃國界，並且抗議北宋地方將領在河東與遼國邊界一帶修築堡壘構築防禦工事，甚至有邊關宋軍侵入遼境內情事發生。〔註21〕當時北宋君主乃宋神宗，他對北宋積弱不振的國力亟思改革，因此重用王安石為宰相大力變法圖強，故宋廷的政治局勢是變法派當權，按理宋神宗和王安石變法圖強的目的，在振興國力北逐遼人並光復燕雲十六州，此次遼國的挑釁，正好提供北宋變法革新一個試煉的機會，與遼國在軍事上見真章，兩國恐會爆發戰爭。然結果卻非如此，北宋立場仍如前次慶曆二年（1042）一樣以求和為主，王安石認為，在收復燕雲十六州沒有做好萬全準備前，不宜輕舉妄動，與遼國維持穩定的關係勢所必須，至於富國強兵的步驟，應先內後外，故對遼國的騷擾，若只是小型邊界糾紛則必須忍耐，勿使其演變成中、大型戰爭，使外部力量影響內部變法時程，若如此變法將功敗垂成，因此王安石同意放棄若干土地以換取和平，而宋神宗也同意拆去河東地區新增的防禦工事，於是第二次遼國的恐嚇威脅，即在北宋君臣的委曲求全下落幕，雙方未引爆進一步衝突。

遼國這兩次對北宋的勒索、威脅，其實是一種戰略嘗試，亦即動員軍隊以武力為後盾，企圖對北宋施加軍事壓力，如果北宋妥協，遼國便能獲得實質的政治或經濟利益；反之，若北宋不願妥協而欲兵戎相見，遼國可依當時戰略環境作戰略評估，如戰略環境有利於己，便可揮軍南侵，一旦戰事不順，也可收軍北返，若戰事順利，更可長驅南下以軍事力量獲得更多利益，且戰場均在北宋境內，遼國不會遭致太大損失，因此就遼國而言，實利多於弊，且掌握主動權。然北宋對戰略環境的認知卻遠遠不如遼人，這二次遼國對北宋的威脅，戰略環境已經有所改變，形勢已然發生變化，北宋對遼國原有的戰略構想必須加以調整，但宋廷君臣並未做如此思考，他們已嘗到花錢買和的甜頭，於是在面對遼國威脅的談判交涉過程中，北宋並未如同遼國一樣動員軍隊做準備，須知，一旦談判失敗勢必展開作戰，而北宋未以軍事力量作後盾，足證宋廷君臣不願與遼國開釁，準備以談判方式解決，其方式自然是增加歲幣，而北宋這些舉措，

〔註21〕 參見陶晉生，《中國近古史》（台北：東華書局，1979 年 10 月），頁 67～68。

遼國君臣不可能不知，於是遼國便乘虛而入予取予求。

　　假若北宋用積極的戰略思考，則最後結果或許會有不同。當遼國第一次增兵威脅，以軍事壓力施加北宋索取關南十縣時，如果宋廷的戰略決策非息事寧人，而是積極備戰整飭邊防，並動員軍隊嚴陣以待，調整以往對遼國以和平爲主的戰略構想，表明爲守衛疆土不惜一戰，相信遼國在瞭解北宋守護國土的堅決戰略態度後，必然有所收斂不會如此狂妄，而北宋也可藉此加強戰備，使純爲守勢的戰略防衛，一變爲積極的「毋恃敵之不來、恃吾有以待之」的戰略防衛，如此北宋不僅能增加與遼國談判籌碼，而遼國見北宋的軍事動作後，必然會有所警惕，則第二次遼國要求重劃邊界，撤除防禦工事的情形有可能不會發生。因爲一旦遼廷君臣認知北宋會屈服於武力壓迫，就會一而再、再而三的以武力恐嚇北宋，藉以達成其戰略目的。可惜北宋對遼國的戰略設計未能因外在戰略環境變化而與之修改，一味以苟和爲戰略思考，認爲遼國會遵守澶淵盟約，故北宋與遼國的和平可待，因此北方的國防不需太重視。由於宋人這般的戰略思考，使得北方藩籬盡撤門戶洞開，雖然遼國尚能如北宋之意遵守澶淵盟約，然女真興起後，不僅迅速滅了遼國，更南下侵宋，北宋忘戰思危，脆弱的北方國防根本無法抵擋金兵攻勢，剽悍的金兵得以長驅直入以摧枯拉朽之勢滅亡北宋，這都是歷代北宋君臣戰略認知錯誤所致，未能隨戰略環境變異而適時調整戰略之結果。

第二節　對西方西夏的戰略認知

　　遼國位居北宋之北，乃北宋北方之敵，故北宋北方的國防部署，主要戰略目標即爲遼國，然而欲探討北宋與遼國的戰略關係，卻不可忽視北宋西方另一強敵西夏，西夏雖國力弱於北宋、遼國，然擾亂北宋西疆綽綽有餘，因此北宋在面對與遼國和平、戰爭等種種戰略現象時，西夏成爲關鍵因素，一旦北宋同時應付西夏、遼國西北二敵，將會陷入兩面作戰的戰略劣勢，所以北宋不論對遼國採取何種姿態，西夏都是必須考慮的因素，是故西夏成爲北宋西方的國防變數。

一、戰略環境分析

　　北宋對西方戰略關係的認知，是基於對北方戰略關係的認知，西方戰略

關係牽連北方戰略關係。北宋欲保障北疆國防安全，必須連結西北的力量，形成對遼國圍堵的戰略態勢，藉西北方與西夏的同盟來威脅遼國的側背，不僅使北宋能專力對付遼國，同時也讓遼國陷入應付兩面之敵的困境，如此方可化解北宋自身面對遼國的軍事壓力。誠如上述，北宋前期的國家戰略，在太平興國七年（982）以前，乃採遠交進攻戰略，與西夏形成同盟戰線，共同對付當時東亞第一強國遼國，而此國家戰略基本上獲得成功。然而西夏並非北宋堅定的盟友，對於親北宋的政策，在其內部亦有反對聲浪，於是西夏統治階層形成親宋派與親遼派兩派的激烈對立。

（一）西夏的興起

太平興國七年（982），西夏主李繼捧獻地歸順北宋，此乃西夏一貫親北宋政策之延續，然而以其族弟李繼遷為首的親遼派大表反對，聚眾侵擾北宋。李繼捧面對李繼遷的擾宋行為無力制止，而國內親遼派漸佔上風，李繼捧無奈放棄親北宋主張，與李繼遷皆潛附於遼國，北宋聯合西夏共抗遼國的戰略作為遭到破壞，反而形成遼國、西夏同盟，對北宋形成包圍態勢，北宋與遼國邊防已衝突不斷，此刻加上西夏的背盟，宋夏邊境更是糾紛迭生。雖然李德明繼為西夏主後改弦易張，採親北宋政策，不僅歸順北宋，雙方更達成和議，西夏不再無端滋擾北宋，將其戰略目標轉向西北回紇地區，〔註22〕開始經營西北邊疆，兩國邊境大規模衝突暫時停歇，但小股糾紛無法完全禁止。然而北宋與西夏的邊境安寧並未維持太久，李元昊繼為西夏主後，因其性格勇猛好戰，時常寇擾北宋，甚至建元稱帝，雙方關係徹底破裂，李元昊揮軍大舉進犯北宋，戰力薄弱的邊防宋軍常無法阻卻夏軍的進攻，造成北宋西疆大患，北宋西邊國防局勢呈現緊張的戰略關係，而北宋與西夏的大規模戰爭已無法避免。

（二）李元昊建國

西夏地理環境優越，易守難攻，且物產富饒，足可自給自足。先就其地理環境而言，西夏疆域東起西河、西至玉門、南抵南山（祈連山）、北接大漠，首都興慶（寧夏銀川），依山傍河形勢雄固，位居北宋至西域的重要交通孔道，控制宋人西行路線，更可東窺北宋，乃極重要之戰略要塞，今西夏定以為都，使宋人至西域交通要道落入西夏掌控。次就物產部份而言，興慶一帶富水利，

〔註22〕參見《長編》卷64，真宗景德三年九月條。

便於農業生產，興慶一帶更有「塞北江南」美譽，可見此地域農產豐富，並非沙漠地帶的不毛之地。另外，祈連山自古即為遊牧民族的天然牧場，甘、涼等州宜於放牧，畜產量驚人，同時涼州更有「涼州畜牧甲天下」之稱。據上所述，西夏有興慶地區此穀倉，及甘、涼等州之肉庫，西夏軍民不僅食可無憂，同時為對外侵略提供豐富的後勤軍糧。西夏人民多為遊牧民族，悍勇善戰為其天性，一旦中原漢民族王朝國力衰落，無法安定邊疆遊牧民族時，遊牧民族往往興兵犯境，西夏亦然，於是當北宋前期太祖、太宗在位國力稍強時，西夏不敢蠢動，歷任西夏主多採親北宋政策，一旦北宋國力不振時，西夏的入侵即成為漢民族與遊牧民族無法避免的宿命。

　　西夏一代雄主李元昊於明道元年（1032）繼位後，一改其父李德明的親北宋政策，漸有建國稱帝之心，不願屈居北宋之下成為看邊進貢的屬夷。李元昊首先製作文字並創立法度，開始重用漢人推行一系列文教措施，如以徐敏、張文顯為策士，鍾鼎臣典文書，而最受重用者乃張元、吳昊，兩人熟悉北宋國事與政情，向李元昊分析北宋、西夏諸般戰略關係，西夏侵宋的作戰計畫，率多由二人主導。漢人得到遊牧民族的重用，自古皆然，由於遊牧民族文化水準低，可以馬背得天下，卻無法馬背治天下，因此遊牧民族一旦出現一位英主欲與漢民族王朝分庭抗禮時，在制訂典章制度、擘畫國家大政等部份，遊牧民族實欠缺此類人才，而這正是文化水準高的漢人之長才，故漢人獲得李元昊重用乃勢所必然，西夏因此得以勃興，此類少數民族王朝之例所在多矣，如李元昊之前的遼太祖和之後的金太祖，兩位開國君王重用漢人謀士，都是遼、金二朝得以興盛的重要原因之一。

　　然李元昊用人並非獨厚漢人，而是蕃漢並用，且根據雙方各自不同特長分別運用。漢人乃農業民族，缺乏剽悍個性，其專長以及李元昊如何運用已如前段所述，至於蕃人，文化水準及文明程度雖不及漢人，訂定國家政策和典章制度或許不如漢人，但驍勇善戰較漢人有過之而無不及，因此李元昊以蕃人主兵事，如以多多馬、竇維吉掌兵馬。此外，西夏人民組成大多為少數民族羌族，其人好勇鬥狠，遇糾紛多以打鬥解決，人人善於騎射勇猛善戰，戰爭時無不衝鋒陷陣極富戰鬥精神，故對陣時常能克敵致勝。李元昊以西夏一蕞爾小邦能獨立建國，並能與北宋、遼國相抗衡，善用漢人、蕃人之特性並能使其發揮的淋漓盡致，毋寧乃至為關鍵之因素。

二、北宋與西夏的長期衝突

北宋與西夏之衝突，開始於李元昊叛宋建國，此時北宋正當宋仁宗在位，而直至北宋爲金太祖所建的金朝滅亡止，北宋與西夏軍事衝突不斷，大小戰爭發生自宋仁宗開始的北宋歷代君主在位時，因此將北宋與西夏之衝突以北宋君主爲主體分段述說。

（一）宋仁宗時期

李元昊建國稱帝時，北宋以士大夫爲主體的朝廷，乃以大漢人主義看待少數民族，對李元昊的自建政權，深覺漢人自尊心受辱，西夏小夷豈能建國，理應懾服北宋之下，是故多數朝臣均主張出兵討伐，對西夏待之以強硬的軍事態度遂成爲當時宋廷主流意見。然寶元二年（1039）六月後，北宋攻勢作戰的戰略態度有所改變，此時夏竦上防禦十策，反對完全用武力征討的模式，建議在軍事力量討伐西夏無百分百把握前，若強行攻之，只會徒然耗損北宋國力，因此主張暫採守勢，先鞏固各項軍事設施，如整治堡壘、修繕兵仗，並逐步控制對西夏作戰之戰略要地或軍事重鎮。〔註23〕夏竦主張採取守勢的理由，乃因地理環境利於西夏防守而不利於北宋之攻擊行動，史載：〔註24〕

> （宋軍）若分兵深入，則軍行三十里，自齎糧糗，不能支久，須載芻粟，難於援送。師行賊境，利於速戰，儻進則賊避其鋒，退則躡其後，盡設奇伏，夜燒營柵師老糧匱，深可虞也。

夏竦認爲西夏在李元昊的領導之下，國力日盛乃是事實，相對的，北宋國力卻日漸衰弱，已不復開國時的鼎盛，在無法完全以武力解決西夏問題的前提下，暫採守勢待日後北宋國力恢復後再行征討，亦不失爲一可行方式。由夏竦的觀點可知北宋中期後對西夏的戰事陷入膠著，除因北宋無法掌握戰略環境及地理優勢外，喪失戰略主動亦是一大因素，由於西夏一再進攻宋境蠶食土地，北宋喪失橫山、靈州等地區地理險要之地，由於戰略要地一再淪陷，終使北宋失去宋夏戰爭中的主動權，不再強調積極進攻，而是以備禦爲主的防守態勢。

北宋對西夏改採守勢作戰後，立即遭遇財政上的困難，因爲在宋夏邊境要駐防大量兵力，又需軍械、軍糧等後勤的支援，對宋廷財務的負擔非常龐大，因此另一種戰略思想應運而生，亦即徹底征服西夏，使其成爲北宋的藩

〔註23〕 參見《長編》卷123，仁宗寶元二年三月丙午條。
〔註24〕 《長編》卷123，仁宗寶元二年六月丙子條。

屬，按時進貢聽命於北宋，如此則不需在西境耗損太多軍費，對宋廷財政必有相當大之助益。有鑑於此，宋廷改弦易張，準備主動出擊進討西夏，由邊防將領率軍出擊。時任環慶副都部署劉平提出他的戰略構想，李元昊建西夏國後，因好大喜功，派軍四出征戰欲擴張西夏疆土，夏軍四出的結果，有生力量折損甚鉅，因此李元昊向各部落、部族徵丁以便補充兵員，然如此一來引起各部落、部族的不滿，不時有暴動發生，而李元昊又以強勢手段鎮壓大肆殺戮，反而更激起各部落、部族對李元昊的不滿。劉平認為，宋廷應趁李元昊眾叛親離之際，動員大軍征討，並對李元昊不滿的部落與部族，採恩威並施手段控制河西部族，迫使李元昊就範。此外，李元昊與唃廝囉〔註25〕素有嫌隙，宋廷應趁此時以高官利祿利誘唃廝囉，藉以壓制西夏河外帳族，並要其與李元昊對抗，或至少在宋軍與夏軍作戰時維持中立，宋軍則不會有腹背受敵陷入兩面作戰的戰略困境。

　　劉平的戰略設計在於搶佔戰略要地橫山，一旦宋軍能佔領橫山，將對西夏形成莫大威脅，而且河外帳族、河西部族等大型部落、部族遭北宋策反對抗李元昊，有如切斷西夏政權左右臂。然劉平此戰略構想與戰略設計尚未被宋廷採納，他已在寶元三年（1040）三川口的宋夏衝突中兵敗被俘，但是這套獨特的戰略構想，已成為日後北宋進攻西夏的基本戰略。

　　由於三川口之役宋軍失利，宋廷主張積極進攻者之聲勢不免為之一挫，反對積極進攻採守勢作戰的聲浪遂出現，於是北宋朝臣對西夏的軍事行動分成兩派主張。主張積極進攻者，仍認為西夏乃跳樑小丑，不可與遼國等同其觀，西夏人口少，夏軍兵力有限，如果採守勢作戰，派兵分駐各堡壘要寨，不僅顯的消極，無法凸顯北宋中原王朝大國之風，且兵力分散結果，常導致西夏侵擾的襲邊戰術成功，宋軍將疲於奔命於各堡寨之中，不如集中優勢兵力大舉進攻，給予西夏致命一擊永絕後患。

　　至於主張持重防守者認為，應採防守、進取雙管齊下，所謂防守，應修築與西夏沿邊堡寨鞏固防禦設施，並派重兵屯守遏止夏軍來犯；而進取則是強化沿邊部族對北宋的向心力，不讓西夏拉攏，另外再聯絡遼國、吐蕃、唃廝囉，藉以牽制李元昊，分化西夏力量使其無法專力於北宋。宋廷面對這兩派意見，決議仍採攻勢大舉進攻西夏，此乃北宋大軍已陸續往宋夏邊境集中，

〔註25〕唃廝囉（997～1065），原名欺南陵溫錢逋（意為繼承王位的業運贊普），西元11世紀唃廝囉國的創建者。

箭在弦上不得不發。李元昊驟見此北宋大軍，卻未心慌意亂，他趁宋軍立足未穩之際，以及兩位統帥韓琦、范仲淹對進攻意見相左無法取得共識，宋軍已失戰略先機，加上宋軍兵士地形不熟且不適應沙漠酷熱氣候，李元昊先發制人，慶曆元年（1041）二月夏軍進攻渭州，宋夏爆發好水川之役，宋夏兩軍戰鬥激烈，結果宋軍大敗。〔註26〕

宋廷鑑於好水川之役的失利，痛定思痛後決定不採積極的攻勢，但是也不能純採守勢示弱於西夏，遂綜合前述積極進攻與守勢防禦兩派的主張，制定出「攻中帶守、守中帶攻」的戰略。宋廷的戰略目標在鞏固沿邊防務，其作法分爲兩部份：其一在招撫宋夏邊境各部落、部族，最好是原先附於西夏者能轉附北宋，如此便能削弱西夏力量而增加自身力量，對於原先即附於己之部落與部族，更須時時鞏固，避免遭西夏爭取過去。其二則是伺機奪取沿邊戰略要地或軍事重鎮，以蠶食方式增加北宋西方國防線的戰略優勢，不再有以往深入夏境的輕率之舉，這種中小型的進攻方式不需太大規模的作戰行動，限定在區域戰爭，如此北宋的損失不致太大。由於上述對西夏的兩項戰略規劃頗爲得當，以守勢作戰爲主輔以攻守兼施的戰略設計，正符合當時北宋應付西夏的戰略環境，加上統領宋軍與西夏對抗的兩位統帥韓琦、范仲淹，亦能摒棄以往對西夏經營方式的歧見眞誠合作，如范仲淹曾云：〔註27〕

> 與韓琦同經略涇原，並駐涇州，琦兼秦鳳，臣兼環慶。涇原有警，
> 臣與韓琦合秦鳳、環慶之兵，掎角而進；若秦鳳、環慶有警，亦可
> 率涇原之師爲援。臣當與琦練兵選將，漸復橫山，以斷賊臂，不數
> 年間，可期平定矣。

李元昊見北宋西疆鞏固且將帥合作無間，漸感無機可趁，兼之連年用兵國內虛耗嚴重，各級將士已有厭戰思想產生，遂決定暫息兵戈與北宋談判議和。

（二）宋神宗時期

宋神宗性格在北宋歷代君王中屬於積極開拓型，此從其重用王安石開啓北宋變法改革一事即可知，因此，對國力不振的北宋都想力圖振作，希冀提升北宋國力成爲泱泱中原天朝上國，更何況對於西夏此少數民族的邊境小夷，以往竟採守勢作戰，雖有時採攻守兼施戰略，但仍不足彰顯北宋大國風範，宋神宗對以往宋廷對西夏的戰略非常不以爲然，決心採攻勢作戰期望一

〔註26〕參見《長編》卷130，仁宗慶曆元年二月條。
〔註27〕《宋史》卷314〈范仲淹傳〉，頁10272。

舉盪平西夏成爲宋土，因此宋神宗一朝，北宋與西夏進入衝突緊張的戰略關係。

　　宋廷既有對西夏主戰的君王，自然有迎合君王的朝臣，王韶於熙寧元年（1068）向宋神宗上〈平戎策〉三篇，對平定西夏提出他的戰略規劃：「西夏可取，欲取西夏，當先復河、湟，則夏人有腹背受敵之憂。」〔註28〕宋神宗見此策論大喜，遂採納王韶之議，開始對西夏開展積極的軍事作爲，也由於宋神宗將進攻西夏的軍事重心轉移到熙河地區，相形之下，宋仁宗時對西夏的軍事重心橫山，宋神宗時則無具體的攻擊計畫，因此西夏對北宋的軍事防備，也由橫山轉移至熙河地區。

　　元豐四年（1081）四月，西夏宮廷發生政變，西夏主李秉常被囚，夏廷無主，由於西夏內鬨並未有平靜下來跡象，反而政治亂象加劇，宋神宗見此良機，決定趁西夏內亂之際發動有史最大規模攻勢，以五路大軍征討西夏，期望以泰山壓頂之勢徹底征服西夏。西夏雖然面臨內憂外患，卻未被北宋大軍擊垮，其迎敵戰略乃利用廣大腹地的戰略縱深，發揮地理優勢，首先利用宋軍欲一舉殲滅夏軍的好大心態，先佯敗示弱誘敵深入，宋軍果然中計深入西夏腹地；接著西夏堅壁清野，在西夏境內的宋軍尋找不到夏軍主力決戰，又無法就地補給，後勤漸感困難；而西夏最後也是最重要的一擊，即是切斷宋軍糧道，藉以達到不戰而困敵的戰略目標。由於宋軍遠至西夏作戰，距離宋境遙遠導致後勤補給困難，這也是作爲進攻部隊的宋軍必須面臨的困難，如果宋軍能維持補給線暢通，或許還能與夏軍一戰，但是宋軍最重要的補給線遭夏軍切斷，如此一來在陌生的地域作戰，無地理環境優勢，加上水土不服和補給困難，宋軍即注定了失敗之命運。

　　北宋雖出動五路大軍進攻西夏，然五路之師並未能充分合作，不但彼此爭功諉過，軍隊與軍隊間的橫向聯繫又不足，導致無法知悉當面敵情，最後結果當然以失敗收場。宋神宗急於以強大武力一次解決西夏問題，再度暴露出宋軍草率進攻，在未能全盤瞭解敵我態勢即急於深入夏境的老毛病，宋仁宗時大舉深入夏境遭致挫敗的前車之鑑，並未帶給宋神宗教訓。宋神宗放棄以往攻中帶守、守中帶攻的穩健戰略，也無視宋軍面對氣候、地理環境的劣勢，許多戰術作爲無法充分施展，宋軍在戰略、戰術皆處劣勢下，想要贏得勝利微乎其微。宋廷鑑於五路伐夏之役的失敗，次年（元豐五年、1082）隨

〔註28〕《宋史》卷328〈王韶傳〉，頁10579。

即檢討調整對西夏戰略，時种諤提出他的戰略構想：經營橫山，俾能佔據地利，如此可北瞰西夏，夏人便無法爲患中原。〔註 29〕种諤的戰略構想獲得宋廷採納，遂成爲五路伐夏失利後對西夏的主要戰略，北宋再度恢復穩健持重、攻守兼施的戰略。

宋廷爲達成上述控制橫山的戰略目的，下令修築永樂城（陝西米脂縣西）以便取得戰略優勢。由於永樂城濱臨無定河，俯瞰銀、夏地區，形勢險要，西夏見北宋此戰略行動恐懼不已，一旦永樂城成爲鞏固之堡壘，等於北宋箝制西夏之咽喉，西夏恐失去地理優勢，西夏主李秉常認爲：「此城不爭，則橫山爲漢有，靈夏爲存亡所係要害，以死拒之。」〔註 30〕遂決定起大軍奪取永樂城。永樂城之役宋、夏雙方攻守激烈，由於北宋欲興建永樂城爲堅固之抗夏堡寨，故投入豐厚資源，因此宋軍在永樂城之兵士、軍械、錢穀等後勤補給非常充沛；另一方面，西夏爲免受制於北宋，永樂城必須在自己掌握中，有非攻陷不可之壓力，因此李秉常傾全國之力進攻永樂城。然戰爭結果宋軍大敗，不僅北宋勢力退出永樂城，是役也，北宋損失慘重，「官軍、熟羌、義保死者六十萬人，錢、粟、銀、絹以萬數者不可勝計。帝（宋神宗）臨朝痛悼。」〔註 31〕宋神宗遭遇其繼位以來對西夏戰事最大的挫敗。

雖然北宋於永樂之役大敗，但西夏亦因此役頗感疲憊，「夏人亦困弊。」〔註 32〕由於宋、夏對經年累月的戰爭皆感疲困，雙方漸有停戰之意。以北宋而言，多次揮軍西進，始終無法攻入西夏中心腹地取得決定性勝利；至於西夏，在與北宋長期的戰爭中也喪失不少疆土，另外吐蕃、唃廝囉因受北宋利誘，一直在旁虎視眈眈，一旦宋、夏交戰，吐蕃或唃廝囉自後襲擊，西夏恐有亡國之虞，在宋、夏皆不願興兵而有意願和平相處的情形下，西夏首先釋出善意。元豐六年（1083 年），西夏遣使北宋奉表請求朝貢，願長爲外藩，不但如此，更歸還歷次戰爭中奪自北宋之土地，同時撤除宋夏邊境守軍，宋廷允其所請，宋夏戰略關係趨緩，雙方雖罷戰言和，但小規模的邊境衝突不可能完全避免，不過終宋神宗之世，宋夏未再爆發大規模戰爭。

（三）宋哲宗時期

宋哲宗於元祐八年（1093）親政後，開始有了自己的政策與主張，他不

〔註 29〕參見《宋史》卷 334〈徐禧傳〉，頁 10722。
〔註 30〕《長編》卷 326，神宗元豐五年五月條。
〔註 31〕《宋史》卷 486〈西夏傳〉，頁 14012。
〔註 32〕《宋史》卷 486〈西夏傳〉，頁 14012。

認同對西夏採取放任無爲的態度，決定採取強硬的軍事行動。宋哲宗首先停止與西夏協商邊界的劃分，接著令邊防駐軍對西夏展開大規模進攻，同時爲鞏固進攻時的勝果，不致因撤軍時所獲土地化爲烏有，遂同時輔以進築堡寨行動。在進攻之戰術方面，主要以橫山爲作戰區，宋軍仍循以往之戰術，以輪番出界、淺攻騷擾爲主，若夏軍來犯，則採各地守軍相互聯防模式，彼此互相支援策應。至於進築堡寨，宋哲宗一朝共興建五十多座堡寨，其戰略目的在擴大宋軍佔領面，使北宋西方疆土日廣，弱化西夏國力，而北宋的堡寨興築，主要集中在橫山地區，乃爲配合宋軍以橫山爲作戰區的戰術行動，北宋欲以橫山的地理優勢制衡西夏，史載：〔註33〕

> 若得橫山、天都亦非常不世之功也，朝廷出師，常爲西人所困者，以出界便入沙漠之地，七、八程乃至靈州，既無水草，又無人煙，未及見敵，我師已困矣。西人……得每於橫山聚兵就糧，因以犯塞，稍入吾境，必有所獲，此西人所以常獲利。今天都、橫山盡爲我有，則遂以沙漠爲界，彼無聚兵就糧之地，其欲犯塞難矣，此所以爲我之利。

由於宋哲宗在陝西各地進築堡寨戰術獲得一定成效，這種蠶食方式使宋軍控制的點逐漸形成線，再由線擴大爲面，逐漸令西夏勢力退出橫山，宋軍取得對橫山地區的控制權。此外，宋軍更不時以堡寨爲基地，經常出兵襲擊西夏邊境，這種騷擾戰術得到一定成效，夏軍無時無刻皆要應付宋軍的突襲，國力漸感疲憊，加上北宋的煽動與利誘，許多部落、部族紛紛叛夏投宋。西夏除需面對北宋的侵擾外，內部政治亦產生動盪，時西夏主李乾順在位，然因梁太后把持朝政，李乾順無法與聞國政，不料遼國介入西夏內政，竟派人酖殺梁太后，西夏在這種政治紛擾情況下，已無法面對宋軍進築堡寨的侵擾行動，遑論興兵犯宋，李乾順遂請遼國出面斡旋調停，希望宋軍暫停對西夏的軍事行動。元符二年（1099）十二月，李乾順遣使北宋奉表稱臣，兩國關係再次得以緩和。〔註34〕

　　北宋的堡寨蠶食戰略雖然獲得一定的成效，至少讓西夏表面上臣服北宋，這對以大漢族主義的北宋君臣而言，算是了不起的成就，然實際上北宋並未能實際管理西夏，亦即北宋勢力無法進入西夏，西夏仍是獨立自主，但

〔註33〕《長編》卷500，哲宗元符元年七月甲子條。
〔註34〕參見《長編》卷518，哲宗元符二年十二月壬寅條。

至少西夏已不像李元昊在位時能動輒興兵犯宋，北宋西境獲得一定程度的安寧。不過，堡寨蠶食戰略也對北宋財政造成極大負擔，由於長年駐兵西陲，包括軍士、兵仗、糧食等各項後勤支援，需龐大財務支應，宋廷財政因此捉襟見肘。另外，以堡寨爲據點出兵進擊，雖然是穩紮穩打最佳的進攻方式，但仍然有其缺點，因爲在蠶食西夏土地的過程中，如果宋軍的成效愈來愈好，代表愈深入夏境，其另一個意涵則是距離北宋國土愈來愈遠，隨之而來的即是糧草等後勤支援愈見困難，換言之，蠶食堡寨只能有一定的成效，一旦距離超過宋軍補給線所能負擔，宋軍即無法再行深入夏境進擊。上述所言乃聚焦在北宋的攻擊面，至於防守面，假設西夏揮軍侵宋，並以優勢騎兵進行攻擊，宋軍僅能以固守堡寨遏止夏軍入侵，這還是建立在宋軍能堅守堡寨的基礎上，一旦堡寨不守，西夏騎兵越過堡寨就能長驅直入宋境，其背後之北宋堡寨將如骨牌效應般淪於西夏。

對於北宋邊防將領而言，宋廷的蠶食堡寨戰略，由於收效容易，因爲只要佔領一些土地，然後在其上構築一堡寨，即可獲得軍功，因此容易造成邊防將領貪功冒進，並誇大戰功向宋廷求取功名利祿，陳師道即認爲，許多邊關將領競相謀取橫山，爲求貪功往往無法通力合作，僅以自身軍功爲考量，而非以北宋整體國家利益爲考量，導致蠶食堡寨戰略獲致一定績效後即無法再突破。〔註35〕

（四）宋徽宗時期

北宋西方邊防守將貪圖冒進的心態一直未改變，至宋徽宗時更變本加厲，如果宋廷有新的戰略主張，或許北宋邊將不會如此一意孤行，然而有濃厚藝術性格的宋徽宗，本身對西夏的戰略即未有任何定見，而部分朝臣仍認爲以堡寨爲基地出塞進取能獲取一定的勝果，這些朝臣以蔡京爲首，因此邊防將領無形中得到鼓勵，揮軍出擊西夏者比比皆是。其中陝西轉運副使陶節夫更是將蠶食堡寨戰略發揮的淋漓盡致，不斷出兵攻入西夏境內，佔領西夏大片土地，西夏與北宋交界的南境土地僅剩五、六千里，夏民散居於沙漠山谷間。西夏面對宋軍的逐步緊逼，國土日蹙，爲減輕面對北宋的軍事壓力，李乾順遣使向遼國求援，希望遼國出面調停，要求北宋能停止對西夏的軍事行動，並且歸還侵佔之土地。宋廷在接收遼國請求後，立即做戰略評估，由於當時正對西夏用兵，北宋在西方屯駐大量軍隊，一旦拒絕遼國爲西夏的請

〔註35〕參見《長編》卷510，哲宗元符二年五月條。

求，恐將激怒遼國，若遼廷決定出兵犯宋，北宋將陷入兩面作戰的困境，因此現階段不宜得罪遼國。此外，由於西夏的求和滿足北宋大漢人思想的自尊，宋廷遂於崇寧五年（1106）二月同意西夏請和，並歸還侵地，而李乾順亦遣使入貢，北宋與西夏戰略關係再度進入和緩階段，邊境暫時獲得安寧。

　　宋夏邊境的羌族，由於各部落林立並未有統一領導人，故各部落對北宋或西夏的政治立場並不一致，部分附於北宋、部分附於西夏。政和四年（1114），原附於北宋之羌族部落，竟轉投西夏，而西夏卻予以接納，此舉觸怒北宋，原已平緩下來的宋夏關係再度進入緊張局面。宋廷君臣認為，羌族部落叛宋投夏，西夏不應接納，並應將此事報知宋廷，由宋廷處理後續問題，而今西夏竟給予羌族部落庇護，此作法無異對北宋挑釁，北宋決意給予西夏懲戒，乃命童貫為陝西經略使，揮軍西征。宋廷此次再度對西夏用兵有兩大原因，其一誠如上述，西夏接納原屬北宋之羌族部落，北宋必須予以教訓，如果北宋悶不吭聲，任由羌族部落叛宋投夏，其他依違於宋夏邊境、甚至宋遼邊境之少數民族有樣學樣，叛宋投夏或叛宋投遼將不可遏止，如果這些部落紛紛脫離北宋掌握而轉附於西夏或遼國，這一來一往間，北宋損失的是兩倍力量，尤其少數民族勇猛剽悍，正可當宋軍的前鋒與西夏或遼國作戰，這些少數民族對北宋而言有不可或缺性，這也是為何羌族部落叛宋投夏會導致北宋如此緊張之原因。其二則是西夏自崇寧五年（1106）二月向北宋請和入貢以來已歷八載，這段期間宋夏相安無事，宋遼間也未見大型衝突，北宋因為無戰事，社會元氣逐漸恢復，軍隊也養精蓄銳一段時間，因此有足夠力量發動戰爭，正好趁羌族事件發兵打擊西夏。

　　以宋徽宗為首的宋廷，為徹底讓西夏臣服，共發動六路大軍征討西夏，較宋神宗五路大軍更多出一路，可見北宋勢在必得決心，且此次西征軍隊多是宋軍中之精銳。伐夏總指揮童貫「將秦、晉銳師深入河、隴，薄于蕭關古骨龍，謂可制夏人死命。」〔註36〕由秦晉銳師可知宋軍精銳盡出，的確有一舉降服西夏的決心。童貫率大軍再度採蠶食堡寨、出塞進擊戰略，仍以橫山為作戰目標區，各路宋軍皆往橫山推進。然而戰爭過程並未如宋廷君臣預期般順利，雖然宋軍佔數量優勢，但並未具有作戰優勢，原因在於沙漠作戰，地形、氣候皆不利來自中原的宋軍，反而夏軍具有這些優勢，此消彼長下，宋軍兵士的戰鬥能力大打折扣。另外，愈深入夏境，堡寨構築愈多，補給線

〔註36〕《宋史》卷468〈童貫傳〉，頁13659。

也愈長，宋軍的後勤壓力也愈來愈大，因此在宋軍並未具絕對戰略優勢下，雙方成為拉鋸戰，從政和四年（1114）宋廷命童貫出兵西夏起，至宣和元年（1119）六月李乾順上表請和止，五年的戰爭期間，宋、夏兩軍互有勝負，但任一方都無法取得決定性勝利，宋軍受限於補給困難，無法深入西夏中心腹地，因此無法令李乾順臣服；另一方面，夏軍亦無法驅逐宋軍於國境之外，是故宋夏戰爭再度形成膠著。

　　北宋與西夏對戰爭陷入泥沼均感恐慌，戰爭遲遲無法結束，不僅將拖垮國家財政，人民也會因厭戰而產生不滿，尤其兩國社會支撐戰爭，許多資源均以戰爭優先，無形中會排擠原先的資源，如糧食優先供應前線，百姓是否會因糧食不足產生搶糧風波，甚至引起暴動也未可知，因此趁機結束軍事對峙狀態，以穩定內部為優先，即成為兩國君臣思考的方向。然就北宋而言，上至君臣下至百姓，皆以大漢人主義自居，因此要北宋率先停止戰爭狀態，難度頗高，而且繁榮富庶的北宋社會，地大物博經濟發達，支撐對外戰爭的能力較西夏高出甚多。位居沙漠地區的西夏，不論是人口、生產力、經濟、財政等條件皆遠遜於北宋，故西夏對戰爭已漸感不支，終於於宣和元年（1119）六月遣使北宋請和，宋廷君臣的面子遂得以滿足，便順勢終止對西夏的軍事行動，召回童貫及伐夏的六路大軍，然北宋原先欲平服西夏的戰略目標並未達成，雙方又回到六路大軍伐夏前的狀態，亦即北宋耗費物資、軍糧、兵士、兵仗無算，對西夏卻無任何突破，北宋可謂進行一場徒勞無功、勞民傷財的戰爭。

三、西夏在北宋戰略認知中之特殊性

　　西夏在北宋與遼國戰略關係中居重要關鍵地位，北宋與西夏戰爭的成敗，會影響北宋對遼國採取何種戰略態度，如果宋夏和平相處無戰事，北宋在無西夏掣肘下，對遼國的態度就可強硬；反之，若宋夏爭戰連年，北宋為避免兩面作戰，且北宋國力也不允許同時對遼國、西夏進行戰爭，因此一旦宋夏進入戰爭狀態，對遼國的戰略態度即需和緩，避免引起宋遼戰爭。然而在北宋對西夏約九十年的戰略關係中，〔註37〕雙方和平相處僅有二十六年，〔註38〕其餘都是

〔註37〕西夏自宋仁宗寶元元年（1038）李元昊建國稱帝至宋欽宗靖康二年（1127）北宋滅亡止，與北宋的戰略關係約九十年。

〔註38〕李元昊上表請和後，宋夏維持安寧二十五年；李乾順上表請和後，宋夏和平

衝突的戰爭狀態。戰爭的起因雙方皆有，在北宋部分，有些是宋廷君臣為維持中原大一統漢民族王朝的尊嚴，像西夏這般少數民族必須臣服北宋，因此興師伐夏；有些是宋軍邊防將領貪功冒進。至於西夏部分，有些是西夏主不願屈居北宋王朝，除獨立建國外，更侵略北宋開疆拓土；有些則是遊牧民族慣有的襲擊漢人土地，西夏亦復如此，夏軍騷擾宋境掠奪農產品、手工藝品時有所聞，而面對夏軍的侵邊，邊防宋軍守土有責必須予以還擊，於是宋夏邊境的糾紛、衝突不斷。

　　宋夏戰爭乃長期且特殊之戰爭，戰爭之結果雙方互有勝負，但北宋與西夏任一方都無法取得決定性勝利，宋軍無法直搗興慶變夏土為北宋州縣，夏軍亦無法深入汴京等北宋中心腹地，故兩國遂形成對峙局面，但宋夏共同的結果是國力皆因此而困弊，社會因軍費負擔加重，逐漸產生政治矛盾與社會矛盾。北宋無法徹底降服西夏，最大的環境因素在地形與地理環境，由於西夏屬沙漠地形與氣候，且距北宋中心區遙遠，因此宋軍勞師遠征，補給線長，後勤作業不易，故宋軍利於速戰速決，然而宋軍糧道常遭夏軍切斷，一旦補給線被斷，宋軍無糧草供應，退兵成為必然之結果，這在北宋歷次用兵西夏時屢見不鮮。至於夏軍，則善於利用熟悉地形優勢，以飄忽迅捷的騎兵襲擊宋軍，這種機動奇襲的游擊戰術常讓宋軍防不勝防，雖未能摧毀宋軍主力，然而面對小股西夏騎兵卻不能有效防範，容易對宋軍士兵造成心理恐懼，乃頗為有效的心理戰術。

　　另外，夏軍常用持久戰破壞宋軍的速戰速決，希望藉地理優勢拖垮宋軍的後勤與財務：〔註39〕

　　　　西界多帶山，馬能走險，瀚海彌遠，水泉不生。王旅遠征，年需不
　　　　給，窮討則遁匿，退保則襲追，以逗撓為果人之謀，以遲久為匱財
　　　　之計。

夏軍的戰術基本上獲得成功，北宋屢次征討西夏無功，地形和後勤毋寧是宋軍最大的兩個罩門。事實上，西夏對北宋「打打談談」、「邊打邊談」的兩手戰略運用頗為成功，當宋軍獲得軍事優勢時，西夏則祭出請和策略，如前文已述及的西夏主李元昊、李乾順請和之實例，一旦宋軍居劣勢時，夏軍則不斷窮攻猛打，藉以奪取北宋土地和各項物資，而宋廷常被西夏此兩手策略迷

　　　　僅有六年。
〔註39〕《西夏書事》卷12，寶元元年九月條。

惑，始終未能一鼓作氣攻入興慶，造成宋夏戰爭徒然成為耗損北宋國力的戰爭，影響北宋對遼國關係的弱化，以及爾後抵抗金人南侵的能力。

第三節　北宋戰略認知分析

　　北宋對遼國的戰略關係，雖主要對象為遼國，但不可忽略西夏此一影響宋遼戰略關係的關鍵因素，故欲分析北宋對遼國的戰略關係，除應先探討北宋自身的國家戰略，再以此為基礎考察北宋對遼國的戰略關係外，還要一併考察北宋對西夏的戰略關係，需知，北宋對遼國的戰略關係實為一體兩面，另一面即是西夏，遼夏經常同盟對抗北宋，故遼國無法單獨抽離，將西夏納入分析，始能完整與周延探討北宋對遼國之戰略關係。

　　契丹族與党項族的經濟型態都是以遊牧為主體的遊牧民族，自古即與農業為主的漢民族有經貿關係，一般而言，遊牧民族缺乏手工藝與農產品，而這些是農業民族的強項，因此雙方的經貿型態，泰半是遊牧民族有求於農業民族，因此漢民族佔優勢，而以契丹族為主體的遼國和以党項族為主體的西夏，其經貿關係在面對漢民族的北宋時亦然，因此所謂的經濟戰略，亦成為探討北宋與遼、西夏戰略關係時重要的一環。

一、守勢主義的國家戰略

　　北宋自宋太祖開國以來的國家戰略，均採守勢主義，缺乏漢、唐等朝恢弘的氣度，能遠征北方打敗匈奴、突厥等遊牧民族，建立威震東亞的大漢帝國、大唐帝國。北宋的守勢主義國家戰略，先就北宋歷代君主的軍事戰略思想而言，從宋太祖至宋徽宗，〔註40〕均不採擴張主義的國家戰略，以開國之初的宋太祖、宋太宗二帝而言，他們北伐與遼國發生戰爭，都是為了收復燕雲十六州，因該地區原本即為漢土，與遼國作戰帶有收復失土的目的，而從宋太宗以後諸帝，除宋徽宗「聯金滅遼」外，再無北伐收復燕雲之舉，即便宋真宗時遼軍遭士氣大振的宋軍擊敗，宋真宗並未下令乘勝追擊，而是與遼國簽定「澶淵之盟」，此盟約類似今日的互不侵犯條約，宋真宗對遼國的戰略

〔註40〕北宋的末代皇帝雖是宋欽宗，然當時面對金軍的侵逼，早已危在旦夕，所有努力的方向都是求生存，無從形成國家戰略，事實上，北宋的末代皇帝應是宋徽宗，探討其國家戰略才有意義，因此此處北宋的歷代君主應取宋太祖至宋徽宗。

思想僅欲保境安民，而不願主動出擊大敗遼國創盛世武功。

　　至於宋徽宗的「聯金滅遼」戰略，並非擴張主義的國家戰略，因爲如果沒有女眞的興起且數敗遼軍，讓北宋君臣覺得有機可趁才與之定盟，否則以守勢主義爲主的北宋國家戰略，宋徽宗不太可能主動進攻遼國。至於西夏，北宋初期爲了與遼國交戰收復燕雲，不宜與西夏開隙，故緩和與西夏的對抗，以恩撫爲主。然至中期宋仁宗、宋神宗及後期宋徽宗時，開始對西夏用兵，宋神宗積極經營河湟，並於熙寧年間收復熙河地區；宋徽宗蠶食堡寨戰略亦獲得不少西夏土地。上述宋太祖、宋太宗爲收復燕雲對遼國用兵；宋神宗、宋徽宗用兵西夏經營橫山、河湟地區，在於這些地方原本均爲漢土，這些北宋君主的對外用兵除了一方面是國防安全所需外，另一方面則是收復原屬漢人的土地，北宋守勢主義的國家戰略由此可見一斑。

　　北宋在守勢主義的國家戰略下，缺乏主動出擊的動力，對遼、夏的國防部署都是以備禦爲原則。首先在遼國部分，宋太宗接連對遼國軍事行動失利後，已不復繼位初期的銳氣，對北方的國防部署已是消極被動的防禦態勢，其朝臣亦是如此，何承矩曾提出對遼國的防禦部署：〔註41〕

> 承矩上疏曰：「臣幼侍先臣關南征行，熟知北邊道路、川源之勢。若
> 於順安砦西開易河蒲口，導水東注于海，東西三百餘里，南北五七
> 十里，資其陂澤，築隄貯水爲屯田，可以過敵騎之奔軼。俟期歲間，
> 關南諸泊悉壅闊，即播爲稻田。其緣邊州軍臨塘水者，止留城守軍
> 士，不煩發兵廣戍。收地利以實邊，設險固以防塞，春夏課農，秋
> 冬習武，休息民力，以助國經。如此數年，將見彼弱我強，彼勞我
> 逸，此禦邊之要策也。其順安軍以西，抵西山百里許，無水田處，
> 亦望選兵戍之，簡其精銳，去其冗繆。夫兵不患寡，患驕慢而不精；
> 將不患怯，患偏見而無謀。若兵精將賢，則四境可以高枕而無憂。」

何承矩提出上述北方國防的戰略部署在端拱元年（988），上距宋太宗歧溝關之敗已有兩年，宋太宗早已放棄收復燕雲之念，也無北進之想，北伐遼國的志氣消磨殆盡，僅想鞏固北疆不使遼軍入侵罷了，北宋的守勢主義至此完全成形，且影響爾後歷代北宋君主的國家戰略。在宋太宗已有防禦戰略思想的情況下，何承矩的北方國防部署計畫馬上被採納，「太宗嘉納之。」〔註42〕爾

〔註41〕《宋史》卷 273〈何承矩傳〉，頁 9328。
〔註42〕《宋史》卷 273〈何承矩傳〉，頁 9328。

後宋遼訂定澶淵之盟，在北宋極力維持邊境和平的前提下，兩國力求和平關係，故北宋北方國防部署防禦重於攻擊，兵力配置依此原則部署，但北方國防線綿延，東、西部的防衛態勢仍有不同，東部防衛可仰賴天然地形以爲藩籬，兵力不需太多；至於西部則不同，因天然屏障缺乏，故多需靠人爲防守，因此北宋置重兵於此，大部分屯駐於太原、真定、大名、河間一帶，形成一套綿密的人爲防禦網，與東部的天然地形構成北宋的北方國防線。

其次在西夏部分，北宋早期認爲西夏乃蕞爾小國，視之爲看邊進貢的屬夷，且實力不足應無法危害北宋，故早期均以招懷羈縻政策爲主，並未積極經營，完全忽視其對西方國防的威脅。直至李元昊稱帝與北宋分庭抗禮，甚至不斷侵擾寇邊後，北宋始知事態嚴重，開始積極對西夏用兵，然在雙方長期的對峙當中，和戰主動權常操之於西夏手中，宋廷君臣在守勢主義的國家戰略指導下，欠缺積極進取精神，北宋常處於被動地位，以致雖有五路、六路大軍征討西夏，卻都敗戰而回，究其原因，乃國家戰略採取守勢主義導致，將領與士兵未具主動開疆拓土精神，僅想打敗西夏收回原漢地，這也是北宋採守勢主義最大的缺點。其實宋廷應對不同對手實施不同戰略，對強大的遼國可採守勢維護邊防安寧，然對實力不如己的西夏應採攻勢，全力征服納爲宋土，然北宋不此之途，均以守勢戰略面對遼國與西夏，致使西部邊防衝突時期多過於安寧時期。

二、對遼國戰略認知之分析

維護國家生存安全是國家利益裡的主要利益，〔註43〕且是最根本最重要的利益，原因極其簡單，如果一個國家連生存都無法維持，遑論維護其他國家利益。鈕先鍾曾指出：〔註44〕

> 在戰略研究的理論領域裡存在著一種程序性的假定，即國家利益產生國家目標，因國家目標產生國家政策，國家政策產生國家戰略，是故國家利益實爲戰略思想的本源，所以研究國家戰略者必先對國家利益有一明確的觀念。

依據上述觀點分析北宋的國家利益，在以守勢主義爲主導的國家戰略裡，爲何北宋對遼、夏所持的戰略態度截然不同，對西夏始終採取積極進取的立

〔註43〕參見鈕先鍾，《大戰略漫談》（台北：華欣文化事業中心，1977年5月），頁47。
〔註44〕鈕先鍾，《大戰略漫談》，頁45～46。

場，使宋夏戰略關係衝突不斷，相形之下，對遼國的戰略態度顯得保守畏縮，故宋遼戰略關係能有和平時期的出現。依照北宋初年的戰略環境分析，北宋一開始的戰略目標乃遼國，戰略目的是爲收復燕雲十六州，而當時強大的遼國佔據燕雲更威脅北宋生存空間，因此北宋爲了維護生存的最根本國家利益，使北宋一切戰略構想、戰略目標、戰略目的等均集中在遼國。西夏在北宋初年國力不強，勢力尚未伸展至夏州、靈州等地，對北宋中心腹地還無法構成威脅，加上北宋羈縻政策奏效，且國力正當開國初期的鼎盛時期，因此宋廷君臣自然不會將西夏視爲當面之敵，而是將焦點集中於北方的遼國。

　　自北宋的戰略發展觀之，宋太祖篡後周建北宋政權後，最先據有者爲關中之地，這部分乃承襲後周土地而來，之後宋太祖開始推動統一工作，當時他面對的戰略環境，北有遼國虎視眈眈，欲趁中國漢人政權分裂之際伺機進攻掠奪利益；南有各國的割據政權，彼此攻伐不斷，而這些都是北宋統一戰爭欲掃除之戰略目標。在上述戰略環境下，北宋初年的國家利益首要在維持國家生存，其次在消滅各割據政權完成統一，故此時的國家戰略在緩和與遼國的戰略關係，宋遼需維持和平關係，使遼國不會藉機南侵威脅到北宋的生存利益，因北宋政權肇建時國小力弱，實經不起遼國的一再攻擊，如果宋遼關係不佳，遼國大舉南侵，北宋極有可能成爲五代另一個短命政權。另一方面，結好遼國，才能使北宋無後顧之憂，能專心用兵南方討平各國，進而完成統一大業，如果遼國在北宋進攻南方各國時出兵進攻，北宋將首尾不能相顧，不僅陷入兩面作戰的困境，更有亡國之虞，故與遼國維持和平對北宋而言乃迫切且必須的。

　　據上述，北宋的首要國家利益是能在五代混亂的環境中生存，因此武力是最大憑藉，而且又要用兵南方，故需以強大武力作後盾，然而，五代將帥動輒廢立君主，這也是五代各朝興滅快速最大的原因，宋太祖爲懲驕兵悍將之弊，他自己乃是將士擁立，同樣也害怕再度發生相同情事，故極力予以圍堵。於是，宋太祖設計的兵力配置，在前述國家戰略及懲將帥專擅之弊雙重因素下，以「強幹弱枝」、「內重外輕」完成戰略部署。宋太祖之意乃是將國家常備部隊集中於京畿地區，這些都是全國的精銳部隊由皇帝直接控制，地方上僅有老弱廂軍以供差遣之用，此即爲「強幹弱枝」。至於「內重外輕」，則是集中於京畿的精銳部隊，稱之爲禁軍，數量遠超過地方廂軍的總和，其目的在防止地方軍隊作亂，一旦地方有變，中央可憑優勢兵力迅速敉平動亂，

易言之，是以內斂式集中兵力拱衛京師控制地方。此外，由於地方沒有軍隊，北宋軍隊建制上沒有地方兵團，邊防戍守同樣由中央禁軍擔任，故由宋廷派出禁軍至各邊關要塞輪番屯駐，若遇敵人入侵，則由駐屯禁軍先行抵禦，若能擊退來犯之敵，則順利完成防禦任務，若無法退敵時，便由宋廷遣將率軍馳援地方，此即為「內重外輕」的兵力部署。

宋太宗滅北漢完成統一，但是北方國防仍然有相當危機，一則遼國仍不時窺伺，從未有放棄進攻北宋的想法；二則汴京都城地點不當，暴露在遼國騎兵威脅之下。宋太宗有鑑於此，為了維護國家安全，必須消除遼國的威脅，同時也要收復燕雲十六州，遂決心採取積極的戰略作為，宋遼不可避免終將一戰。宋太宗決定用兵遼國後，採外交、軍事雙管齊下，欲打敗遼國，需爭取盟國的支持強化宋軍力量，於是遣使聯絡高麗請其共伐遼國，採以夷制夷戰略，如此不但可斷絕遼國可能從高麗得到的援助，同時使遼軍與宋軍作戰時，須面臨高麗軍自後襲擊的後果，等於讓遼軍陷入兩面作戰困境，這種結盟戰略的運用，即成為北宋往後戰略設計的構想與藍本。

宋太宗北伐遼國共有兩次，不過皆是以失敗收場，欲消除遼國此威脅北宋國防安全的因子無法完成，遼國可能隨時南侵的威脅仍在，但宋太宗已無再用兵遼國之意，同時北宋甫完成統一戰爭後又繼續兩次伐遼戰事，社會、經濟實無力再承擔其他戰事，在社會、經濟亟待復甦的情形下，對遼國戰略認知與戰略作為，遂由積極的進攻轉為守勢防衛。北宋此時的最大威脅乃遼國，故宋廷君臣的國防安全戰略認知全集中在北方，直至宋真宗澶淵之盟後，由於宋遼兩國對盟約的信守，使兩國邊疆獲得長期的和平，北宋的生存不再受到威脅。既然北宋國家利益中的生存已獲得保障，宋廷君臣的戰略眼光自然投射到西方，此時西夏又叛服無常，不時侵擾寇邊搶奪財貨，西方國防受到嚴重威脅，於是北宋的戰略目標自然由遼國轉移至西夏。

三、對西夏戰略認知之分析

北宋對遼國、西夏的戰略態度不同，在守勢主義的國家戰略裡，對遼國自宋太宗後以防禦為主；對西夏則是積極討伐，其中最大的原因乃宋廷朝臣具有傳統漢人士大夫的自大心態，他們認為西夏不可能威脅到北宋的生存與國家安全，党項族如同其他少數民族，不過是沿邊小夷，必須臣服於漢民族的北宋王朝，故對西夏竟然對北宋舉起反幟，宋廷君臣必然無法忍受，對西

夏自然形成以軍事力量征服的論調。

　　北宋朝臣對遼國、西夏戰略態度的不同，茲以宋仁宗時負責對西夏國防事務的韓琦、范仲淹為例，兩人對遼、夏分別呈現出和戰不同的戰略態度，可謂當時宋廷朝臣對遼主和、對夏主戰的意見代表。首先在北方遼國方面，韓琦於慶曆二年（1042）七月向宋仁宗提出他對北方國防的看法，他在〈上仁宗論備禦七事〉中指出：〔註45〕

　　　　遼與昔日漢唐匈奴、突厥相異，近來要求關南之地，宜選轉運使二
　　　　員，密授經略，責以歲月，加強守禦之備。

兩年後更進一步對國家戰略與國防安全提出其主張，與范仲淹聯名〈上仁宗論和守攻備四策〉，〔註46〕在這四策當中，備策係針對北方之遼國，共有七項主張：「密為經略、再議屯兵、專於選將、急於教戰、訓練義勇、修築京師外城、視契丹動向密定討伐之謀。」〔註47〕韓琦、范仲淹對北方防務主張採取守勢，以防禦遼國入侵為主，除非遼國內部發生動亂，否則不會輕易採取攻勢，此即為「視契丹動向密定討伐之謀」之意。其次在西方西夏方面，韓琦、范仲淹於慶曆四年（1044）六月上奏宋仁宗〈陝西八事〉，〔註48〕主張對西夏進行討伐，應遣軍佔領橫山俾能掌握地形優勢，進而縱軍四出修築堡寨，可見韓、范二人對西夏的戰略態度均是積極主動，與對遼國的主和大相逕庭，而對夏採攻勢、對遼取守勢，也成為當時宋廷的主流意見。

　　宋仁宗時負責對遼國外交的富弼，其意見與韓琦、范仲淹亦一致，尤其富弼經常前往遼國辦理外交交涉，非常清楚遼國與西夏互通聲氣，因此面對當時東亞的國際局勢，他認為「西伐則北助、北靜則西動」，北宋不宜與兩國同時開戰，必須選擇戰略目標，遼國國力不下北宋，對遼國開戰，北宋無必勝把握，甚至可能落敗，故須與遼國維持和平，俾能全力對付西夏。正因如此，富弼在面對遼國增兵邊關威脅關南十縣時，他不願挑釁生事，忍辱負重完成增幣交涉使命。由上述韓琦、范仲淹、富弼等宋廷重臣對遼、夏的看法與主張可知，北宋對遼國的戰略認知以防禦為主，對西夏則是遣軍討伐，「和遼取夏」成為北宋最高戰略指導原則。

〔註45〕趙汝愚輯，《諸臣奏議》（台北：文海出版社，1970年5月）卷134，韓琦〈上
　　　　仁宗論備禦七事〉。
〔註46〕趙汝愚輯，《諸臣奏議》卷134，韓琦、范仲淹〈上仁宗論和守攻備四策〉。
〔註47〕參見趙汝愚輯，《諸臣奏議》卷134，韓琦、范仲淹〈上仁宗論和守攻備四策〉。
〔註48〕《長編》卷150，仁宗慶曆四年六月辛卯條。

　　北宋在「和遼取夏」的戰略指導下，宋神宗、宋哲宗、宋徽宗三朝，為了全力進行對西夏戰爭，逐力求與遼國和平相處，以維持北方國防穩定，莫因北方不靖影響對西夏的軍事行動。然自宋神宗開始積極對西夏用兵以來，因西夏的堅避清野及宋軍逐漸深入兵力分散，宋夏戰爭陷入泥沼，此時遼國見宋夏戰爭僵持不下欲有所圖謀，遂使北宋與遼國的戰略關係發生微妙變化。熙寧七年（1074）三月，遼國遣使北宋要求重議地界，面對遼國無理要求，宋廷朝臣不再像以往充斥主和聲浪，而是有主戰派聲音出現。主和派仍是以韓琦、富弼等人為主，他們認為對遼國要求重議地界需審慎處理，勿輕舉妄動妄言興兵，且對於宋廷當時整頓北方防務的措施過大，容易引起遼國疑慮，如聯絡高麗、整頓塘泊、遍植柳榆、訓練保甲、修築城壘、開濬壕溝、設置河北三十七將等，〔註49〕因這些國防措施被認為有備戰遼國之意，才會藉重議地界一事生事。富弼等人認為上述強化邊防措施應遣使向遼國委婉解釋，避免引起兩國衝突進而爆發戰爭，如此恐會影響對西夏戰事的成效。

　　宋神宗變法圖強，開啓一系列北宋新政，而這批變法派對遼國的戰略態度，與富弼、韓琦等人守成持重主張對遼國應以和平為主不同，他們態度強硬，認為北宋不應示弱，主戰派朝臣主要以變法大臣呂惠卿為主，與富弼、韓琦等人分庭抗禮。呂惠卿認為，由於宋軍經營橫山、熙河等地區堪稱順利，這對積弱不振的北宋乃一大鼓舞。遼國見北宋用兵西夏順利，為了懼怕北宋強大後轉而北伐遼國，故而用重議地界刁難北宋，並調兵邊關恫嚇。呂惠卿主張歷來對遼國主和的戰略態度應有所改變，此時不應退讓，需增兵北方防止遼軍蠢動，呂惠卿曾云：〔註50〕

　　　　敵人（遼國）講和垂七十年，歲賜金帛以數十萬計，雖違手足上下
　　　　之義，猶得以大事小之權。今陛下（宋神宗）聖德光充，神武獨運，
　　　　西履洮隴、南平荊蠻，彼以無事坐受數十萬之賜於中國，則其勢不
　　　　能不震疊，故因使人輒爭小事，云無所畏而自安之謀，其狀可見矣。

不過當時變法派的掌舵者王安石，雖然有用兵遼國的戰略思維，但並非全然贊同呂惠卿立即對遼國用兵的主張。王安石認為，變法未全部完成前，不宜與遼國衝突，以免影響變法時程，應待變法完成國富兵強後，再全面進軍遼國收復燕雲，於是宋神宗未採納主戰派意見，依然遵循與遼國維持和平的一

〔註49〕參見趙汝愚輯，《諸臣奏議》卷137，富弼〈上神宗答詔問北邊事宜〉。
〔註50〕《長編》卷251，神宗熙寧七年三月癸亥條。

貫立場，在西方戰事未取得決定性勝利之前，需穩住與遼國關係，避免同時與遼、夏開戰，否則恐遭兩面戰事同時失利的後果，是故宋遼兩國在熙寧九年（1076）十一月達成重畫國界協議。雖然北宋最後仍對遼國採妥協忍讓態度，不過不同於宋仁宗朝主和派意見聲勢浩大，宋廷已有不同聲音出現，對遼國強硬的戰略態度已逐漸出現，不再是以往一言堂的和平之論。

北宋自用兵西夏以來，一直無法取得突破性進展，直至後期宋哲宗、宋徽宗時始取得可觀之成績。由於宋哲宗時蠶食堡寨的戰略奏效，宋軍在橫山地區的經營功效逐漸顯現，西夏土地不斷被宋軍佔領，漸感困窘與壓迫，於是再度實施打打談談策略，要求遼國出面調停。北宋對西夏的用兵終於能壓迫對手請和，在於克服以往後勤不易需速戰速決的戰略劣勢，宋軍因遠離中原至西夏作戰，補給非常不易，以往對西夏作戰失利率多被後勤所擾，而今以修築堡寨一個接一個，在於宋軍打持久戰，當攻下堡寨及其周圍土地後，宋軍即以此堡寨為中心，鞏固防禦措施並積囤糧食，宋軍不貪圖一次解決西夏問題，以大軍壓迫西夏投降，而是改採漸進似的蠶食堡寨方式，如此方可解決後勤問題。先將小片土地慢慢佔領，待這片土地經營有成後，再繼續進攻下個目標，當宋軍佔領的堡寨眾多，由點形成線再構成面後，不但宋軍可站穩腳步解決糧草供應，而西夏的土地漸失，面臨宋軍的軍事壓力愈來愈大，終至其無法負荷而請遼國出面斡旋調停。

宋廷君臣面對遼國出面為西夏請和，希望宋軍停止對西夏的攻擊行動，均認為是對西夏用兵以來空前的勝利，由於蠶食堡寨戰略成功的為北宋奪得不少西夏土地，早已提高宋廷君臣自信心，現在又逢西夏委託遼國出面要求停戰，「遼人遣簽書樞密院事蕭德崇來為夏人請緩師。」〔註51〕面對遼使的請求，更令宋廷君臣驕心陡生，遂對遼國展現強硬態度，宋哲宗謂遼使曰：「西人累年犯順，理須討伐，何煩北朝遣使。」〔註52〕重臣章惇亦認為遼國雖遣使前來勸和，但用兵西夏已獲得一定成效，不能停止對西夏的軍事行動，應該乘勝追擊，一旦壓迫西夏投降臣服北宋，屆時不用遼國出面，宋廷一樣會接受西夏求和。章惇的態度一定程度代表當時宋廷大臣的心態，由於用兵西夏取得一定成效，讓宋廷將領朝臣提升不少軍事信心，認為西夏都可由宋軍多年的打擊而請和，同樣是少數民族的遼國，相信宋軍一樣能取得相同勝果。

〔註51〕《宋史》卷18〈哲宗紀〉，頁352。
〔註52〕《長編》卷506，哲宗元符二年二月甲申條。

　　宋廷君臣雖然自宋夏戰爭的勝果恢復不少漢人的自尊與自信，但遼國國力畢竟與西夏不可同日而語，故北宋仍不敢與遼國全面決裂，對於北方各項戰備整備工作仍謹慎行事。如知雄州（河北雄縣）張赴上奏宋廷，爲加強防務需開濬河道、增修外城，如此可強化雄州防禦力量抵禦遼軍進攻，宋哲宗認爲大修防禦設施恐讓遼國誤爲挑釁之舉，因此要張赴小心行事，避免引起無謂的糾紛形成軍事衝突。由此可知，宋廷君臣雖對遼國展現不同以往的強硬態度，但仍對遼國頗爲忌憚，尙不敢與之發生戰爭，因此最後仍舊接受遼國調處，與西夏達成和議，但大量宋軍仍繼續屯駐宋夏邊境，北宋未放棄對西夏的軍事行動。

　　北宋君臣長期以來一直存在著畏遼心態，但是在宋哲宗時對西夏用兵堪稱順利，不僅提升君臣自信心，畏遼心態也逐漸減少，於是在宋遼處於長期的和平關係之下，北宋認爲用兵西夏已取得成果，西夏已無能力爲禍西疆，現階段國家利益得以確保，而下一階段的國家利益，自然而然轉至遼國身上，其中最大的國家利益，亦即宋人長久以來的夢想：收復燕雲十六州。當北宋戰略目標由西夏轉移至遼國時，代表國家利益已由降服西夏調整至恢復燕雲失地，而國家利益的改變會連動影響國家目標、國家政策的改變，當戰略目標從用兵西夏北轉爲用兵遼國時，宋廷對「和遼取夏」的戰略勢必有所修正。

　　宋神宗、宋哲宗對西夏用兵是兩個截然不同的典型，宋神宗以大軍征討，採速戰速決的戰術，更用五路出師分進合擊，結果遭到不小的挫敗。宋哲宗則改弦易張，採持久戰術，以蠶食堡寨穩紮穩打的方式，結果獲得不錯的成效。宋徽宗繼位後，鑑於前朝君主不同的用兵方式，以宋哲宗的蠶食堡寨戰略易於成功，因此對西夏繼續執行此項戰略戰術，西夏在宋軍不斷的壓迫下漸感困弊，故宋徽宗時期先後兩次請遼國出面請和，這兩次的請和，益發助長宋廷君臣信心，認爲北宋軍力已可擊敗西夏，遼國當不足畏，故對遼國出頭爲西夏說項，宋廷君臣自然擺出高傲姿態。崇寧四年（1105）十二月，遼國爲西夏遣使北宋，希望歸還侵略西夏所得之土地，蔡京認爲虜書傲慢，應用請求語態而非命令式口吻，因此草擬回覆遼國時語氣亦不遜，幸宋徽宗認爲北方不宜與遼國衝突，故令蔡京重新撰寫回覆之內容。蔡京雖奉宋徽宗之命措辭謙和，但仍命宋使至遼國回覆時，盡一切可能激怒遼國，製造兩國衝突。童貫因秉宋徽宗之命用兵西夏有成，故欲進圖遼國，認爲此時宋軍已可與遼軍一戰，乃於政和二年（1111）九月自請出使遼國，目的在偵伺遼國實力。蔡

京、童貫可說是宋徽宗最寵信之重臣，仔細分析兩人的戰略思考，雖用兵西夏有一定成績，但不免過於自大，已近狂傲心態，需知遼國與西夏國力不可置於同一水平，對西夏軍事成功，並不能保證對遼國一樣能獲得軍事勝利，蔡、童兩人缺乏穩重、審慎的戰略思考，被西夏不多的軍事勝利所迷惑，對遼國的現實狀況自然無法作合理且正確的戰略評估。

宋徽宗對蔡京、童貫極爲寵信，兩人不僅是朝廷重臣，更是當時宋廷的決策階層，因宋徽宗往往採納兩人對國政大事的意見，所以宋徽宗一朝的國家政策幾乎由蔡、童兩人主導。在兩人一致主張對遼國展現強硬態度的情形下，憑恃宋徽宗的信任，很容易主導北宋對遼國的政策；加上恢復燕雲的祖訓，即便有其他大臣不認爲需與遼國撕破臉兵戎相見，但在收復燕雲失土這種堂而皇之的理由下，主張與遼國維持以往和平關係的大臣也找不到理由辯駁。於是北宋北方國防從宋眞宗以來以防禦爲主的戰略態勢，自宋徽宗一變爲積極的攻勢作爲，準備兵進燕雲恢復失土，而進軍燕雲勢必與遼國發生衝突，等於北宋放棄與遼國長期的和平關係，準備回到宋太宗時期的戰略思想：用兵遼國收復燕雲。

宋徽宗君臣若欲北伐與遼國作戰收復燕雲，首要條件須西疆無事，因北宋國力無法同時用兵遼國、西夏，但西方的戰略態勢並不安寧，西夏雖上表請和，但北宋沒有放棄對西夏的軍事監控，仍在宋夏國防線部署重兵，兩國邊境小糾紛、衝突依然存在。此時北宋面對的戰略態勢是，既有西亂、又開北隙，兩邊都須投入大量軍隊，北宋兵力遭分散，等於北宋無法專力進攻遼國，當北宋傾全力對遼國作戰都未必有獲勝把握，更何況僅以一半力量與遼國作戰，此爲其一；而北方國防因宋遼維持長期和平，僅有邊界無法避免的小型衝突，在沒有大型戰爭下，兵士不免懈怠，兵仗武器亦未時常修葺維持堪戰狀態；另外，北方國防長期都是以守勢爲主的防禦態勢，在轉爲攻勢爲主的進攻態勢時，勢必派駐大量軍隊，各項軍備設施、軍糧、武器能否供應尚是疑問，且由守勢轉爲攻勢時，士兵必須經過一段時間的戰技演練才能進行軍事攻擊，因軍隊的戰術戰技，守勢的防衛與攻勢的進攻是截然不同的，這些都需要時間訓練，而宋廷決策階層顯然沒有考慮到上述因素，短時間即投入大量軍隊與遼國作戰，未思考其他軍事配套與措施能否銜接上，以這樣的戰略思維與遼國作戰，欲獲勝恐有一定難度，此爲其二。

綜上所述，決策階層防禦的戰略思想要轉爲攻勢的戰略思想，必須經過

一段時間的轉換，而其下的將帥兵士，則須將戰略戰術及兵士的訓練加以轉換，各項軍事設施亦需時間準備，然宋廷君臣未做如此思考，在急於收復燕雲的情況下，欲乘用兵西夏之餘威，複製至遼國，且擔心自己力量不足，因此與北方新興的女眞族，訂定「聯金滅遼」戰略，這套思慮未周的同盟戰略，未考慮金國實力較遼國強，如果遼國被滅，北宋北方面對的是一個更強的對手。其後發展一如所料，宋金同盟雖滅了遼國，但此後不論北宋、南宋，一直生存在金國南侵的恐懼中，這都是宋廷決策階層，宋徽宗、蔡京、童貫等人未審愼思考，未能根據戰略環境做出正確戰略評估的結果。

四、經濟戰略認知之分析

　　北宋在與遼國、西夏的戰略關係中，經貿實爲一相當重要的因素，換言之，經濟戰略構成北宋對遼國、西夏戰略作爲中至爲重要之一環。中國自古以來，不論何朝何代，和北方遊牧民族的經貿關係皆佔優勢，因農業民族自給自足，不需自外輸入物品；也不需輸出產品，然遊牧民族並不同，他們需要農業民族的產品與物質資源。北宋與遼國、西夏如同中國農業民族與塞外遊牧民族的經貿關係一般，北宋掌握絕對優勢，而遼國與西夏如同以往遊牧民族一樣，常入侵北宋，甚至威脅北宋生存，但掌握經貿優勢的北宋，在用軍事力量對抗遼國、西夏時，自然會善用漢人的經濟優勢對抗遼、夏，對於遊牧民族需要的農產品、手工藝品，北宋可以停止輸出；對於遼、夏極欲輸出的畜產肉品，北宋可以不採購，於是在北宋對遼國、西夏的戰略戰術中，經濟戰略成爲軍事戰略的重要輔弼，但遼國對北宋的威脅遠比西夏大，故北宋對遼國、西夏的經濟戰略也不同。

（一）農業民族與遊牧民族之經濟關係

　　遊牧民族的生產方式和農業民族有很大的不同，按理而言，雙方沒有互相依存的關係，然中原的農業民族和塞北的遊牧民族屢屢發生戰爭，其實是因遊牧民族對農業民族的依存度高，農業民族對遊牧民族的依存度低，當遊牧民族對農業民族提供的產品或物品無法滿足其需求，或農業民族停止提供上述物資藉以懲罰遊牧民族時，衝突往往產生。

　　遊牧民族必須依賴農業民族，大致可歸納爲三個原因，第一：塞外天寒地凍沙漠廣布，因氣候與地形限制無法生產農產品，而這些農產品都必須向農業民族取得，如茶葉、蔬菜等。第二：遊牧民族逐水草而居，無法製造手

工藝品，對銅鐵等金屬亦無法開採，原因在於遷徙過程盡量簡單迅速，製造手工藝品的器具、器材，以及開礦冶鐵需要大量的工具、廠房，這些都無法隨意移動，而農業民族是定居的社會，不會被這些因素所困擾。第三：遊牧民族必須向農業民族推銷畜產品，蕭啓慶指出：〔註53〕

> 遊牧社會主要的財富爲動物，動物在惡年時會死亡，豐年時則因過剩而普遍貶值，所以凡在草原牲畜繁衍時，遊牧民族必須以之向農耕社會傾銷。

這些牲畜若不由農業民族吸收，遊牧民族將損失慘重。據以上三點之論述，可證遊牧民族極爲依賴農業民族，而農業民族並不全然對遊牧民族有所依賴。

　　既然遊牧民族對農業民族有高度的依賴，因此他們取得農業民族的物資有武力與非武力兩種方式，武力是最直接但也是農業民族受迫害最大的方式，札奇斯欽曾云：〔註54〕

> 當遊牧民族兵強馬壯且有統一的政治組織時，常會發動大規模的掠奪，掠奪中原農業民族。掠奪是一種無償的貿易，以武力爲後盾的貿易也可視爲一種變相的掠奪。

遊牧民族以武力爲後盾侵入農業民族進行掠奪，不僅使農業民族遭受嚴重損失，也不可避免的引起農業民族的反抗，因此遊牧民族的武力掠奪方式，常常與農業民族爆發衝突與戰爭。

　　至於非武力的方式則有朝貢與互市，而這兩種方式的主控權操在農業民族手中，恰好與武力掠奪操之於遊牧民族相反。一般而言，朝貢乃中原農業民族對待外族的傳統思想，農業民族文化水準高，在漢民族強盛的朝代，中國周遭的少數民族，當然包括塞北的遊牧民族，有時漢民族王朝會發兵征討，有時是少數民族王國自動請求歸附，遂與漢民族王朝成爲朝貢制度下的君臣關係，他們不定時向漢民族王朝朝貢，貢品自然是各少數民族的經濟特產，而漢民族王朝則會賞賜大量農業民族的物品，如茶葉、手工藝品等，這些都是各少數民族最需要的，因此朝貢方式就某種程度而言，成爲農業民族與少數民族各種產品、物資的交換模式之一。至於互市則是在邊關地區設置

〔註53〕 蕭啓慶，〈北亞游牧民族南侵各種原因的檢討〉，《食貨月刊復刊》第 1 卷第 12 期，頁 1～2。

〔註54〕 札奇斯欽，《北亞游牧民族與中原農業民族間的和平戰爭與貿易之關係》（台北：正中書局，1973 年 1 月），頁 52。

市集，一般而言率多由農業民族指定，讓遊牧民族與農民民族互通有無，有以物易物方式或用貨幣購買，但是不論是朝貢或互市，以需求性而言，漢民族王朝不見得需要少數民族的物品，而少數民族卻非常需要漢民族王朝之物品。

農業民族與遊牧民族的朝貢或互市之經貿模式，農業民族的漢民族王朝甚少以經濟觀點著眼，大都採政治觀點，因漢民族王朝均認為中原地區地大物博、物產豐饒，無須對外貿易，會與遊牧民族進行朝貢、互市的經貿活動，無非是為了維持以漢民族王朝天子為中心的世界秩序，所以當漢民族王朝與少數民族關係不睦時，往往以停止朝貢或關閉互市為懲罰，而此時少數民族來自漢民族王朝的物品需求無法滿足時，即常以武力掠奪，雙方的衝突於焉產生。蕭啟慶有云：〔註55〕

> 對遊牧民族而言，戰爭和貿易是不相矛盾的。貿易是武力目標，武
> 力是貿易後盾。貿易有賴軍事行動來創造機會，而貿易數量的大小
> 往往與他們所能投資的武力的強弱成正比。

由於少數民族對漢民族王朝的經濟依賴度極深，因此漢民族王朝如何利用經濟優勢制定經濟戰略，調處與周遭少數民族的紛爭，即成為歷代漢民族王朝最重要的課題與難題，調處得當，彼此皆能和平相處、邊境安寧，一旦調處不當，常引起雙方兵戎相見。同樣地，北宋王朝不能自免於與周遭少數民族的經貿關係，故與遼國、西夏的經貿關係與經濟戰略的制定，乃北宋歷代君主極為重視之國政，但對遼國、西夏戰略態度的不同，以及遼夏兩國實力的差距，使北宋君臣對遼夏的經濟戰略也不同。

（二）北宋對遼國的經濟戰略

宋太祖創建北宋政權後，首要國家目標在消滅南方各割據政權完成統一，為免後顧之憂，對北方的遼國不宜開隙，故對其貿易政策採聽之任之態度，並未積極設官辦理，「契丹在（宋）太祖時，雖聽緣邊市易，而未有官署。」〔註56〕一直到宋太宗繼位，當時南方諸國已平，僅餘北漢依遼國勢力獨立，宋太宗欲消滅北漢完成統一大業，遂開始積極管理對遼國貿易，於太平興國二年（977）設置榷場，「始令鎮、易、雄、霸、滄州各置榷務，輦

〔註55〕 蕭啟慶，〈北亞游牧民族南侵各種原因的檢討〉，《食貨月刊復刊》第 1 卷第 12 期，頁 4～5。

〔註56〕 《宋史》卷 186〈食貨志〉下，互市舶法，頁 4562。

香藥、犀象及茶與交易。」〔註 57〕由官方管理宋遼經貿事宜，此爲北宋首度將對遼國貿易納入管制。然而宋遼貿易正常化不到兩年，宋太宗滅北漢統一全國後，欲乘勝追擊進攻遼國收復燕雲十六州，宋遼爆發大規模戰爭，北宋自建立起與遼國的和平關係因而中斷，也由於兩國軍事衝突影響彼此經貿關係，宋廷關閉沿邊榷場，兩國貿易完全停止。

　　宋遼貿易再度恢復是在澶淵之盟後，因兩國緊張情勢趨緩，且北宋與遼國對盟約都頗爲信守，故宋廷在遼國要求下，同意重新開放榷場恢復雙邊貿易，由此可見，遊牧民族對農業民族的依存度極深，遼人無法獲得宋人的物品，生活品質必定大受影響，因此在兩國關係趨於穩定後，隨即希望兩國經貿關係正常化。然北宋在澶淵之盟後的對遼國貿易政策，較之宋太宗時嚴謹的多，不僅榷場設置地點，連設置時間及榷場管理官員的職權等，都做了極爲詳盡的規範。〔註 58〕此後直至北宋滅亡，宋遼貿易呈現穩定發展，即便在遼國增兵威脅重新議界及強索關南十縣時，北宋也未曾下令關閉榷場，此與北宋與西夏有衝突或紛爭時，動輒關閉榷場中斷雙方貿易截然不同。

　　北宋對遼國貿易不純粹是經濟問題，事實上北宋一直以政治觀點處理對遼貿易，宋廷君臣均將對遼貿易視爲籠絡或駕馭外夷的手段，當然，北宋能以高姿態面對遼國，乃建立在遼國的經濟型態仍是以遊牧經濟爲主，農業、手工業、冶鐵等技術並不發達，〔註 59〕即便在遼國統治下的漢人農業區，也因農業人口不足及地理條件、氣候、生產技術等條件遠遜北宋，光靠這些少數的漢人及農耕土地，實不足以滿足遼人所需，故對遼國而言，宋遼貿易勢在必行。宋太宗伐遼失敗關閉榷場導致兩國貿易中斷，宋眞宗即位後，爲鬆緩兩國緊繃的戰略關係，有意鬆綁對遼國的經貿政策，時京西轉運副使朱台符建議：〔註 60〕

> 朝廷宜與契丹渝棄前惡，復尋舊盟，利以貨財，許以關市，如（宋）
> 太祖故事，結之以恩，彼以思之。

朱台符之議符合宋眞宗之所望，於是宋遼貿易正常化，榷場再度恢復，雙方商旅往來不絕。之後澶淵之盟簽訂後，兩國貿易更加熱絡，遼聖宗之弟即對

〔註 57〕《宋史》卷 186〈食貨志〉下，互市舶法，頁 4562。
〔註 58〕參見徐松輯，《宋會要輯稿》（台北：新文豐出版公司，1976 年 10 月）〈食貨部〉卷 38，互市條。
〔註 59〕參見趙鐵寒，〈宋遼的經濟關係〉，《中華文化復興月刊》第 10 卷第 6 期。
〔註 60〕《長編》卷 44，眞宗咸平二年三月庚寅條。

北宋商人言:「今與中朝結好,事同一家,道路永無虞矣。」〔註61〕當然,宋遼貿易穩定,得利者首推遼國,能夠源源不斷獲得北宋產品與物資,故遼聖宗之弟會出此言並不足爲奇。

北宋對遼國經貿的戰略態度並非以經濟問題或民生需求爲著眼,因此對遼國的經濟戰略則是以國家安全、國防戰略爲考量。首先:銅、鐵、錫等金屬一概不准出口,因爲這些金屬都是打造武器的來源,遼國軍力原本即較北宋強,若更能順利取得打造各項軍器的金屬,豈非如虎添翼,如此宋遼軍力差距將更大,因此北宋嚴禁銅、鐵、錫等金屬售予遼國。其次:宋遼畢竟仍是敵國,保密防諜勢所必須,爲避免遼國窺探北宋國情政事,將九經書疏以外書籍列爲對遼貿易禁書,禁止售予遼人。〔註62〕最後:各類穀物糧食及食鹽亦禁止出口,農業民族能生產各種穀物乃一大優勢,而遊牧民族因氣候、土地等條件限制,穀物生產不盛,因此穀糧來源大多依賴農業民族。北宋不願出售穀糧原因在於,若遼國能獲得充足的糧食供應,兵強馬壯後不免興起犯宋意圖,因此以穀糧牽制遼國,實有其戰略意涵在。至於食鹽乃遼國一大盛產,禁止遼鹽入宋,乃懼其侵奪宋鹽銷路,故此舉意在保護國鹽。

北宋對遼國貿易以國防戰略著眼,許多軍事物資及任何會危害國家安全的物品皆禁止出口,相同地,遼國亦秉持同樣戰略眼光,對於能增長宋軍戰力者亦嚴禁售予宋人,其中最重要者乃屬馬匹。北亞遊牧民族屢屢能打敗中原農業民族,對漢民族王朝帶來巨大威脅,所憑恃者乃機動戰力強、利於衝鋒陷陣的騎兵,而騎兵依賴的即是馬,遼國對北宋的威脅亦屬典型遊牧民族對農業民族的對抗。由於中原地區因經濟型態不同,北宋欠缺馬匹,不似遊牧民族能大量生產馬匹,當遊牧民族騎兵之軍馬戰死或死亡時,後勤能迅速補充,簡言之,遼國對馬匹的供應源源不絕。至於北宋則沒有這種馬匹的優勢,在無法自己大量畜養的情形下,唯一增加馬匹的方式即對外購買,因此亟欲向遼國購馬。

遼國爲維持宋遼對抗中遼軍優勢,自然不肯賣馬於宋,不僅定下馬禁,《遼史‧耶律唐古傳》有載:「耶律唐古……嚴立科條,禁姦民鬻馬於宋、夏界。」〔註63〕違犯者處以死刑,「彼國(指遼國)每擒獲鬻馬出界人,皆

〔註61〕《長編》卷61,眞宗景德二年十月甲午條。
〔註62〕參見《長編》卷64,眞宗景德三年九月壬子條。
〔註63〕《遼史》卷91〈耶律唐古傳〉,頁1362。

戮之，遠配其家，甚可憫。」〔註64〕由前述引文可知，遼國害怕北宋購得馬匹此重要戰略物資後，軍力會不斷增強且威脅遼國國家安全，屆時可能重演宋太宗征討遼國歷史，故遼國爲維護生存的國家利益，必須盡一切力量阻止馬匹流入北宋，才會以死刑處分賣馬於宋者。此外，遼國不僅禁止賣馬於宋，甚至更阻斷北宋其他馬匹來源，如要求西夏禁止馬匹售予北宋。綜合上述，北宋與遼國對雙方的貿易都已非純粹的經貿觀點，而是都有軍事戰略的考量，但不論如何，宋遼貿易在澶淵之盟後，大體呈現和平穩定狀態。

（三）北宋對西夏的經濟戰略

　　西夏乃是以党項族爲主體的少數民族政權，如同遼人一般，夏人亦是以遊牧經濟爲主要經濟型態，因此其對農業民族的經貿需求，與遼人殊無二致，故西夏依賴北宋的經濟供輸需求頗高，北宋掌握經濟優勢。

　　北宋對西夏的經濟政策，初始較無管制，任憑宋夏百姓自由交易，宋廷採取聽之任之的態度，此乃宋太祖、宋太宗初期，宋夏關係良好所致，一則當時西夏採親北宋政策；二則宋太祖忙於消滅南方諸國，宋太宗聚焦於北漢及收復燕雲十六州，無暇顧及西方情勢，故對西夏關係及經貿政策，只能任其自由發展。事實上，在西夏主李繼遷叛亂之前，西夏對北宋甚爲恭敬，不僅進獻馬匹以爲宋軍所需，更在宋太宗攻打北漢時，遣軍渡河以助宋軍軍威，故此時西夏能從與北宋的貿易中獲取所需，而北宋也因西夏的親善，對邊境貿易並未納入約束。直至李繼遷改變西夏親北宋的國策，開始騷擾北宋西疆，宋太宗爲了懲罰西夏，採經貿制裁手段，下令斷絕宋夏貿易，關閉沿邊互市。〔註65〕

　　李繼遷死後其子李德明繼爲西夏主，一改李繼遷對北宋的烽火政策，代之以罷兵友好政策，而北宋也因近二十年對西夏的用兵並無具體效果，擬改採招撫之策，於是在宋夏雙方皆有停止對抗默契下，李德明接受北宋招撫，宋夏和平關係重現，宋眞宗賜金帛繒錢各四萬、茶二萬斤，雙方經貿交流再度恢復，商旅往來兩國邊境綿延不絕，堪稱宋夏貿易的全盛期。北宋繼澶淵之盟以大量財貨穩定宋遼的衝突後，再次以財貨手段解決與西夏的長期紛爭，也體現了身爲農業民族的北宋，其經濟優勢乃遊牧民族的遼國、西夏無法望其項背。

〔註64〕《長編》卷82，眞宗大中祥符七年六月壬戌條。
〔註65〕參見《西夏書事》卷5，淳化三年四月條。

　　宋夏繁盛的貿易關係自西夏主李元昊叛宋稱帝後再度出現變化，宋廷君臣對西夏此沿邊小夷竟妄自稱帝自然無法接受，紛紛力主討伐，於是北宋與西夏進入戰爭狀態。除了軍事上的征討外，北宋更採經濟戰略，對西夏實施經濟制裁，斷絕宋夏貿易關閉互市乃屬必然，另外尚要求歸附北宋之羌族勿與西夏貿易，企圖經濟封鎖西夏，使其經濟困窘而投降。北宋對西夏的經濟戰略令李元昊漸感壓迫，在物資日漸匱乏，對北宋戰事又不可能有結果情況下，社會不安的因素逐漸滋生，李元昊為免因對宋戰事引起國內騷動危及統治權，漸有停戰之意。與此同時，宋軍征討西夏始終無法攻入西夏中心腹地獲得決定性勝利，宋廷朝臣漸有罷戰言和之論，於是宋夏再度在停戰的默契下決定棄戰談判。

　　李元昊趁此良機對北宋貿易歲賜大肆要求，北宋為了解決長期與西夏的衝突並維持西境安寧，決定再次發揮金錢外交滿足西夏要求，歲賜絹十萬匹、茶三萬斤、置榷場貿易、准許入京朝貢市易、歲幣二十五萬。〔註66〕李元昊對此條件甚為滿意，於是宋夏戰爭再次在北宋的財貨籠絡下結束，可說北宋在軍事上無法徹底擊垮西夏，只能以經濟戰略優勢讓西夏臣服，因西夏著眼於財貨及貿易的利益，願意在政治名義上讓步，而只要李元昊願意向北宋稱臣，即能滿足宋廷君臣作為漢民族王朝的尊嚴，可謂北宋藉財貨貿易的外交手段，弭平與西夏的戰爭，亦獲得其名義上的臣服，維持政治上的君臣名份，故付出上述如此多的經濟利益也在所不惜了。

　　宋神宗為富國強兵實施變法，對內以王安石為首推行各項新政策，對外則欲重振漢民族王朝威嚴，而北宋當時與遼國關係穩定，且遼國國力強大，圖謀遼國未必有必勝把握，因此欲征服少數民族提升北宋國威，西夏遂成為宋神宗的戰略目標，決定對西夏採取積極進取的軍事行動，宋夏戰爭遂再度爆發。宋神宗在大舉伐夏之餘，自然採經濟制裁，斷絕與西夏所有貿易，榷場全面關閉，企圖以經濟壓迫西夏財政，以經濟戰略輔助軍事戰略的遂行。此後直至北宋末年約五十餘年間，北宋多次進軍西夏，長年對西夏用兵，但也有暫息烽火之時，因此這五十餘年間和戰不定，連帶影響彼此貿易，榷場時開時關，可說是宋夏貿易最不穩時期。

　　北宋對西夏貿易之物資與物品，管制對象與對遼國完全相同，即國防軍

〔註66〕參見戴錫章，《西夏紀》（台北：華文書局，1968 年 4 月）卷 10，引五朝名臣言行錄。

事用途嚴格管制，如銅、鐵等金屬禁止出口，宋太祖時即有規定：「銅鐵不得闌出蕃界及化外。」〔註67〕宋人違犯者將受嚴懲，而宋仁宗亦明令：「河北、河東沿州軍有以堪造軍器物鬻於化外者，以私相交易律坐之。」〔註68〕北宋對西夏獲得銅、鐵等金屬的擔憂與遼國相同，俱是害怕西夏因此增強軍械強化戰力。另外，西夏農業生產不足，亦需自北宋輸入穀糧，然北宋同樣嚴禁宋人將穀糧等糧食售予夏人，避免西夏在無糧食的後顧之憂下侵略北宋，北宋希望藉由糧食的牽制，令西夏不敢蠢動，如欲進攻北宋，需考慮糧食不足的困境，進而打消攻打北宋念頭。北宋不予西夏金屬、穀糧這兩項重要戰略物資，即能削弱其國力，無法進行對北宋邊境的寇擾行動，進而保障西陲安寧。

北宋如同以往漢民族王朝對少數民族的經濟概念，認為遊牧民族對農業民族的物資與物品仰賴甚深，若斷絕對遊牧民族的輸出，將使其生活陷入困境，持此論點的漢民族王朝君臣不乏其人，如後周世宗曾云：「夏州惟產羊馬，百貨悉仰中國，我若絕之，彼何能為。」〔註69〕北宋繼承這種觀念，將對少數民族的貿易，視為對其之恩寵，並可作為懲戒之手段，如少數民族能順從北宋，則開貿易、通互市；若動輒侵擾北宋邊境，則斷貿易、閉互市，北宋君臣對於西夏即是秉持此種心態。在李繼遷叛亂時，鄭文寶即建言：「銀、夏之北，千里不毛，但以販青白鹽為命爾，請禁之。……繼遷可不戰而屈。」〔註70〕宋廷採納鄭文寶建議，以經貿封鎖西夏，禁止青白鹽販入西夏，並關閉與西夏所有互市，西夏無北宋民生物資支援，國內經濟凋弊可以想見，故李德明繼位西夏主後，為了改善國內經濟及獲得北宋資源，改採親北宋政策，接受北宋招撫，宋廷因此重開雙方貿易。

北宋對西夏的經濟戰略呈現自大又矛盾的心態，自大部分在於北宋無法容忍西夏的政治存在，因此消滅西夏以為宋土乃一大戰略目標，但對西夏卻始終無法以武力平服，便不得不以遊牧民族有依賴農業民族的特性，施以經濟制裁，斷絕貿易關閉互市等措施，迫使西夏因境內經濟困窘，不得已向北宋請和，北宋再重開貿易，雙方經貿的有無掌握在北宋手中，開互市可使西夏經濟興、關互市可使西夏經濟困，在在體現了北宋自大的心態。至於矛盾

〔註67〕《宋史》卷185〈食貨志〉下，頁4524。
〔註68〕徐松輯，《宋會要輯稿》〈食貨部〉卷30，茶法雜錄上條。
〔註69〕《西夏書事》卷2，顯德二年正月條。
〔註70〕《宋史》卷277〈鄭文寶傳〉，頁9426。

部分，漢、唐等漢民族大一統王朝，皆能打敗少數民族揚威異域，唯獨北宋對遼國、西夏始終無法以武力征服，遼國國力強於北宋暫且不論，西夏國力不足北宋，北宋亦無法徹底征服，只能以財貨籠絡使其稱臣，達到名義上的降服，這對傳統中原漢民族王朝的體面不免過於難堪。軍事力量無法滅西夏，僅能依靠經濟力量，呈現北宋君臣矛盾又自我安慰的心態。

北宋對西夏的經濟戰略主體觀念在以財貨等經濟利益駕馭西夏，因掌握西夏仰賴北宋物資甚為殷切的特性，故能發揮不錯的戰略效果，彌補北宋軍事力量的不足。和平時，以經貿為親善羈縻的手段；衝突時，則斷貿易以制之，而這也成為北宋與西夏戰略關係的型態，即長期處於不穩定之狀態，貿易關係不似北宋與遼國的平和。然而北宋不論是對遼國或西夏，經貿關係皆非根據民生經濟需要，而是以國家安全與國防戰略為考量，大致而言，遼國、西夏國力不同，北宋因受對兩國戰略態度不同影響，對遼國、西夏的貿易姿態與措施，顯然對西夏較為強硬，且戰時嚴於平時。

小　結

北宋對遼國的戰略關係常受西夏左右，最大原因乃是西夏採「聯遼制宋」戰略奏效，且非常成功。而北宋欲將西夏此影響與遼國戰略關係甚鉅的因素去除，即須永久解決西夏問題，然根據前文論述，北宋直至滅亡始終無法完全令西夏臣服，其最大原因乃在於北宋戰略錯誤。首先：北宋本身對遼國和西夏的戰略態度即不同，遼國軍力較強，宋太宗時宋軍屢次敗於遼軍之手，宋真宗時宋軍雖一度氣盛壓倒遼軍，使遼國與北宋簽訂澶淵盟約，但那只是短暫時期，宋軍實力仍低於遼軍，因此北宋對遼國多少存有畏懼之心，心態上將遼國提升到與自己同等的地位看待，因此對遼國採取求和避戰的退縮立場。至於西夏則不同，宋廷君臣仍將西夏視之為看邊進貢的小夷，不可能將其與遼國同等對待，故必須令其臣服於北宋的漢人威儀之下，因此對西夏採積極主攻立場。

其次：北宋既然對西夏持主動進攻態勢，因此在宋廷歷次對西夏用兵中，最大的共同戰略目標，都是搶佔橫山此戰略重鎮，北宋的戰略思維在於經營橫山地區便能扼住西夏咽喉，因此搶佔橫山箝制西夏便成為北宋用兵西夏的基本戰略，不論是前期為爭奪靈州；中期與李元昊的惡戰；或是晚期蠶食堡寨、出塞進擊的戰術，都是以其為戰略指導。然而這項戰略指導卻無法

制服西夏，當北宋國力稍盛時，便搶攻橫山，五路、六路大軍西征，企圖以強大軍力征服西夏；當北宋國力稍弱時，則以淺攻騷擾為主，一面削弱西夏實力，一面因宋軍的進攻逼使夏軍防守，使其無法襲擊北宋邊疆，使北宋西方國防可獲得安寧。然而不論是北宋淺攻騷擾或大軍進擊都無法獲得成效，除了本身軍事實力不足之外，最大原因乃受西夏「聯遼制宋」戰略所困，等於單一北宋對抗遼夏聯盟，造成北宋莫大困擾。如果宋軍勢盛夏軍敗退，西夏就會請遼國出面，由遼廷遣使請宋廷罷兵，如此不但使宋軍聲威一挫，所獲勝果亦化為烏有；而一旦宋軍失利，遼國即趁人之危屯兵宋遼邊界，並遣使向北宋勒索土地、歲幣，北宋面對遼夏同盟的困境，深恐冒兩面作戰的危險，既不能完全拒絕遼國無理要求以免爆發宋遼戰爭，也無法全力進攻西夏，等於北宋同時受遼國、西夏牽制。

　　最後：西夏對北宋和遼國的態度不同，對遼國常存敬畏之心卻輕視北宋，從西夏向北宋請和停戰之態度即可見一斑。當李元昊上書宋廷請和時，竟稱男而不稱臣，此舉引起宋廷大臣不滿，《宋史·富弼傳》載：〔註71〕

> 元昊遣使以書來，稱男不稱臣。弼言：「契丹臣元昊而我不臣，則契
> 丹為無敵於天下，不可許。」乃却其使，卒臣之。

但是另有一派大臣主張採權宜之計，因北宋多次出兵西夏耗損大量國力，不如先暫時同意，俾能爭取時間休養生息，一旦國力恢復再大舉進討，此派大臣以楊偕為代表，「元昊乞和而不稱臣，偕以謂連年出師，國力日蹙，宜權許之，徐圖誅滅之計。」〔註72〕但是這並非宋廷的主流意見，以中原漢民族王朝自居的北宋，大部分朝臣當然無法同意楊偕主張，遂有多名重臣參劾：〔註73〕

> 諫官王素、歐陽脩、蔡襄累章劾奏：「偕職為從官，不思為國討賊，
> 而助元昊不臣之請，罪當誅。陛下未忍加戮，請出之，不宜留處京
> 師。」帝以其章示偕，偕不自安，乃求知越州，道改杭州。

楊偕外放後，宋廷再無此種妥協論調，遂要求李元昊稱臣始准求和停戰，雖然李元昊最終稱臣，但這只是名義上的稱臣，宋廷仍無法控制西夏、指揮李元昊，宋廷朝臣不過得到西夏稱臣的自我安慰罷了。然而由上述事件即可觀察出，宋廷朝臣的內部意見不一，對西夏的政策無法整合協調，反應在軍事

〔註71〕《宋史》卷 313〈富弼傳〉，頁 10253。
〔註72〕《宋史》卷 300〈楊偕傳〉，頁 9956。
〔註73〕《宋史》卷 300〈楊偕傳〉，頁 9956。

行動上，忽而淺攻騷擾、忽而大軍出擊、忽而蠶食堡寨，戰略、戰術經常變動。事實上，北宋對西夏的戰略與各項政策，雖目標為西夏，但實際上乃間接對遼國，在如此內外環境皆不利北宋的情況下，宋廷君臣不能堅持對西夏立場，並設計具宏觀作為的國家戰略，而是隨著西夏與遼國的腳步起舞，不斷受兩國牽制，導致北宋對西夏的軍事行動時常中斷並被迫改變戰略戰術，最終只能仿效對遼國以歲幣買和的作法，施恩於西夏，用大量金錢換取西夏名義上的臣服，如此作法自然不能獲得西夏的敬畏，宋夏注定多事，而西夏問題不解決，使西夏的實際存在，深刻影響北宋對遼國的戰略關係。

第五章　北宋與遼、西夏戰略關係的評估

　　北宋身處十、十一世紀的東亞，並不像漢、唐等漢民族王朝是東亞甚至亞洲第一強權，當時國際關係甚為複雜，乃一多元的國際社會。十至十一世紀的東亞大陸，除了位處東亞中心區域的北宋外，尚有北方的遼國、西北的西夏、西方的吐蕃等大國，另外還有東北的高麗、渤海、女真等中小型國家。在上述大國中，遼國建國在北宋之前、西夏稱帝在北宋之後，兩個遊牧民族經常困擾北宋，甚至沆瀣一氣聯合對付北宋，故使北宋處於戰略劣勢。北宋和漢、唐等傳統封建帝國一樣，均想征服少數民族建構一大帝國，而北宋本身因武力不振，為了增強己身實力或維持東亞權力平衡，遂聯合其他國家組織聯盟，但是聯盟的組成並非一成不變，有些今日為聯盟夥伴，明日卻為敵人，反之亦然。

　　維持各國權力平衡是國際社會追求和平的方法，強國權之以緩衝、弱國藉之以自保。北宋為了維護自身的利益有「宋夏聯盟」、「反遼聯盟」、「宋蕃聯盟」、「宋金聯盟」的形成，北宋和這些聯盟國家間結合、乃至分離，其實就是國家利益分配下的產物，以利合、以害分，各國會組成聯盟，均有其利益考量，在不同的利益下有不同的作為，是否能夠達成聯盟，端視利益的決定。

　　燕雲十六州自後晉高祖割讓遼國後，收復失土一直是五代各政權追求的國家利益，北宋建國後亦然，恢復燕雲自然成為北宋的國家目標，故北宋諸帝均對恢復燕雲念茲在茲，其中宋太宗、宋徽宗更積極主動出兵伐遼，宋太宗組織「反遼聯盟」、宋徽宗成立「宋金聯盟」，卻俱遭失敗。

　　北宋組織聯盟對抗遼國的中心戰略思考是「以夷制夷」。「以夷制夷」一

直是北宋的傳統政策，對北方、西方的戰略思考皆是如此，為了制服西夏，北宋曾與吐蕃組織聯盟夾擊西夏。北宋與這些國家間，聯盟或不聯盟，都有其戰略思考，而以北宋為中心籌組的聯盟，有成功之例，當然亦有以失敗收場，北宋籌組聯盟運作權力平衡過程，如下表所示：

表三：北宋權力平衡運作表

北宋權力平衡的運作	宋夏聯盟	1、背景：北宋欲消滅北漢完成統一大業，而北漢背後有遼國援助。 2、經過：西夏派兵助北宋伐北漢，北宋順利滅北漢完成統一。 3、結果：宋遼緩衝國北漢消失，宋遼成直接對抗態勢。
	反遼聯盟	1、背景：宋太宗乘滅北漢之餘威，欲大舉伐遼恢復燕雲，乃組織聯盟增強實力。 2、經過：北宋聯盟高麗、女真、渤海等國。 3、結果：遼軍一一擊敗女真、渤海、高麗、北宋等國，聯盟失敗。
	宋蕃聯盟	1、背景：西夏主李繼遷遭吐蕃潘羅支偷襲而死，北宋乘勢拉攏吐蕃結成聯盟。 2、經過：西夏威脅利誘吐蕃，「宋蕃聯盟」一度瓦解，北宋記取教訓再度和好吐蕃組成聯盟。 3、結果：北宋侵逼吐蕃自毀聯盟，迫使吐蕃與西夏結合，「宋蕃聯盟」瓦解。
	遼夏相侵	1、背景：北宋敗於西夏，遼廷遣使北宋，欲藉機索還失地。 2、經過：宋廷派富弼出使遼國，成功運用外交手段，轉宋遼衝突為遼夏衝突。 3、結果：遼夏交戰，遼軍遭夏軍擊退，然西夏國力亦衰，北宋坐收漁人之利。
	宋金聯盟	1、背景：北宋為進攻遼國收復燕雲，遂找尋盟友追求權力平衡。 2、經過：北宋軍力不振，雖聯金滅遼，但宋軍屢遭遼軍擊敗，最後只能依靠金軍收回燕京。 3、結果：北宋遭金國所滅。

第一節　遼聯西夏抗北宋

北宋與遼、西夏三角戰略關係中，西夏無疑是關鍵性角色，北宋與遼國皆欲爭取與西夏聯盟，而北宋初始有極佳機會，除西夏在北宋初年採親宋政策外，北宋巧妙運用西夏與北漢的宿怨，成功與西夏結盟共同對抗北漢與遼國的聯合。可惜宋廷君臣並未以此為基礎強化宋夏關係，同時遼國又積極爭取西夏，終使宋夏關係破裂，西夏倒向遼國。以下分別就遼國如何爭取西夏

共抗北宋的過程，從北宋一開始和西夏的友好關係，到北宋籌組「反遼聯盟」時，西夏動向已有微妙變化，直至最後「遼夏聯盟」的完成，評估在各種聯盟的運作中，北宋與遼、西夏戰略關係的變化與轉折。

一、「宋夏聯盟」對抗「遼漢聯盟」

北宋建國後籌組的第一個聯盟是「宋夏聯盟」，當時的戰略目標是爲消滅北漢完成統一，然「宋夏聯盟」並未維持太久，因北宋和西夏並無長遠戰略目標，一旦北漢滅亡後，宋夏再無共同戰略目標，故「宋夏聯盟」瓦解乃勢所必然。

（一）「宋夏聯盟」的戰略背景

北宋初建，宋太祖爲了消滅十國割據政權，其戰略目標致力於國內統一，對外暫不興兵。宋太祖的戰略構想是先求國內統一，避免北宋成爲五代下一個短命政權。當時國際局勢在宋太祖這種戰略思維下，北宋、遼國、西夏等三國都能維持和平，彼此沒有妨礙基本的生存利益，因此三國間尙無明顯的軍事對抗與聯盟發展情形。三國相安無事情況至宋太宗時發生改變，宋太祖崩逝時十國政權僅剩北漢，故消滅北漢工作須由宋太宗完成。十國中北漢最強，因其依遼國爲援，宋太祖統一戰略是先南後北、先易後強，北漢成爲北宋統一中國最後一道障礙。宋太宗要統一全國勢必要伐北漢，欲伐北漢即注定要與遼國發生衝突。

（二）「宋夏聯盟」與「遼漢聯盟」之對抗

宋太宗伐北漢，爲了爭取盟國和避免西夏在旁牽制，形成兩面作戰態勢，故積極爭取西夏。西夏成爲北宋與北漢、遼國間權力平衡之關鍵因素，若西夏助北漢，北宋將有後顧之憂，勢必無法全力北伐。至於西夏的態度則是傾向北宋，因其與北漢有宿怨，故願與北宋同盟共討北漢，《宋史·太宗紀》載太平興國四年（979）三月：「夏州李繼筠乞師所部助討北漢。」〔註1〕《宋史·夏國傳》亦載：〔註2〕

> （宋）太宗征北漢，繼筠遣銀州刺史李克遠、綏州刺史李克憲，率
> 蕃漢兵列陣渡河，略太原境，以張軍勢。

〔註1〕《宋史》卷4〈太宗紀〉一，頁61。
〔註2〕《宋史》卷485〈夏國傳〉，頁13983。

由於西夏遣軍助宋軍進攻北漢，宋太宗組織「宋夏聯盟」成功，於是形成北宋、西夏與北漢、遼國兩個聯盟的對抗，如下圖：

圖十二：「宋夏聯盟」對抗「遼漢聯盟」

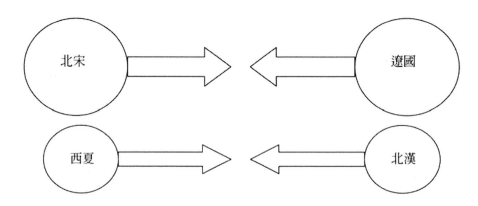

　　北宋初年國勢尚強，為了消滅各地割據政權連年征戰，故軍隊實戰經驗豐富，戰力皆保持最佳戰鬥狀態，反觀其他割據政權，多已傳位二、三代以上，不但暮氣漸深且武備廢弛，所以宋軍能一一消滅九國。宋太宗繼位後，承繼的是宋太祖討平群雄戰力十足的北宋大軍，加上北漢為十國最後一個割據政權，滅北漢即能完成統一，在統一大業的大旗鼓舞下，宋軍的精神意志達於顛峰，如是之故，宋軍在精神武裝及部隊戰力充分發揮下，宋太宗能先敗遼國援軍孤立北漢，最終順利攻滅北漢完成統一。

（三）「宋夏聯盟」之檢討

　　北宋、遼國兩大強權得以和平相處，乃中間有一緩衝國北漢，避免宋、遼兩國直接衝突。北漢滅亡後，宋、遼緩衝地帶消失，雙方衝突已不可免，加上宋太宗恢復燕雲的雄心，欲乘滅北漢之餘威，移師伐遼，冀能一舉收復燕雲，故決定繼續對遼國用兵。

　　宋太宗雖和西夏聯盟伐北漢，但西夏此時不願與遼國衝突，西夏遂退出「宋夏聯盟」，故北宋與遼國首次戰爭雙方沒有任何盟友。戰爭結果宋太宗於高梁河一役敗於遼軍之手，《遼史‧耶律休哥傳》載：〔註3〕

> 宋侵燕，北院大王奚底、統軍使蕭討古等敗績，南京被圍。帝（遼景宗）命（耶律）休哥代奚底，將五院軍往救。遇大敵（指宋軍）

〔註3〕《遼史》卷83〈耶律休哥傳〉，頁1299。

于高梁河，與耶律斜軫分左右翼，擊敗之。追殺三十餘里，斬首萬
餘級，休哥被三創。明旦，宋主遁去，休哥以創不能騎，輕車追至
涿州，不及而還。

此役宋軍喪失軍械、糧秣無數。北宋自宋太祖、宋太宗兩代的統一戰爭起，
宋軍雖攻無不克、戰無不勝，但面對的對手均是國內暮氣漸深的十國割據政
權，經此對遼國一役，北宋士氣大受打擊，遂有朝臣建議宋太宗暫避其鋒，
養精蓄銳厚植戰力，等待時機再伐遼國，但宋太宗不同意此略顯消極的戰略
思考，仍積極整軍經武，重新部署對遼國之戰爭。

　　北宋要完成國內統一，北漢為其障礙，而北漢依遼國為援，實力雄厚。
北宋對北漢作戰，需擔心西夏立場，若西夏與北漢結盟，北宋必受西夏制肘
無法全力北伐，而西夏與北漢有宿怨，故北宋得與西夏結盟共伐北漢。待北
漢滅後，北宋欲繼續進攻遼國收復燕雲，然西夏不願開罪遼國，且「宋夏聯
盟」之共同敵人北漢已消失，故西夏退出聯盟，「宋夏聯盟」結束。

圖十三：「宋夏聯盟」之運作過程

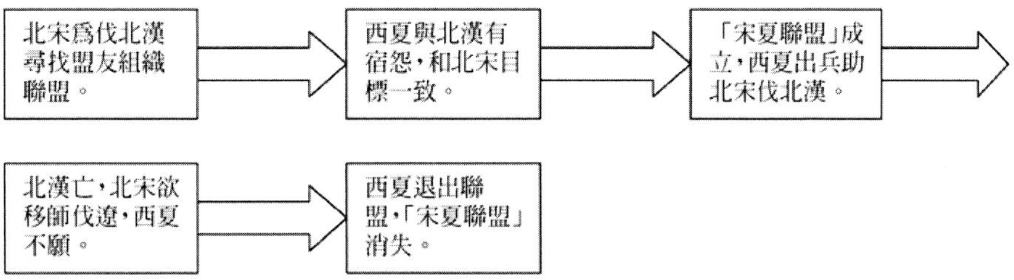

二、北宋組「反遼聯盟」對抗遼國

（一）「反遼聯盟」的戰略背景

　　聯盟是權力平衡在多國國際制度中發揮作用的必要表現。在甲、乙兩國
相互競爭時，有許多方法可以保持或改善他們相對的權力地位。他們可以把
其他國家的權力加添到自己的權力上，或者阻止其他國家的權力加添到他們
敵對的權力上去，這就是權力平衡中的聯盟政策。〔註4〕宋太宗首次對遼作戰
失敗後，對遼國的軍力已有所認識，若是僅以北宋單獨對遼作戰，勝算不大，
因此積極爭取盟國，聯絡位於遼國後方或與其有宿怨之仇敵合作，準備組織

――――――――――
〔註4〕參見 Hans J. Morgenthau（摩根索）著、張自學譯，《國際政治學》，頁 259。

聯盟對遼作戰。

（二）「反遼聯盟」與遼國之對抗

宋太宗組織對遼作戰之盟友有：高麗、女真、渤海殘部等，吾人稱之爲「反遼聯盟」。宋太宗爭取的這幾個盟友，皆是位於遼國後方或側翼，他的戰略思維乃在對遼國形成南北夾攻態勢，使遼國陷於兩面作戰困境，因遼軍同時抵禦南北兩方之敵，兵力分散，唯有如此宋軍始有較大之勝算。北宋爭取盟友之過程，分述如下：

1、高麗：高麗與遼國關係一向不佳，反而與五代各朝維持良好關係，如後唐、後晉、後周時皆受中國封賜，雙方朝貢、通使不絕。當時朝鮮半島上共有高麗、新羅、百濟三國，高麗最北，與遼國間有一緩衝國渤海國，高麗與渤海關係尙稱和睦，兩國並有聯姻關係。然而渤海遭遼國滅亡後，高麗與遼國緩衝消失，雙方衝突漸增，遼國爲打擊高麗，更暗中聯絡百濟，希冀與其結成聯盟，聯軍南北夾攻高麗。而高麗太祖王建對遼國此項戰略舉措也頗爲不滿，也曾想揮軍進攻遼國，然高麗與遼國軍力畢竟有不小差距，因此王建欲與中國合作壯大自己，如王建曾建議後晉高祖，實施對遼國夾攻的軍事行動，據《資治通鑑》載：〔註5〕

> 初，高麗王建用兵吞滅鄰國，頗強大……，渤海，我婚姻也，其王
> 爲契丹所虜，請與朝廷共擊之。

既然高麗與遼國關係惡劣幾乎兵戎相向，遂給了北宋運作空間，宋太宗逐漸加強對高麗的連繫。而高麗方面，與北宋聯盟，不但可輸入漢民族文化與文物，又可藉北宋勢力牽制遼國，減緩遼國對高麗之壓迫，在這互利基礎下，雙方關係特別緊密。當然北宋對高麗之籠絡具有戰略用意，亦即北宋希望爾後一旦宋遼戰爭爆發，高麗能發揮牽制作用，出兵襲擊遼國後方。

2、渤海殘部之烏舍、定安：遼太祖滅渤海後，於其地設東丹國統治，但渤海殘餘勢力仍不斷反抗，遼國並未能完全消滅此殘餘勢力，〔註6〕故渤海問題始終困擾遼廷。遼太宗繼位後，其戰略眼光投射於中原，積極介入五代各朝紛爭，遂無法兼顧渤海殘部。爾後的遼國君王遼世宗、遼穆宗僅中庸之才又不理政事，渤海殘部在此有利戰略環境下，勢力逐漸增長，成爲遼國後方的隱憂。

渤海殘部既與遼國敵對且有滅國深仇，自然成爲北宋爭取的盟友，而渤

〔註5〕《資治通鑑》卷285〈後晉紀〉六，齊王開運二年十月，頁9298。
〔註6〕參見《遼史》卷2〈太祖紀〉下，頁22～23。

海殘部亦有借北宋之力對抗遼國以求復國之意，雙方最早的接觸在太平興國四年（979）宋太宗攻幽州時，渤海殘部酋帥大鸞河率三百餘騎助宋軍伐遼，宋太宗大喜，遂開啓與渤海殘部聯盟之意，從此開始與渤海殘部積極連絡，《宋史・渤海國傳》載：〔註7〕

> （太平興國）六年（981），賜烏舍城浮渝府渤海琰府王詔曰……，
> 素聞爾國密邇寇讎，迫於吞并，力不能制，因而服屬（指遼國），困
> 於率割。當靈旗破敵之際，是鄰邦雪憤之日。所宜盡出族帳，佐予
> 兵鋒；俟其翦滅，沛然封賞；幽、薊土宇復歸中原，朔漠之外，悉
> 以相與；勗乃協助，朕不食言。

據上所載，宋太宗對渤海殘部烏舍部的詔書也說明了對遼國作戰勝利後的戰果分配，「幽、薊土宇復歸中原」乃理所當然，因這原是漢民族王朝領土，值得注意的是「朔漠之外，悉以相與。」可謂宋太宗對烏舍極近籠絡之能事，不過這也說明宋太宗的國家戰略構想過於保守，僅想維持原有之固定疆域，缺乏對外開拓的決心。不過，也有可能是先利誘烏舍，待擊敗遼國後，順勢兵鋒再指向烏舍也未可知。

宋太宗賜烏舍詔書後不久，太平興國六年（981）十一月，另一渤海殘部定安部因受遼國長期欺凌，在見到烏舍與北宋同盟後，遂決定跟進亦與北宋結盟，乃托女眞貢使轉達希望與北宋聯盟共討遼國之意，《宋史・定安國傳》：〔註8〕

> 會女眞遣使來貢，路由本國（指定安），乃托其使附表來上云：「……
> 契丹恃其強暴，入寇境土，攻破城磐，俘略人民。……所宜受天朝
> （指北宋）之密畫，率勝兵而助討，必欲報敵，不敢違命。……」

北宋得此盟友自然大爲高興，宋太宗乃答以詔書：〔註9〕

> 今國家已于邊郡廣屯重兵，只俟嚴冬，即申天討。卿若能追念累世
> 之恥，宿戒舉國之師。當予伐罪之秋，展爾復仇之志；朔漠底定，
> 爵賞有加，宜思永固，無失良便。

由「朔漠底定，爵賞有加」一語觀之，可見宋太宗與定安結盟如同烏舍一般，都是以利誘方式。烏舍、定安皆爲渤海亡後之殘餘勢力，因不甘遼國長期欺凌，所以願與北宋合作抗遼，北宋順勢把握這局勢，圖藉敵愾同仇之心，動以爵賞

〔註7〕《宋史》卷491〈渤海國傳〉，頁14130。
〔註8〕《宋史》卷491〈定安國傳〉，頁14128。
〔註9〕《宋史》卷491〈定安國傳〉，頁14129。

裂土之利，與其組成軍事聯盟對抗遼國，企盼掌握對遼作戰的戰略主動。

3、女眞：女眞族各部落林立，約分布於今松花江以東、長白山及鴨綠江一帶，五代時已與中原有所聯繫。宋太祖建國後遣使入貢，之後雙方一直維持良好關係，且經貿關係異常熱絡，女眞人沿鴨綠江與遼東半島海岸渡渤海到登州，與宋人進行貿易，以馬匹、毛皮交換絹、茶與工藝品。其中馬匹是北宋最需要的戰略物資，而隨著北宋對馬匹需求的增加，這種越海貿易規模也日趨擴大，宋廷也特別對當地居民予以優惠，「蠲登州沙門島居民租賦，今專治舟渡女眞所貢馬。」〔註10〕由於女眞與北宋有密切的經貿關係，北宋希望在既有的經貿合作關係上，加強爲軍事同盟，聯合對遼作戰。

北宋部署「反遼聯盟」，以利誘及經濟因素運作下，聯合高麗、渤海殘部、女眞等勢力組織聯盟，欲打擊共同敵人遼國。在宋遼衝突的初期，北宋搶得戰略先機，宋廷君臣戰略部署完全正確，宋遼間權力已失衡，北宋、高麗、女眞、烏舍、定安等勢力之聯合已明顯大於遼國，遼國面臨腹背受敵、多面作戰之戰略困境，如下圖：

圖十四：「反遼聯盟」對抗單一的遼國

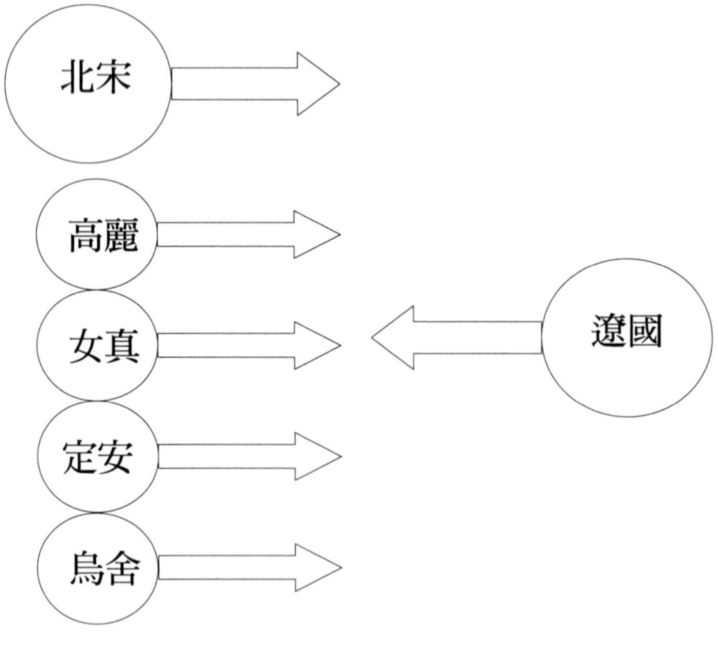

〔註10〕《長編》卷4，太祖乾德元年八月丁未條。

遼國鄰近勢力全加入北宋陣營，遼國在北宋組織聯盟破壞宋遼權力平衡時尚不自覺，等到「反遼聯盟」成形，遼廷才知情況對己不利，為化解腹背受敵遭受圍攻的危機，遼廷決定發揮制敵機先的戰略先著，搶先對「反遼聯盟」用兵。雖然「反遼聯盟」已具雛型，但尚無具體軍事行動方案，北宋與其盟友尚在磨合磋商階段，卻已遭遼國軍事力量攻擊。「反遼聯盟」有五個盟友，遼國軍隊不可能分五路軍分別對北宋、高麗、女真、烏舍、定安等用兵，遼國的戰略方針乃「攻其十指、不如斷其一指。」決定以強大軍力次第消滅「反遼聯盟」力量，使其首尾不能相顧。至於先攻擊哪一力量？遼廷的戰略思考乃依實力強弱採先易後難，其中北宋置於最後，因當時北宋創建不久，武力仍強，遼軍對宋軍作戰並無制勝把握，為爭取戰略縱深增加迴旋空間，乃先對女真等小國下手。而「反遼聯盟」實力強弱，如表四所示：

表四：「反遼聯盟」實力強弱表

「反遼聯盟」成員	實力強弱
北宋	最強
高麗	強
女真	強
定安	弱
烏舍	弱

遼廷揮軍出擊的戰略思考是，在「反遼聯盟」成員中，女真處於戰略軸心之位置，正當烏舍、定安兩部與北宋通路的中途，同時又是遼國進入高麗的必經要衝，另外還賣馬於北宋，如將女真征服，不但可切斷北宋重要馬源，尚可阻絕渤海殘部與北宋連絡，更可打開經略高麗的大門，可謂一舉三得，故女真成為遼國第一個出兵對象。

太平興國八年（983），遼國出兵討伐女真，遼軍進軍神速，次年二月即平定女真，遼國勢力一舉到達鴨綠江中下游一帶，對高麗威脅加深。遼國勢力既已到達鴨綠江，乃移師進討鴨綠江中上游之定安，於雍熙三年（986）正月討平之。至此，來自渤海殘部側面威脅已清除，雖渤海殘部還有烏舍尚存，然烏舍力小不足懼，遼廷決定繼續討伐高麗。北宋眼見「反遼聯盟」一個個被遼國所滅，若不行動，「反遼聯盟」恐遭遼國瓦解，於是宋太宗決定趁遼軍滅定安後準備移師伐高麗時，於雍熙三年（986）正月，進兵伐遼，

宋遼第二次戰爭爆發。

　　遼國主力部隊連續攻討女真、定安、高麗時，南方後防空虛，北宋掌握此戰略良機北伐，不但可減輕高麗承受遼軍攻擊之壓力，更冀望與高麗南北夾攻。不料高麗對北宋聯盟向心力不足，遷延觀戰，並未積極出兵配合北宋的軍事行動，「反遼聯盟」遂演變成單一的北宋與遼國對抗。戰爭結果宋軍於歧溝關一役仍不幸為遼軍所敗，宋太宗對遼作戰再嘗敗績。而遼國在連敗女真、定安、北宋後，「反遼聯盟」之主體北宋既已敗，聯盟自然瓦解，遼軍更乘戰勝餘威，於淳化三年冬（992），以八十萬大軍東伐高麗，此泰山壓卵之勢自非高麗所能抵擋，急忙遣使請和，願朝貢於遼國、但不願割地，遼廷研議後不但許和罷兵，並以鴨綠江以東數百里之地賜予高麗，《遼史‧聖宗紀》載：〔註11〕

　　　　（宋淳化三年、遼統和十年、992）是月（十二月），以東京留守蕭
　　　　恒德等伐高麗。十一年春正月，……高麗王治遣朴良柔奉表請罪，
　　　　詔取女直鴨綠江東數百里地賜之。

高麗以朝貢稱臣的代價，既免兵禍又免割地，且輕易獲贈數百里疆土，對高麗而言是最好的結果。由此可知，遼軍在對高麗稍立兵威後，並未積極進兵，反而使用外交力量，宣示高麗「若欲求和，宜速來降。」顯然遼廷用兵之目的，並非在消滅高麗、吞併其國，而是在迫令高麗投降遼國，切斷與北宋的關係，轉而受其約束。因此在高麗稱臣後，遼聖宗不但頒詔罷兵，反而給予數百里之地，藉以籠絡高麗，當然這可能是因為與北宋和戰未決情形下的戰略考量，因宋太宗雖然二次伐遼失敗，但邊境關係仍非常緊張，因此遼廷需密切注意北宋情況，故遼軍無意深入高麗，傾向以戰迫和的戰略，充分表露出遼廷意在安定東方，以及政治的約束重於軍事征服的戰略運用。

　　高麗稱臣於遼國後，「反遼聯盟」僅存烏舍一部，遼廷於至道元年（995）秋決意興兵烏舍，烏舍小國無法抵禦遼軍攻擊，只有投降一途。至此，由北宋主導的「反遼聯盟」皆一一敗於遼國手中，聯盟瓦解。

（三）「反遼聯盟」之檢討

　　聯盟和對抗聯盟之間，雙方不斷分解、組成，藉以維持平衡或恢復平衡。〔註12〕北宋組織「反遼聯盟」破壞了東北亞的權力平衡，遼國深知自己所處

〔註11〕《遼史》卷13〈聖宗紀〉四，頁143。
〔註12〕Hans J. Morgenthau（摩根索）著、張自學譯，《國際政治學》，頁272。

戰略環境的艱難，不待「反遼聯盟」行動，已將「反遼聯盟」各個力量擊潰，恢復成宋遼直接對抗的模式，回到戰前的平衡狀態。雖然宋太宗在外交的運用上已做了最大的努力組織聯盟，接著部署伐遼的軍事行動，不過當時遼國亦是最強盛的時期，北宋軍力仍無法超越遼國，以致對遼戰爭再度失利。

高梁河之役敗後，宋太宗深知遼軍武力之強，非單一北宋所能擊敗，故組織「反遼聯盟」壯大實力，吸收遭遼國壓迫之高麗、女真、渤海殘部等為盟友，欲南北夾攻遼國。遼國亦深知遭「反遼聯盟」圍攻之後果，趁「反遼聯盟」尚未有具體軍事行動前，先出兵消滅「反遼聯盟」，各個擊破北宋盟友，「反遼聯盟」因此瓦解。

圖十五：「反遼聯盟」之運作過程

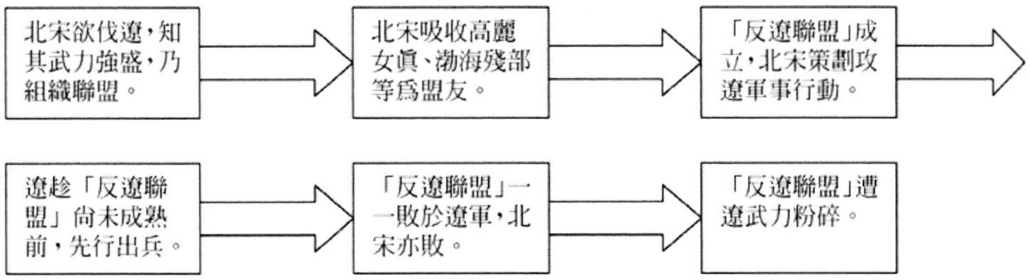

三、「宋蕃聯盟」對抗「遼夏聯盟」

在北宋與遼國的南北對抗中，西夏可說是一個平衡的支配者，北宋與遼國猶如在天秤的兩端，彼此達成一個平衡的狀態，在「反遼聯盟」時期，北宋這邊的重量要大於遼國，「反遼聯盟」瓦解後，宋遼間又達到平衡狀態，而此時誰爭取到西夏，那邊的重量便會大過另一邊。宋太宗時，西夏李繼遷叛宋投遼，遼夏關係日益親密，逐漸形成「遼夏聯盟」之態勢，對北宋的國防安全威脅加重，北宋顧慮到一旦遼夏聯合，對北宋將形成西、北二邊包圍的態勢，對北宋影響不可謂不大，由此可見，「遼夏聯盟」的成形，使遼國這邊天秤的重量大於北宋。

在澶淵之盟前，北宋因與遼國的和戰衝突未定，故對西夏採取羈縻政策，使之不與遼國過份親密，直到宋遼訂立澶淵之盟後，北方干戈暫息，但遼國威脅依舊存在，且「遼夏聯盟」雖無聯合進攻北宋的軍事行動，但對北宋而言此可能已是莫大的威脅，故北宋急欲解除「遼夏聯盟」對北宋的威脅。

由於北宋對遼國有澶淵之盟可恃，北方暫保和平，遂決定對西方的西夏下手，且北宋與遼國、西夏三國實力對比，以遼國最強、北宋次之、西夏又次之，如表五所示，北宋若要瓦解「遼夏聯盟」，當然從最弱的西夏下手。

表五：北宋、遼國、西夏三國實力強弱表

國　　別	實 力 強 弱
遼　國	最強
北　宋	強
西　夏	弱

（一）「宋蕃聯盟」的戰略背景

北宋組織「反遼聯盟」合擊遼國雖然遭到挫敗，但對組織聯盟的戰略思考卻無改變，對西夏仍欲尋找盟友夾擊之，於是位於西夏後方的吐蕃，遂成為北宋爭取之目標。北宋和吐蕃並非一開始即是軍事同盟的關係，最早是馬匹貿易的經濟關係。中原地區產馬甚少，農業民族因生產方式和經濟型態與遊牧民族不同，故甚少注重馬匹培育，且軍隊組成多以步兵為主，故遠不如遊牧民族對馬的重視，因此北宋所需之戰馬，在本身培育馬匹條件不佳情形下，自然得向外採購。

遼國、西夏、吐蕃因氣候、地形等條件均盛產馬，而與北宋敵對之遼國，為防止北宋增加戰力，自然嚴禁馬匹入宋。〔註13〕至於西夏，在李繼遷叛宋後，夏馬即不在賣予北宋。在遼馬、夏馬皆不可得情況下，北宋所需馬匹即更仰賴吐蕃的供應，故北宋對吐蕃採懷柔政策，使馬匹來源不致斷絕。〔註14〕

（二）「宋蕃聯盟」與「遼夏聯盟」之對抗

北宋與吐蕃間因馬匹貿易所建立的良好關係，在北宋為了對付西夏之際，乃積極拉攏吐蕃，欲提升為軍事同盟關係。至於吐蕃，西夏勢力漸強，逐漸威脅到吐蕃生存，如掠奪吐蕃貢使、劫奪馬匹貿易、出兵侵逼吐蕃等，吐蕃也欲找尋一盟友，聯合對付西夏，這也正合北宋籠絡吐蕃對抗西夏的政策。

咸平四年（1001）夏軍大舉犯宋，靈州危急，宋廷棄守難決，此時吐蕃

〔註13〕參見《長編》卷82，真宗大中祥符七年六月辛酉條。
〔註14〕參見《宋史》卷492〈吐蕃傳〉，頁14152～14155。

前來要求與北宋聯軍共擊西夏，「六谷部首領潘羅支願戮力討繼遷。」〔註15〕「宋蕃聯盟」時機於焉成熟。宋廷授吐蕃諸部中最強的六谷部首領潘羅支爲「鹽州防禦使兼靈州西面都巡檢使。」〔註16〕賞賜甚厚，以經濟利益與官爵籠絡吐蕃。宋真宗接著在十二月遣使詔諭潘羅支會攻西夏，潘羅支也致書北宋，請示出兵日期以便配合。雙方軍事行動已經確立，可惜次年三月靈州即告陷落，宋蕃首次聯合軍事行動計劃落空。〔註17〕

　　聯盟之所以形成，需盟國間存在共同利益與目標，北宋與吐蕃間則是西夏與馬匹貿易兩項因素使然。西夏爲北宋西北大敵，又不時侵擾吐蕃，故西夏成爲宋蕃共同敵人。此外，遼國與西夏不缺馬匹，吐蕃馬匹的貿易對象僅有北宋，故北宋對吐蕃而言存在龐大經貿利益，「宋蕃聯盟」遂基於雙方政治、經濟利益而成立。

　　雖然「宋蕃聯盟」首次軍事同盟尚未展開，靈州即遭西夏攻陷，但北宋與吐蕃仍積極動員準備再度會攻西夏。李繼遷爲了制敵機先，決定先下手爲強，搶先在宋蕃聯軍發動前，乘靈州之勝餘威，揮師西攻吐蕃，吐蕃軍初始不敵，西涼遭夏軍攻陷，但夏軍先勝後敗，吐蕃軍發揮地形優勢，戰況逐漸逆轉，潘羅支「集六谷諸豪及者龍族合擊繼遷。繼遷大敗，中流矢遁死。」〔註18〕「宋蕃聯盟」兩次對西夏聯合軍事行動，皆因決策過慢未能制敵機先，西夏則掌握戰略先機，因李繼遷清楚明白宋蕃聯合實力遠大於西夏，遂先出兵將北宋、吐蕃各個擊破，雖是如此，然就李繼遷因攻吐蕃而亡觀之，「宋蕃聯盟」仍然有所斬獲。

　　李繼遷死後，其子李德明繼爲西夏主，態度親宋，而北宋繼澶淵之盟成立獲得北方和平後，亦希望西方無戰事，於是在宋夏雙方皆有意願停止軍事衝突的前提下，北宋與西夏間也展開和議。景德三年（1006），李德明受北宋冊封，宋夏間和平曙光乍現，雖宋夏關係趨緩，但「宋蕃聯盟」並未解散，宋廷仍繼續維持籠絡吐蕃政策。

　　景德元年（1004）六月潘羅支卒，宋廷追贈武威郡王並對吐蕃大加賞賜，〔註19〕不過此時北宋對盟友吐蕃的安撫，目的在阻止其與西夏衝突。然西夏

〔註15〕《宋史》卷492〈吐蕃傳〉，頁14155。
〔註16〕《宋史》卷492〈吐蕃傳〉，頁14155。
〔註17〕參見《長編》卷51，真宗咸平五年三月甲辰條。
〔註18〕《宋史》卷492〈吐蕃傳〉，頁14156。
〔註19〕《宋史》卷492〈吐蕃傳〉，頁14157。

卻持續侵逼吐蕃，李德明趁與北宋建立和平關係後，出兵攻吐蕃爭奪河西，因「宋蕃聯盟」的存在威脅西夏後背，要瓦解「宋蕃聯盟」，西夏軍力與北宋有一段差距，唯對實力較弱的吐蕃著手，勝算較大。景德四年（1007），吐蕃向北宋求援：「爲德明所侵略，無寧日。」〔註20〕吐蕃爲北宋盟友，既遭西夏攻擊，北宋應出兵協助或出面調停，不料北宋漠視西夏出兵吐蕃，此種姑息態度促使西夏大膽進攻涼州，而西涼終爲西夏所破，吐蕃大敗，西夏再度坐大。

由於北宋的一時大意，使「宋蕃聯盟」出現缺口，宋廷遂開始有所警覺，乃亡羊補牢重新組織「宋蕃聯盟」。其時，吐蕃贊普後裔唃廝囉崛起於青唐（青海西寧）、邈都（青海樂都）一帶，居宗哥城（青海樂都西南），吐蕃諸部投靠者眾，唃廝囉成爲潘羅支後吐蕃勢力最大的首領，北宋遂積極與唃廝囉聯絡，欲重新恢復「宋蕃聯盟」。

大中祥符七年（1014），宋將曹瑋建言「宜厚唃廝囉以扼德明。」〔註21〕唃廝囉方面，也希望能從北宋獲得實質經濟利益，「希望朝廷爵命俸給。」〔註22〕而且與北宋通好，更可獲賣馬於宋的經濟利益。於是宋廷在潘羅支後，以吐蕃勢力最強者唃廝囉爲結盟對象，授唃廝囉寧遠大將軍、愛州團練使，「宋蕃聯盟」得以再次鞏固，形成「宋蕃聯盟」對抗西夏，如圖十六：

圖十六：「宋蕃聯盟」對抗西夏

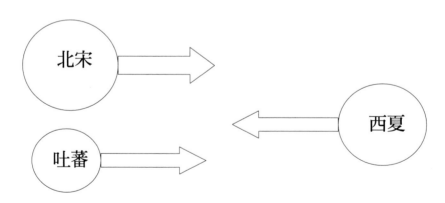

宋夏關係雖因李德明在位維持難得和平，但李德明死後李元昊繼爲西夏

〔註20〕　《長編》卷65，眞宗景德四年三月癸丑條。
〔註21〕　《宋史》卷492〈吐蕃傳〉，頁14160。
〔註22〕　《長編》卷83，眞宗大中祥符七年十二月甲戌條。

主，宋夏衝突再現，李元昊先與遼國聯姻，更蓄謀稱帝建國，接著出兵吐蕃。景祐二年（1035），李元昊大舉進攻唃廝囉的根據地鄯州。而宋廷在李元昊稱帝揮軍吐蕃後，立即採取反制措施，軍事、經濟雙管齊下，軍事上積極動員；經濟上斷絕對西夏貿易，同時加唃廝囉爲保順軍節度使，以激勵吐蕃牽制西夏。隨後宋仁宗詔諭唃廝囉進擊西夏，唃廝囉於是將兵四萬五千，進逼西涼，〔註23〕「宋蕃聯盟」軍事行動再次成立，對西夏展開合擊。然西夏正當英主李元昊在位，國勢大振，北宋對西夏戰事連嘗敗績，宋仁宗時期對西夏的數場戰役，劉平的三川口之役、任福的好水川之役、葛懷敏的定川之役，全敗於西夏，因「宋蕃聯盟」連敗於西夏，北宋對西方的戰略思維遂由主動出擊轉爲消極的守勢作戰。

　　吐蕃因西夏入侵造成內部分裂，李元昊又乘機賄賂不滿唃廝囉之部落首領，率眾出走，吐蕃勢力更衰，西夏腹背受敵之勢稍緩。李元昊爲徹底瓦解「宋蕃聯盟」，遂遣使「約吐蕃，毋得與中國陰相爲援。」〔註24〕「宋蕃聯盟」雖遭西夏破壞，未能持續發揮功效，但並未瓦解，吐蕃對西夏仍有牽制之功。如寶元二年（1039）春，唃廝囉「兵向西涼，以西涼有備，……知不可攻，捕殺遊邏數十人。」〔註25〕又慶曆二年（1042）春，李元昊引兵西攻吐蕃，由於西夏國力無法同時對東方的北宋、西方的吐蕃同時用兵，因此李元昊用兵吐蕃，自然不太可能對北宋有軍事動作，故北宋之壓力稍緩，誠如孫甫所言：「自元昊拒命，終不敢深入關中者，以唃廝囉等族不附，慮爲後患也。」〔註26〕

　　吐蕃對北宋有軍事牽制與馬匹供應的特殊地位，因此慶曆四年（1044）宋夏和議成立西北再告平靜時，宋廷對「宋蕃聯盟」的維持仍然努力不懈。治平二年（1065）唃廝囉卒，宋廷依其意願以其子董氈繼其首領之位，宋廷對這位新任吐蕃首領更極盡籠絡之能事，不僅封爲保順軍節度使，更授蕃官數十人，皆月賜茶綵。宋神宗即位後，再施恩澤，增賜銀器茶綵、加封食邑，董氈在北宋此種財貨籠絡下，曾兩敗夏軍，使西夏對河湟地區的拓展受到阻礙，故由此可見「宋蕃聯盟」大體而言甚爲穩定。

　　李元昊卒後，其子李諒祚繼位，然這位新的西夏主並未有新的戰略思維，西夏對北宋、吐蕃的敵對政策無多大改變，不但與北宋時起邊界摩擦，更積

〔註23〕 參見《長編》卷123，仁宗寶元二年六月丙寅條。

〔註24〕 《西夏紀》卷7，康定元年八月條。

〔註25〕 《長編》卷123，仁宗寶元二年六月丙寅條。

〔註26〕 《宋史》卷295〈孫甫傳〉，頁9840。

極經營甘隴河湟地區，屢次遣軍侵略吐蕃，吐蕃受西夏軍事壓迫乃向北宋求援。北宋有了上次漠視吐蕃遭西夏攻擊，導致「宋蕃聯盟」遭李元昊破壞的前車之鑑，決定對李諒祚的攻擊吐蕃行動予以回擊。宋神宗以王韶經營河湟地區，預備以河湟地區夾擊西夏，同時對董氈不吝財貨、榮爵累加優賜，藉此鞏固聯盟關係。

元豐四年（1081）西夏內亂，宋廷見時機成熟，決定五路出師征討西夏，期盼以龐大軍事力徹底平服西夏，並詔令吐蕃東向會攻，施行「宋蕃聯盟」的聯合軍事行動。但北宋五路大軍橫向協調、聯繫不佳，以致大敗而還，董氈則失期未達，宋廷希望藉由河湟取西夏的戰略規劃落空。夏軍在大敗宋軍之餘立即進攻吐蕃以為報復，不料卻為董氈所敗。西夏無法以武力制伏吐蕃，遂以割地為條件引誘董氈：「夏人欲與之（吐蕃）通好。許割肸廝龍以西地，云如歸我，即官爵恩好一如所欲。」〔註27〕西夏此時爭取盟國的作法，竟是效法北宋以爵位、利益引誘，然西夏所能給予的，畢竟不如北宋所給的優厚，董氈遂拒絕西夏的利誘。西夏見軍事、利誘都無法使吐蕃脫離「宋蕃聯盟」，而北宋和吐蕃的軍事同盟，對西夏有如芒刺在背，須隨時提防兩方的夾擊，於是西夏決定請遼國出面爭取吐蕃，希望能共同合作對抗北宋。遼廷雖允西夏所請且兩次遣使前往吐蕃，但董氈親宋的立場堅決，遼使無功而返，「宋蕃聯盟」遂得以鞏固。在遼國介入爭取吐蕃後，雙方陣線壁壘分明，一方是「遼夏聯盟」；另一是「宋蕃聯盟」，如圖十七所示：

圖十七：「宋蕃聯盟」對抗「遼夏聯盟」

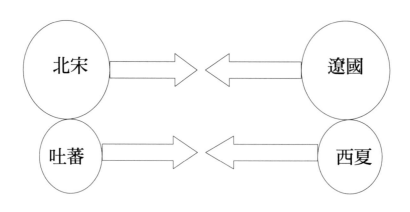

〔註27〕《宋史》卷492〈吐蕃傳〉，頁14164。

　　「遼夏聯盟」積極爭取吐蕃的加盟，若吐蕃加入「遼夏聯盟」，將形成「遼夏蕃聯盟」對抗單獨的北宋，而北宋也瞭解一旦此平衡失去的後果，自己的生存利益將受到重大威脅，因此努力維持兩個聯盟的權力平衡，積極維繫吐蕃的向心力，避免吐蕃叛去。元豐五年（1082）四月，北宋遣使「令董氊勿聽契丹言，與夏國和。」〔註28〕六年（1083）八月，遼國遣使吐蕃，宋廷得知後，懼吐蕃受遼國利誘使「宋蕃聯盟」生變，遂再度遣使至青唐曉諭董氊，分析北宋、吐蕃、遼國因距離遠近產生的利害關係：〔註29〕

　　　以契丹與總噶爾（宗哥城）相去極遠，利害不相及，今堅守前後邀
　　　約，協力出兵，攻討西賊。

北宋、遼國、西夏三方積極爭取吐蕃加盟，可見吐蕃在三方的權力平衡中，已居於關鍵地位，然由於吐蕃的親宋態度，顯然令遼國、西夏無計可施。

（三）「宋蕃聯盟」之檢討

　　聯盟關係的持續有賴於支持聯盟的利益一致，而聯盟中利益的分配，應該是完全互惠的。〔註30〕由此觀之，「宋蕃聯盟」之所以穩固不被「遼夏聯盟」所破壞，關鍵在於北宋與吐蕃間具有利害相關、休戚與共之關係。西夏乃北宋、吐蕃共同之敵，因此基本利益首先相同；而吐蕃賣馬於北宋，又有很高的經濟利益，相反的，遼國與西夏皆盛產馬，吐蕃若是加入「遼夏聯盟」將無利可圖；再加上北宋對吐蕃不時加以賞賜，如金帶、銀器、絹綵、茶葉等，在如此重大經濟利益下，吐蕃何能不親北宋，故董氊在拒絕遼使勸誘時曾云：「荷宋厚恩，義不敢負。」〔註31〕這顯示北宋財貨外交成功，使「宋蕃聯盟」無法因外力介入而破壞。

　　「宋蕃聯盟」的瓦解並非「遼夏聯盟」的外力促成，反而是北宋本身自毀長城。董氊死後，吐蕃群龍無首，內部再度分裂，北宋應介入調停並擇立新首領，如此方能鞏固聯盟關係，不料卻乘吐蕃內亂奪其地。元祐八年（1093），北宋發兵攻吐蕃，宋蕃兵戎相向，「宋蕃聯盟」遂瓦解。「宋蕃聯盟」瓦解後，北宋不思恢復聯盟關係，反而持續侵略其地，可見宋廷君臣對吐蕃的戰略思維已改變。元符二年（1099），北宋再對吐蕃發動攻勢，宋軍攻取邈

〔註28〕　《長編》卷325，神宗元豐五年四月丙寅條。
〔註29〕　《長編》卷338，神宗元豐六年六月己卯條。
〔註30〕　Hans J. Morgenthau（摩根索）著、張自學譯，《國際政治學》，頁264～266。
〔註31〕　《西夏書事》卷26，元豐五年四月條。

川、青唐時，吐蕃請援於西夏，吐蕃部落群起叛宋。崇寧二年（1103），宋廷再命童貫領軍攻略吐蕃，收復湟鄯等地，原唃廝囉之地悉爲北宋所有。北宋在西北邊陲的開疆拓土，威脅到吐蕃的生存利益，造成西夏、吐蕃利害一致，使吐蕃諸多部落多棄北宋而與西夏相結，爲患北宋西陲，如崇寧四年（1105），吐蕃復與西夏合兵，進逼宣威城，此時吐蕃、西夏已成爲北宋西方之敵。

　　「宋蕃聯盟」本爲制衡「遼夏聯盟」而產生，而宋蕃之間關係的緊密、聯盟的牢固，絕非「反遼聯盟」所能相比。吐蕃在「遼夏聯盟」威逼利誘下，猶能事宋恭謹。可惜聯盟後期因北宋戰略決策錯誤，利用吐蕃內鬥之際攻取其地，拋棄「聯蕃制夏」傳統戰略，使「宋蕃聯盟」一夕之間瓦解。北宋君臣只顧眼前的利益，卻忽略了「宋蕃聯盟」是制衡「遼夏聯盟」有效的工具，而遼國與西夏當然樂見吐蕃叛宋加盟，終於形成「遼夏蕃聯盟」對抗單一的北宋。遼國、西夏當初極力爭取的吐蕃，如今卻因北宋的自動放棄而加盟，三國聯盟對北宋而言不僅是腹背受敵，而是三面困於敵，這對北宋而言乃極爲危險之戰略困境，同時北宋也因平衡的均勢已被打破，需再次尋求新的權力平衡。

圖十八：「宋蕃聯盟」之運作過程

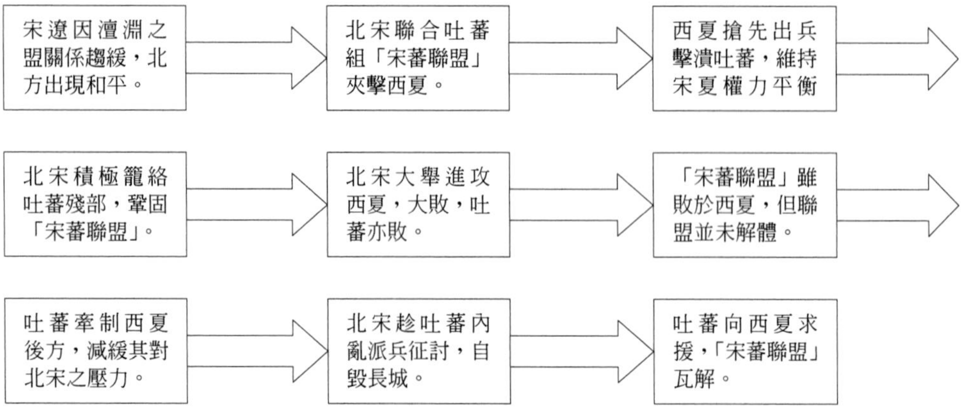

宋遼因澶淵之盟關係趨緩，北方出現和平。	北宋聯合吐蕃組「宋蕃聯盟」夾擊西夏。	西夏搶先出兵擊潰吐蕃，維持宋夏權力平衡
北宋積極籠絡吐蕃殘部，鞏固「宋蕃聯盟」。	北宋大舉進攻西夏，大敗，吐蕃亦敗。	「宋蕃聯盟」雖敗於西夏，但聯盟並未解體。
吐蕃牽制西夏後方，減緩其對北宋之壓力。	北宋趁吐蕃內亂派兵征討，自毀長城。	吐蕃向西夏求援，「宋蕃聯盟」瓦解。

第二節　北宋聯西夏抗遼

　　在宋遼夏三國的對抗中，北宋與遼國、西夏的對抗一直是涇渭分明的，北宋爲了對抗「遼夏聯盟」，分別組織過「反遼聯盟」與「宋蕃聯盟」但先後

俱遭失敗。面對「遼夏聯盟」的威脅，破壞遼國、西夏的親密關係，進而使其聯盟瓦解，便成為北宋的一項戰略嘗試，而這項嘗試獲得成功，使遼國與西夏爆發戰爭，而北宋與西夏達成和議，一度使北宋與西夏站在同一陣線上。

一、北宋破壞「遼夏聯盟」

「遼夏聯盟」對北宋侵逼最嚴重的時期是慶曆年間，其背景是宋仁宗對西夏用兵，慶曆元年（1041）的好水川一役，西夏大敗北宋，北宋在這場戰役中的失敗，引起了遼國對河北的野心。次年三月，遼國欲趁北宋在西疆戰事的失利，藉機攫取戰略利益，遂遣使索求關南地，並聚兵邊境以為奧援，外交、軍事雙管齊下，欲逼北宋就範。宋廷鑑於西疆戰事甫失利，北疆不宜與遼國再起衝突，遂遣富弼出使遼國，希望透過外交途徑解決爭端，當然關南地不能送予遼國，若能以其他方式解決，如聯姻或增加歲幣，則是最好的結果。這場外交戰，在宋夏戰爭不斷、遼國增兵威脅的情況下展開，因此特別需要外交家的智慧與才能。北宋與遼國、西夏的和戰選擇，需要外交的運用來維持彼此的平衡狀態，故富弼使遼，可以化干戈為玉帛、也可以變和平為戰爭。外交手段運用成功，可以轉宋遼的糾紛為遼夏的矛盾；反之，外交調處失敗，極可能引爆北宋與遼國的戰爭，屆時「遼夏聯盟」兩面圍攻，北宋將陷於兩面作戰的危險。面對這種嚴峻的戰略情勢，宋廷在外交上如不冷靜的運用，很容易走向滅亡的命運。

以當時宋遼夏三國的形勢而論，北宋文化高、領土廣、經濟富裕，兵員總額達百萬之譜，但冗兵多、戰力弱，且與西夏尚屬戰爭衝突階段，對遼國應避免輕啟戰端。遼國則兵強馬壯，三國中軍力最強。西夏則新興強盛，所表現的是叛服無常。北宋對西夏防線長達千里，然西夏則可全力攻北宋一點，以致宋夏戰爭中北宋常居於劣勢，而「遼夏聯盟」的成立，令北宋遭遇西、北二敵夾攻的戰略困境。在上述艱困的國際局勢下，雖然北宋面對「遼夏聯盟」的侵逼，但富弼表現了幹練的外交手段及不畏強敵的勇氣與遼國交涉。

在富弼與遼興宗談判的過程中，遼國堅持要北宋割關南地，雖然遼國態度強硬，但富弼的立場亦相當堅定，堅決不允，並且表示如果遼國欲用武力得到關南十縣，則北宋不惜用兵。遼興宗見富弼態度堅決，乃退而求其次要

求聯姻,「然金帛必不欲取,惟結婚可議爾。」〔註32〕但是富弼主張增幣,強調如果聯姻,北宋嫁公主所送之資不過十萬緡。富弼以嚴正的立場與態度,成功杜絕遼興宗對關南地的野心,令其知難而退,對於聯姻,富弼仍然嘗試打消遼興宗的念頭,他提出宋廷允許的三個條件:「議婚則無金帛。若契丹能令夏國復納款,則歲贈金帛二十萬,否則十萬。」〔註33〕亦即準備了三種條約供遼興宗選擇,第一:遼國放棄對關南地的野心,則歲幣增加十萬。第二:若宋遼聯姻,則無任何歲幣增加。第三:可增加歲幣至二十萬,但是有一附帶條件,即要求遼國令西夏對北宋稱臣,否則只許增加十萬。

遼興宗最後選擇了歲幣二十萬的條件,並在慶曆三年(1043)春,遣使詔諭西夏息兵。在這次交涉中,遼興宗沒有決心要侵略北宋,他的戰略目的是想乘人之危,從中取利。而遼興宗見北宋為了關南地不惜與遼國一戰的戰略態度後,便轉而求其次欲建立兩國實際的聯姻關係,他並不要求增加歲幣,增幣是宋廷自願提供的條件。然就北宋而言,因受中國傳統與少數民族婚姻關係的影響,聯姻就是和親,屈辱程度超過增幣,所以寧願選擇增加歲幣加重財政的負擔,也不願與遼國聯姻。雖然增幣交涉使北宋蒙受了很大的損失,但是歲幣中的十萬是遼國答應約束西夏的代價,在這方面未嘗沒有收穫。也因為這個事件,造成遼夏之間發生摩擦,「遼夏聯盟」破裂,兩國兵戎相向。

二、遼夏衝突

西夏自好水川之役後,雖然在軍事戰場上屢敗宋軍,但經濟戰場卻不敵北宋的經濟優勢。由於北宋關閉榷場停止與西夏的貿易,加上西夏在戰爭中的損失,使西夏內部發生嚴重的經濟的問題,夏廷已經有意議和,於是在李元昊接到遼國詔書後,立即遣使北宋議和。在西夏上呈北宋的書信中,元昊自稱「男邦泥鼎國烏珠郎霄上書父大宋皇帝」,由於並未稱臣,引起宋廷朝臣質疑西夏向北宋稱臣的誠意,與北宋要求遼國的原意不同。當時宋廷朝臣分成兩派意見,一派認為平息戰火最重要,不需計較字面上稱臣與否的細節;另一派則懷疑西夏另有其目的,不贊成接受西夏的請求,韓琦甚至懷疑西夏求和有詐,可能「有合從之策,夾困中原。」〔註34〕

〔註32〕《長編》卷135,仁宗慶曆二年二月己巳條。
〔註33〕《長編》卷135,仁宗慶曆二年二月癸亥條。
〔註34〕《長編》卷142,仁宗慶曆三年七月甲午條。

韓琦的懷疑確有可能，因「遼夏聯盟」的存在對北宋一直是個威脅，如今北宋透過遼國令西夏請和，但卻不稱臣，無怪乎宋廷朝臣會認為此次西夏請和是否另有用心或別有陰謀，亦或是受遼國的指使。事實上西夏雖然與北宋議和，那只是受限於因戰爭導致國內經濟困窘，但對北宋的邊境仍有野心，一旦休養生息恢復元氣後，李元昊再度犯宋的可能性極大。

（一）北宋在遼夏衝突中之立場

由於李元昊桀傲不馴的個性，使西夏對於遼國並非完全服從，雖然聽從遼廷指示與北宋談和，卻提出很多條件，而且不稱臣。另外，李元昊於慶曆三年（1043）七月準備再度興兵犯宋，要求遼國依「遼夏聯盟」聯合出兵，但遭遼國拒絕。由於遼國不肯與西夏聯軍，可能因此激怒李元昊，於是在遼國拒絕與西夏合兵後，西夏開始侵擾遼國邊境的党項部落。後來党項諸部叛遼投夏，而西夏居然接納，遼廷對此大為不滿，決定討伐西夏予以教訓。慶曆四年（1044）七月，遼國遣使北宋告知即將討伐西夏，以「元昊負中國，當誅。」〔註35〕為藉口，並且希望遼軍進攻西夏時，如果李元昊請求稱臣北宋，北宋應予以拒絕。

面對遼國的請求，宋廷君臣陷入進退兩難的困境，當時分為兩派意見。反對者認為，「若阻契丹而納元昊，則未有素備之策。」〔註36〕如果接受李元昊請求，等於開罪遼國，容易造成宋遼衝突，而北宋又沒有抵禦遼國的作戰準備，與其引發戰爭，不如依照遼國之意，拒絕李元昊請求，以維持宋遼和平關係。至於贊成者以余靖為代表，據他判斷，遼國通知北宋討伐西夏的動機主要有二：1、遼國對西夏作戰花費極大，希望能從北宋獲得部分經濟上的支援，如借軍費或軍糧。2、破壞北宋與西夏的合作，避免宋夏同一陣線，甚至組成「宋夏聯盟」，此乃遼國所不樂見。余靖主張宋廷對這些可能的請求都應當婉拒，因為遼國希望北宋拒絕與西夏達成和議，如此一來，宋夏即不可能在同一陣線，遼國才能無南顧之憂討伐西夏，若是宋夏間達成同盟，遼國即需擔心進攻西夏時北宋從背後牽制的危險。余靖之論點富弼也頗為贊成，富弼認為應當讓李元昊瞭解北宋願意接納其議和，如此則西夏「必盡力與契丹相拼。若二寇自相殺伐，兩有所損，此朝廷天福，天所假也。」〔註37〕如

〔註35〕《長編》卷151，仁宗慶曆四年八月乙未條。
〔註36〕《長編》卷151，仁宗慶曆四年八月乙未條。
〔註37〕《長編》卷151，仁宗慶曆四年八月戊戌條。

果拒絕西夏的和議，或遷延不決，則西夏必將與遼國再度聯合，為患北宋。而且儘速冊封西夏對北宋有利，如此西夏可以全力與遼國作戰，遼國也無力分兵侵略北宋。宋廷最終採納贊成派的意見，接受李元昊請和，並於慶曆四年（1044）十二月冊命李元昊為夏國王，西夏對北宋稱臣，奉正朔，宋廷允許其自置官屬，並重新開放榷場恢復貿易。〔註38〕

自從「遼夏聯盟」有嫌隙以來，宋遼夏三角關係產生微妙變化，北宋成為遼國與西夏雙方皆欲爭取的盟國。原本是「遼夏聯盟」對抗北宋的情況，轉變為遼國與西夏直接對抗的模式，雖然遼夏兩國在天秤兩端並非呈現平衡的狀態，顯然遼國的力量要大於西夏。但是北宋此時卻具有決定性的作用，是一個支配者的角色，若是北宋加入遼國這一方，宋遼加起來的重量必然遠大過西夏。反之，北宋加入西夏這一方，宋夏的重量可能大於或等於遼國，但絕不會小於遼國。宋遼夏三國皆瞭解其中奧妙，紛紛追求有利於自己的行動。如遼國要求北宋不要接納李元昊，即是希望勿使北宋與西夏合一，屆時討伐西夏就不會有北宋從後掣肘。而西夏對北宋稱臣納貢，則是著眼於宋夏間和戰未定，希望先穩住宋夏關係，免除東顧之憂，再全力與遼國一戰，若不如此，遼夏開戰時，北宋再乘機伐夏，西夏必敗無疑。至於北宋，由於宋廷戰略決策正確，加上外交使臣發揮幹練長才，利用「遼夏聯盟」的嫌隙製造分裂，再謀求對本身最有利的作法，先接受李元昊請和，讓他明白北宋不會和遼國形成聯軍，接著再讓遼國知道，北宋並不會出兵牽制其側背，在這場衝突裡，北宋完全是一個第三因子的支配者角色。

（二）遼夏戰爭經過

遼興宗欲征討西夏，乃為懲罰李元昊的不聽指揮且招誘遼國境內的党項部落，以及妄自尊大，故遼國此次發動對西夏的戰爭，性質趨近於懲夏戰爭。遼夏戰爭爆發於慶曆四年（1044），遼興宗決定御駕親征，據《遼史‧蕭惠傳》載：〔註39〕

> 夏人列拒馬于河西，蔽盾以立，（蕭）惠擊敗之。元昊走，惠麾先鋒，
> 及右翼邀之，夏人千餘潰圍出，我師逆襲，大風忽起，飛沙眯目，
> 軍亂，夏人乘之，蹂踐而死者不可勝計，詔班師。

遼國首度對西夏用兵，原以為輕而易舉便能擊潰西夏，不料卻遭敗績，遼國

〔註38〕 參見《長編》卷153，仁宗慶曆四年十二月乙未條。

〔註39〕 《遼史》卷93〈蕭惠傳〉，頁1374～1375。

臉上無光，而遼興宗也亟欲復仇。雖然遼國暫時退兵，但戰爭並未因此結束，對遼廷君臣而言，必須再發動一次攻擊行動教訓李元昊，始能挽回遼國顏面，因此遼夏第二次衝突隨時有可能爆發。

　　面對首次遼夏戰爭，北宋朝臣根據不同的戰略思維提出不同的看法，首先是余靖的觀察：〔註40〕

> 昨梁適使契丹之時，國主（指遼興宗）面對行人，遣使西邁，意氣自若。自言指呼之間，便令元昊依舊稱臣。今來賊昊不肯稱臣，則是契丹之威，不能使西羌屈伏。

他認為遼夏戰爭的起因，乃李元昊不滿遼興宗下詔命其與北宋議和，而遼興宗則以不能約束西夏為恥，雙方都累積對對方的不滿，因此而爆發戰爭。其次是富弼的觀察，他認為遼國與西夏發生衝突，是李元昊不滿遼國與北宋復合：〔註41〕

> （契丹）背約與中國復和。元昊怒契丹坐受中國所益之，因此有隙。屢出怨辭。契丹恐其侵軼，於是壓元昊境。

他認為如果遼興宗與李元昊確已結怨，而遼興宗又貪圖北宋歲幣對北宋做了承諾，命令李元昊與北宋議和，則遼國討伐西夏的原因之一，應當是宋廷外交政策的運作成功，陷遼興宗於進退兩難困境，如此看來，北宋週旋於遼夏兩國之間，其外交政策可謂達到相當程度的成功。

　　爾後數年，遼國整軍經武準備再度伐夏，當時遼國的戰略目標在西夏，無暇顧及北宋，因此與北宋相安無事。韓琦即認為遼夏衝突得利的是北宋，其云：〔註42〕

> 昨契丹自恃盛彊，患欲平吞夏人。倉卒興師，反成敗衄。北敵之性，切於復讎，必恐自此交兵未已。且兩敵相攻者，中國之利。此誠朝廷養晦觀釁之時也。

另一方面韓琦也擔憂遼夏戰爭結束後，遼國若取得對西夏戰爭勝利，恐會有南侵念頭，這可說是宋人長年受遼國的威脅所致，《長編》載韓琦之言：「若（遼）議南牧，則子女玉帛，不勝其有。」〔註43〕雖然宋廷朝臣如此擔憂，但遼夏衝突期間，遼國和西夏都不能也不會侵略北宋，因為一旦遼國或西夏

〔註40〕《長編》卷139，仁宗慶曆三年二月乙卯條。
〔註41〕《西夏書事》卷17，慶曆三年十一月條。
〔註42〕《長編》卷154，仁宗慶曆五年正月丙子條。
〔註43〕《長編》卷154，仁宗慶曆五年正月丙子條。

發動對北宋的攻擊，等於將北宋推入對方陣營，遼興宗與李元昊自然深知這層戰略意義，因此這段時間可說是北宋國防最平和時期。

經過四年的休養生息後，遼興宗欲報前仇於皇祐元年（1049）再次興兵二度伐夏，結果仍然遭到大敗，《遼史‧蕭惠傳》載戰爭經過：〔註44〕

> 帝（遼興宗）復征夏國。（蕭）惠自河南進，戰艦糧船綿互數百里。既入敵境，偵候不遠，鎧甲載于車，軍士不得乘馬。諸將咸請備不虞，……數日，我軍未營。候者報夏師至，惠方詰妄言罪，諒祚軍從阪而下。惠與麾下不及甲而走。追者射惠，幾不免，軍士死傷尤眾。師還，以惠子慈氏奴歿于陣，詔釋其罪。

夏主李元昊已於慶曆八年（1048）卒，由其子李諒祚繼位，因年方一歲，由沒藏太后臨朝。遼敗夏勝的結果乃北宋所樂見，且遼夏經此兩次戰爭，國力削弱不少，使西夏暫時無力侵擾北宋西疆，而北宋面對北方遼國的威脅，壓力也減輕許多。此時宋遼夏三國都成為單獨的個體，彼此之間沒有聯盟的存在，這可說是北宋權力平衡運作的結果。事實上此時宋夏關係要比遼夏關係來的親密，因為北宋與西夏已達成和議，但遼國與西夏間尚屬戰爭狀態，北宋與西夏間雖未有聯盟存在，但至少是站在同一陣線上，因兩國皆有共同的敵人遼國。

三、北宋破壞「遼夏聯盟」的戰略檢討

慶曆初年的國際局勢對北宋而言極為不利，宋仁宗發動對西夏的戰爭，但夏軍屢敗宋軍，好水川一役更令北宋以慘敗收場，而遼國卻藉機從中謀利，誠如富弼所言：「西伐則北助，北靜則西動。」〔註45〕正是此時最佳的寫照。北宋在此時的宋遼夏三角戰略關係中，本來是處於極為不利的地位，因為遼夏間沒有衝突的理由。當時「遼夏聯盟」如果真的聯合出兵對付北宋，北宋同時面對遼夏兩軍的合擊，必然被迫付出極高的代價。但是國際局勢錯綜複雜，變化莫測，由於李元昊野心過大，開罪了易於衝動的遼興宗，所以爆發出乎北宋意料的遼夏戰爭。而遼夏間忽然發生的嫌隙，未嘗不和北宋的外交政策有關。

北宋在慶曆二年（1042）對遼國增加的歲幣中，一半是用來酬謝遼國對西夏的約束，此乃傳統「以夷制夷」政策的嘗試。李元昊雖然在表面上答應了遼國的要求而息兵，但實際上卻不滿遼興宗的指令，以及遼國利用宋夏戰

〔註44〕 《遼史》卷93〈蕭惠傳〉，頁1375。
〔註45〕 《長編》卷150，仁宗慶曆四年六月戊午條。

爭機會自北宋手中獲取不少利益。遼興宗認爲爲李元昊必然會服從他的命令，但是李元昊心中卻有極大不滿，他認爲遼興宗既然已經得到利益，就不該來干涉西夏，所以一方面與北宋交涉時提出各種要求，不肯稱臣；另一方面更向遼興宗提出和遼國聯軍侵略北宋的反建議，在被遼興宗拒絕後，李元昊對遼興宗的不滿於焉爆發，開始挑釁，竟做出招誘遼國境內的党項部落。就遼興宗而言，不能有效約束西夏，是對北宋承諾不能實現的一大諷刺，加上李元昊煽動其境內党項部落叛遼投夏，這已徹底撕裂遼興宗對李元昊的容忍底限，遂促使遼興宗發動大軍懲罰西夏。

　　對北宋而言，「遼夏聯盟」的存在始終是個威脅，宋廷君臣對「遼夏聯盟」亟爲憂慮，時常思考如何破解，而遼國與西夏居然會發生衝突，使「遼夏聯盟」產生裂痕，實在令宋廷君臣難以相信。另一方面，當遼國向北宋提出不得接受西夏和議的請求時，著實震動北宋君臣，這一請求顯示遼國有意干涉北宋的外交事務，進而取得東亞國際政治上的主動地位。面對遼國的強硬姿態與無理要求，宋廷君臣在經過周密討論和考慮後，決定採納余靖之議：一方面接受西夏稱臣，使其專力北向，可令宋夏邊境呈現平和狀態，此對北宋有利；另一方面敷衍遼國，婉拒其要求，以免居於外交上的被動地位。結果北宋外交策略運用成功，不但扭轉劣勢，更使「以夷制夷」演變成「以夷攻夷」，使遼國與西夏發生兩次大戰，這項「以夷制夷」傳統政策在當時運用的頗爲巧妙，顧及到遼夏戰爭任何一方獲勝的情況，確實讓北宋能夠兩不得罪置身事外。

　　在遼夏衝突「遼夏聯盟」瓦解之際，遼國與西夏皆欲爭取北宋以爲奧援，而北宋採取中立的立場實乃正確的決策，使原來的局勢由「遼夏聯盟」對抗北宋變成遼夏對抗、北宋中立的局勢，使北宋成爲平衡者的角色。北宋若加入遼國或西夏任何一方，其結果都不利於北宋。首先是北宋加入遼國這一方，西夏必然無法抵禦宋遼大軍的攻擊，可能會亡國，屆時第三國消失，東亞國際局勢將成爲北宋與遼國直接對抗的態勢，極有可能再度引起衝突，爆發宋遼戰爭，連澶淵盟約亦有被撕毀的可能。北宋在自知軍力不強的情況下，加上自澶淵之盟後，北方防務鬆懈，邊關將士充滿苟安心態，實不堪與遼軍一戰，故北宋不願這種情形發生。其次是北宋加入西夏這一方，宋夏聯軍雖可抗拒遼國，但卻無必勝之把握，而且自澶淵之盟後的宋遼和平關係，也不允許隨意加以破壞。故據上分析，北宋的最佳選擇，唯有保持中立，兩不得罪，同時坐看兩敵相侵使其國力大減，無力侵犯北宋，使宋遼夏三國達到均勢的

狀態，這也是北宋最樂於見到的結果。

在對遼國的外交交涉中，宋廷不但能夠慎選使臣，而且還獲取正確的情報，並根據情報做出戰略判斷，迅速制定對策，終於造成北宋在遼夏相爭時能從中取利的局面，其結果不但解除了「北西二敵」的威脅，妥善地維持了宋遼夏三國之間的權力平衡，使局勢轉危為安，而且由於遼國與西夏在大戰之後，國勢削弱，北宋與遼、西夏的戰略關係，遂能在十一世紀中葉呈現難得的平和狀態。

第三節　平衡均勢的破壞

北宋在宋徽宗時期，由於西北政策的不當，一向為北宋親密戰友的吐蕃，叛宋投夏，「宋蕃聯盟」抗夏戰略終歸失敗。北宋面對遼夏蕃同一陣線，權力已嚴重失衡，北宋欲維持平衡狀態，需爭取新的盟友。此時女真掘起於東北，數敗遼軍，北宋遂與女真結盟，組成「宋金聯盟」。北宋組成「宋金聯盟」會攻遼國的目的，在於恢復燕雲失地，收復燕雲，乃北宋立國百餘年的國家目標，歷代君臣無一日不敢忘。

事實上，詳細解析北宋收復燕雲失地的國家目標，便能瞭解北宋與遼國間外弛內張的戰略關係。表面上兩國在澶淵之盟後烽火暫熄，信使往來不絕，似乎邦誼永固，呈現一派和平景象，然實際上兩國內部均在養精蓄銳且嚴密監控對方，一旦時機成熟，便會重啓戰端爆發戰爭，尤其是北宋，對戰爭的強度高過遼國，其關鍵乃在燕雲十六州的爭奪。該地區就情理上而言，乃原為漢土，其上之百姓更是漢民同胞，北宋為大一統的漢民族王朝，情感義理上自然急欲收復。再就戰略地位而言，北宋擁有燕雲十六州，正可作為對抗遼國的第一線，反之將無險可守，遼軍可隨時南下進窺宋地，對北宋北方國防極具威脅，而北宋目前正是面臨此種情況。至於遼國，此地有經濟、文化、軍事三大利益，經濟方面，燕雲地區漢民百姓的農耕與稅收，對遼國經濟有莫大助益；文化方面，漢民百姓雖淪為被統治者，但他們文化水準高，可提升遼人的文化水準，並提供遼人漢化的養分；軍事方面，掌握燕雲即擁有對北宋的戰略優勢，等於掐住北宋的咽喉，故遼國必然強力捍衛，絕不願北宋奪回燕雲失地。

燕雲十六州對宋遼兩國皆如此重要，對於暫居劣勢的北宋而言，為收復燕雲自然需對遼國採取攻勢，遂有宋太宗的伐遼之舉，雖然迭遭敗績，但此

次不能恢復，以後有機會也會再做嘗試，故收復燕雲，遂成為北宋歷代君臣念茲在茲的國家目標。其間兩國雖有和平時期，不過是權宜之計罷了，對北宋而言僅是緩兵之計，隨時窺伺遼國動態，準備發動收復燕雲的戰爭，爭取徹底的勝利才是北宋最終之戰略目標。

遼國的強大使北宋收復燕雲的國家目標遲遲無法實現，然遼國自從與北宋訂立澶淵之盟後，其間百餘年相安無事，承平既久且逐漸漢化，國勢不免漸衰，軍力已無法與其部落時期或建國初期相比。遼國的主體民族為契丹族，本是塞外草原文化民族，兵甲極盛，《遼史‧食貨志上》載：〔註46〕

> 契丹舊俗，其富以馬，其強以兵，縱馬於野，弛兵於民，有事而戰，
>
> 曠騎介夫，卯命辰集……，以是制勝，所向無前。

然遼國經百餘年的封建化、漢化，上層統治階級已奢靡成風，而契丹武士的悍樸之風也已消失殆盡，整個民族逐漸腐化武力日衰。遼國的衰弱令北宋看到收復燕雲的契機，但北宋如同遼國一般，因重文輕武、經濟繁榮，加上實施募兵制，導致武力不振，軍隊戰力低落，軍事力量無法勝過遼國，故由北宋單獨對遼國作戰收復燕雲勝算不大，若有另一勢力大於遼國且願與北宋合作，則復燕雲為宋地之願望極可能實現，而女真的出現，使宋廷君臣的願望成為可能。

一、女真的崛起

五代時女真分為南北兩部，以混同江為界，以南屬遼國，稱熟女真；以北為生女真，不隸於遼國，金即出自於生女真。遼天祚帝在位時不理政事，國政大壞，更放縱姦邪小人向各少數民族、部落貪縱徵索，其中女真族完顏部因不堪遼國使者的勒索，遂在完顏阿骨打的率領下，於政和四年（1114）起兵叛遼，腐朽的遼軍連連敗退，完顏阿骨打連戰皆捷，自信、勇氣陡升，遂於次年建國稱帝，以「金」為國號，建元收國，是為金太祖。金太祖建立金國政權後，持續開疆拓土發動對遼國的戰爭，遼軍屢戰屢敗，喪失大片土地與城池。金太祖要求遼廷以事兄之禮待金，遼廷君臣大感憤怒，雙方軍事衝突愈形激烈。宣和二年（1120）五月，金軍攻陷遼國上京（熱河林東縣），遼廷大震，而此消息也迅速傳至北宋，宋廷君臣對興起於遼國之側且連敗遼軍的金國產生極大興趣，若能與金國聯盟南北夾攻遼國，將可創收復燕雲的不世功業，遂決定嘗試與金國組織聯盟，遣使由海上與金國聯繫。

〔註46〕《遼史》卷59〈食貨志〉上，頁923。

　　女真因為和中國間隔著遼國，故和中原地區無法有太多的聯繫。後唐時女真入貢後唐朝廷，女真和中原的關係才逐漸加強。宋太祖建北宋政權後，女真於建隆二年（961）遣使入貢，貢物中包含北宋最需要的馬匹，北宋此時注意到這個東北少數民族，能提供北宋所需的戰略物資：馬匹，於是雙方的關係逐漸加強。宋太宗時，為了收復燕雲失地曾組織「反遼聯盟」對遼作戰，雙方的關係從馬匹交易的經貿關係發展成政治軍事的關係，可惜「反遼聯盟」遭遼國武力瓦解，且女真在遼軍的討伐下，只能對遼國俯首稱臣，北宋和女真的關係遂歸於沈寂。其間，由於遼國的強大，女真一直臣屬於遼國政權；另一方面也由於遼國的阻隔，女真欲與北宋政權發展關係，實有其困難。

　　北宋開始再次注意到女真，是金太祖叛遼建立金國政權且數敗遼軍之後，此時遼國國勢日衰，正是北宋收復燕雲的大好機會，加上金軍屢敗遼軍，宋廷遂決定與金國結盟。當時宋廷的決策幾乎由蔡京、童貫等人把持，宋徽宗對兩人恩寵有加。由於宋徽宗的藝術性格，不願在國事上耗費太多心力，且對蔡、童兩人聽之信之，因此國家大政全由兩人主導。蔡京、童貫以收復燕雲十六州乃完成祖宗功業鼓動宋徽宗，加上遼軍屢為金軍所敗，金軍的戰鬥力強於遼軍已是不爭的事實，不趁遼國國勢衰頹時之戰略良機收復燕雲舊土更待何時。宋徽宗內心其實有收復燕雲創不世功業之想法，加上蔡京、童貫等人從旁逢迎勸說，宋徽宗遂決定遣使由海上與金國連繫，盼能達成會攻遼國之聯盟。

二、北宋籌組「宋金聯盟」

　　就當時北宋、遼國、金國三國情勢而言，金國最強、遼國次之，北宋最弱，如下表所示：

表六：金國、遼國、北宋三國實力強弱表

國　　別	實　力　強　弱
金　國	最強
遼　國	強
北　宋	弱

以北宋、遼國兩國相較，北宋乃堂堂華夏大國，卻因武力不盛常受遼國欺凌而倍感屈辱，因此北宋歷代君主皆以消滅遼國、恢復漢民族王朝光榮自許，

而北宋軍力弱於遼國，單獨對遼國開戰恐無勝算，為了能夠擊敗遼國、收復
燕雲，組織「聯盟」對北宋而言甚為需要。至於金國的態度與立場，首先是
貪圖北宋之歲幣。其次在軍力方面，金軍雖然數敗遼軍，但未損及遼軍精銳，
在宣和四年（1122）取遼國中京以前，金國尚未有充分的把握能單獨滅遼國，
與北宋締盟南北夾攻實有必要，如此一來，遼國陷入兩面作戰困境，需分兵
南北抵抗宋軍、金軍的進攻，金國因此對遼國擁有戰略優勢，而北宋也能減
輕來自遼國之壓力。最後是北宋的大國地位，金太祖雖然建立金國政權，但
國內仍處部落階段，北宋地大物博、文化進步，又是漢民族王朝，金國未知
北宋國力虛實前，對北宋仍具有一定程度的崇拜，故北宋遣使尋求聯盟，金
太祖自然深感受寵若驚被北宋如此之大國看重，之後何敢拒絕對雙方都有利
益的聯盟，於是在上述三種原因的考量下，「宋金聯盟」得以成熟實現。

　　「宋金聯盟」的構想發端，乃趙良嗣降北宋時獻「聯金攻遼、以收燕雲」
之策，由於他深知北宋君臣對收復燕雲十六州的深切盼望，因此向宋廷君臣
剖析北方戰略情勢，欲收復燕雲之地，唯有聯金國之力始能成功，《宋史・趙
良嗣傳》載：〔註47〕

> 趙良嗣，本燕人馬植，世為遼國大族，仕至光祿卿。……童貫出使，
> 道盧溝，植夜見其侍史，自言有滅燕之策，因得謁。童貫與語，大
> 奇之，載與歸，易姓名曰李良嗣。薦諸朝，即獻策曰：「女真恨遼人
> 切骨，天祚荒淫失道，本朝若遣使自登、萊涉海，結好女真，與之
> 相約攻遼，其國可圖也。」……帝（宋徽宗）嘉納之，賜姓趙氏，
> 以為秘書丞，圖燕之議自此始。

其實圖燕之議並非從趙良嗣開始，像宋太宗北伐遼國即是為了收復燕雲十六
州，收復燕雲失地一直是北宋百餘年一貫的國家目標，宋徽宗身為趙氏子孫，
自然也想完成收復燕雲的光榮使命，只是當時宋廷君臣並未想到聯合新興的
金國勢力，對遼國形成南北夾擊，故宋徽宗對「聯金攻遼、以收燕雲」之議
亦頗贊同。然而因有遼國的阻隔，北宋對金國的情況並未十分瞭解，於是為
了進一步瞭解金國情況，宋廷先於政和六年（1114）遣使以購馬名義渡海探虛
實，但是並未上岸與金國接觸。之後於重和元年（1118）再度遣使金國，此次
順利登岸並與金國君臣接觸，對北宋首倡聯盟合兵攻遼之議，受到金太祖善
意的回應，更遣使回報北宋，「使散覩如宋報聘，書曰：『所請之地，今當與

〔註47〕《宋史》卷472〈趙良嗣傳〉，頁13733～13734。

宋夾攻，得者有之。』」〔註48〕「宋金聯盟」的初步磋商成功後，正式談判隨即展開。宣和二年（1120）三月，宋廷仍以購馬為名遣趙良嗣出使金國，實際上是磋商夾攻遼國的詳細條款。從趙良嗣的《燕雲奉使錄》所記，此次談判結果頗為圓滿，主要內容如下：

1、北宋、金國聯盟夾攻遼國，金軍攻中京（熱河平泉縣東北）、宋軍取燕京（北京市）。

2、事成之後，燕京一帶漢地當歸北宋。

3、北宋允諾將以遼國歲幣舊數五十萬兩匹的銀絹與金國。

4、西京（雲州）等地，金太祖同意將天祚帝擒獲後再給北宋。

5、平、灤、營三州金太祖也允諾給北宋。

6、金軍由松亭直趨古北口，宋軍從雄州逕取白溝，兩路夾攻不得違約。

7、金軍不能過松亭關、古北口和榆關，任何一方不得單獨與遼國講和。

8、事成後得在榆關關市通商。

雙方對這些條款都甚為滿意，於是「宋金聯盟」正式成立。

圖十九：「宋金聯盟」對抗遼國

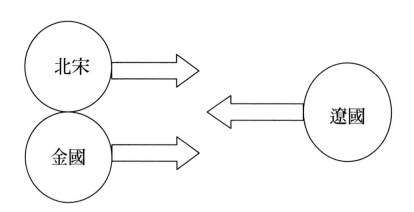

三、「宋金聯盟」與遼國之對抗

「宋金聯盟」成立後，與此同時，「遼夏聯盟」卻發生崩解，原因在於金國對遼國一連串的軍事攻擊，導致遼國統治階層發生分裂，遼國已非統一國家，遼國政權一分為三：一為天祚帝的殘遼，此為遼國法統所在；二為耶律

〔註48〕《金史》卷2〈太祖紀〉，頁30。

淳的北遼；三爲天祚帝次子梁王耶律雅里的西北遼。〔註 49〕遼國本身已自顧不暇，沒有餘力顧及西夏、吐蕃等盟國。對北宋而言，「宋金聯盟」成立，而遼國分裂、「遼夏聯盟」裂解，戰略情勢利於北宋，於是宋廷君臣把握這難得的戰略優勢，與金國聯合出兵夾擊遼國。

宣和四年（1122）四月，北宋與金國同時進軍遼國。北宋方面，宋廷以童貫爲河北、河東路宣撫使，以蔡攸爲河北、河東路宣撫副使，與种師道率領十萬大軍北伐，準備收復燕雲故地。童貫分兵部署各路進軍兵力，命种師道掩護各路諸將進兵。宋遼兩軍隔白溝河對峙，兩軍甫接戰，种師道之前軍即敗退，接著雙方主力會戰，宋軍再敗於白溝，兵士死傷甚眾，遼軍乘勝進攻，竄擾數日而去，童貫大敗而還。

宋軍整補休息兩個月後，六月時再度發動大規模攻勢，宋廷仍以童貫爲北伐統帥，同時爲了確保戰爭的勝利，宋徽宗發諸路兵二十萬會於三關。然而宋人百餘年懼遼心態並未因時間而降低，且宋軍戰力太差，又被遼軍用計切斷糧道，宋軍再嚐敗績。

金軍方面，在宋軍連敗之餘，金軍屢戰屢勝，且早於宣和四年（1122）正月攻破遼國中京，正等待宋軍攻取燕京，以完成聯盟的目標。不料宋軍兩次北伐都慘遭失敗，於是遣使請求金軍與宋軍會攻燕京，金國遂應北宋要求會攻燕京。

宣和四年（1122）十二月金軍攻入燕京，宋軍則無所進展。宋廷見燕京已被金軍佔領，遂於次年正月以趙良嗣爲使，攜宋徽宗親筆誓書至金軍大營，要求金國歸還所允諸地，並給歲幣帛絹五十萬兩匹。不料金太祖見宋軍勢弱，遂自食諾言不顧盟約，僅願意以燕京六州〔註 50〕給北宋，且平、灤、營三州不在此列，並向北宋苛刻勒索，除應得歲幣外，另燕京地區的稅賦亦須全歸金國，且松亭關由金兵屯戍，趙良嗣見金軍軍容壯盛，又無談判籌碼，只能無奈應允。〔註 51〕而金軍在撤離燕京時，更大肆搶掠，燕京民房十室九空，宋軍軍力不敵不敢阻攔，只有任金軍予取予求，北宋以萬千金帛僅是贖回了幾座空城而已。

〔註 49〕　參見《遼史》卷 30〈天祚帝紀〉，頁 352～354。
〔註 50〕　「六州謂薊、景、檀、順、琢、易也。」參見宇文懋昭，《大金國志校證》（北京：中華書局，2011 年 8 月）卷 2，紀年 2，〈太祖武元皇帝〉下，頁 26。
〔註 51〕　參見徐夢莘，《三朝北盟會編》（台北：文海出版社，1977 年 12 月）卷 12，〈金國書〉一～三，頁 90～91。

　　當北宋請求金軍會攻燕京時，已被金太祖窺破宋軍軍力低弱的事實。宋軍因戰力太弱無力收復燕京，只能求助於金軍，然後再以金帛誘贖回來，這可說是宋廷最大的錯誤決策，然當時宋廷大部分朝臣卻都贊成這項主張，既然童貫無法攻下燕京，唯有靠金軍力量，再以錢帛等利益與金國交換，同樣可以收復燕京，宋廷君臣此種靠人打仗的戰略思維，完全將國防弱點暴露在金國面前，不僅引狼入室，更助長金國侵略北宋的野心。

　　北宋倡「宋金聯盟」之戰略目的，乃欲消滅百年死敵遼國，然而武力太弱的結果，啓金國輕北宋之心，促成其南侵的動機。自「宋金聯盟」以來，宋軍兩度進攻燕京，卻幾乎全軍覆沒，暴露宋軍戰力低落之弱點，但是宋廷君臣又以恢復燕雲故地完成百年功業爲重，不得不向金國求援，因此使金太祖有機可趁，除依盟約應得之歲幣外，更向北宋大肆勒索。並在燕京地區大肆劫掠，擾亂民生，挑撥燕人對宋人的不滿，增加日後北宋治理的困難。接著又將燕京及附近諸城，各種防禦設施全部破壞，宋軍無法守備而金軍卻能進退自如。另外，平、灤、營三州是金太祖久欲取得之地，因上述地域具重要的戰略價值，故金太祖不肯將這些地方交予北宋。尤其是平州，乃金軍北返必經之道，若爲宋軍所佔，無異掐住金軍咽喉，故平州必須由金國控制。

　　其實就當時北方的戰略態勢而論，金軍雖佔領遼國之中、燕兩京，但遼國天祚帝的殘部仍在金國後方不時出沒竄擾，金國需防其從後襲擊，故金太祖擔心後方國防安全，且因興師過久，軍隊略顯疲憊，爲了保存實力及鞏固後防，遂決定班師北返。如果當時宋廷君臣能有居安思危之心，加強武備，將會有一番新的景象，可惜北宋朝野一貫苟和心態，均認爲宋金盟約既已簽訂，戰爭不會再起，於是只知歌功頌德、粉飾太平。而在新收復的燕京地區，治理的北宋官員將該處視爲佔領區，官吏貪贓枉法、駐軍軍紀敗壞，加上苛捐雜稅弄的民怨沸騰。上述情形金太祖自然知之甚詳，他知道宋軍的積弱、官吏的貪婪後，更增強其入侵北宋拓疆闢土的野心，因此整軍練武伺機而動，隨時尋找興兵口實，準備藉機挑起戰火。

　　宣和五年（1123）宋金兩國簽訂盟約中有條：「兩界側近人戶不得交侵，盜賊逃亡彼此無令停止，亦不得密切間諜，誘擾邊人。」〔註52〕的規定，但北宋竟不履行，接納金國叛將張覺。張覺乃降金遼人，據有平州，在「宋金

〔註52〕金少英校補、李慶善整理，《大金弔伐錄校補》（北京：中華書局，2001年10月）第23篇〈南宋誓書〉，頁74。

聯盟」合攻遼國時，遼國許多文武官員紛紛投降金國，張覺亦是其中之一。
宣和五年（1123）二月，金太祖「改平州爲南京，以張覺爲留守。」〔註53〕
四個月後，張覺以平州叛金降宋，《宋史・徽宗紀》載：「遼人張覺以平州來
附。」〔註54〕宋徽宗貪得平州，竟不顧宋金簽訂之盟約予以接納，並以張覺
爲平州節度使，顯然宋廷認爲不費吹灰之力能得到平州，較之遵守雙方盟誓
來的重要，即便開罪金國也在所不惜，宋廷君臣完全未考慮到一旦金軍來犯
之後果。果然金太祖聽聞北宋接納張覺後大怒，迫令北宋限期內交出張覺。
另外北宋答應給金國的歲幣，都不能如期送到，且品質一年不如一年，《三朝
北盟會編・陷燕錄記》載：〔註55〕

> 歲幣銀絹較之饋遺契丹者，幅數色額不逮遠甚，彼國漢兒蓋有收異
> 日契丹所得錦者，是所以不可欺也。

金太祖對北宋收納張覺及歲幣品質不佳早己心生不滿，但未立即用兵北宋實
因遼國殘餘勢力未清，若進軍北宋恐遼國殘餘勢力無法完全肅清，甚至趁機
坐大，故金太祖的戰略方針是先剿滅遼國殘餘勢力後再用兵北宋。

　　金太宗即位後，承繼金太祖的戰略方針，爲避免遼國死灰復燃，仍以剿
滅遼國殘餘勢力爲優先。而以天祚帝爲首的殘餘勢力，在金軍四處征討下，
天祚帝終於力竭降金。金太宗在清除遼國殘餘勢力後，決心全力對付北宋。
宣和七年（1125）十月，金太宗下詔伐宋，金國南征大軍分兩路進攻北宋，攻
勢甚猛，戰力、鬥志皆略遜一籌的宋軍節節敗退，金軍長驅直入包圍汴京，
宋徽宗大懼，遂讓位宋欽宗。然面對汴京之圍，宋廷君臣已習於苟安且無計
可施，遂在一貫的買和心態下，再次花費大量錢帛買和，並割太原（山西太
原）、中山（河北定縣）、河間（河北河間縣）三鎮，金軍始北返。然而金人
的慾望並沒有因此而得到滿足，靖康元年（1126）八月，金軍再次大舉南下，
次年二月汴京城陷，此次再多的金銀歲幣也無法阻擋金太宗滅宋的決心，宋
徽宗、宋欽宗二帝被擄至金國，北宋滅亡。

四、「宋金聯盟」之檢討

　　金國的興起破壞了北宋與遼國的權力平衡，金國之實力大於北宋、遼國，

〔註53〕《金史》卷2〈太祖紀〉，頁40。
〔註54〕《宋史》卷22〈徽宗紀〉四，頁785。
〔註55〕《三朝北盟會編》卷24〈陷燕錄記〉三，頁169～170。

而金國和遼國有直接衝突，北宋在金國和遼國之間為收復燕雲選擇和金國聯盟，依遼國實力自不可能和「宋金聯盟」對抗，終致滅亡。宋遼對抗遂轉為宋金對抗，然最後北宋亦遭金國所滅。就當時宋遼金三國實力而言，北宋追求權力平衡應選遼國為盟友，力量較弱之宋遼二國聯合抗金始能維持宋遼金三國權力平衡，「宋金聯盟」結果導致三國間權力失衡。若北宋依唇亡齒寒觀點選擇遼國為盟友共同對抗金國，北宋與遼國之國祚當可延長一段時間，可惜宋廷君臣之戰略思考在恢復燕雲及一吐百年來遭遼國欺壓之怨氣，於是在選擇和金國聯盟同時，亦注定了北宋、遼國之命運。

圖二十：「宋金聯盟」之運作過程

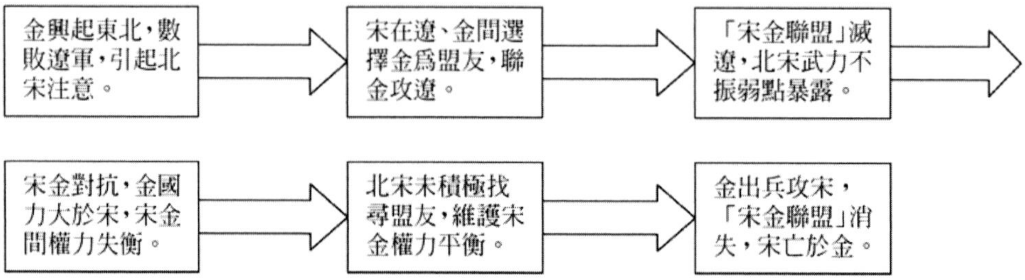

金興起東北，數敗遼軍，引起北宋注意。	→	宋在遼、金間選擇金為盟友，聯金攻遼。	→	「宋金聯盟」滅遼，北宋武力不振弱點暴露。	→
宋金對抗，金國力大於宋，宋金間權力失衡。	→	北宋未積極找尋盟友，維護宋金權力平衡。	→	金出兵攻宋，「宋金聯盟」消失，宋亡於金。	

小　結

　　「宋金聯盟」造成北宋淪亡實為宋廷君臣始料未及，北宋之所以要與金國組成聯盟，實基於兩大理由：一是顧慮到各國的權力平衡；一是收復燕雲失地的長期國家目標。遼國與西夏長期的親密關係，對北宋的威脅一日未曾稍減，北宋遂積極連好吐蕃以資對抗，不料宋哲宗、宋徽宗時對吐蕃的政策失當，使吐蕃叛歸西夏。宋廷君臣面對這種局勢甚感憂慮，因為在天秤兩端，與北宋為敵的遼國、西夏、吐蕃，其力量總和己遠遠大於北宋，在北宋這端愈形孤立，故急思對外尋求盟友，再次追求權力平衡。此時金國興起於東北，數敗遼軍，而遼國內部政治紛擾，軍隊戰力減退，遼國被金國所滅不過遲早而已。

　　收復燕雲一直是北宋君臣的國家目標，燕雲問題與北宋相始終，自宋太祖建立北宋政權始，歷代北宋君王無一不以收復燕雲洗刷國恥為奮鬥目標，即便如宋徽宗等平庸之主，又何嘗能忘記祖宗念茲在茲的國策。況且北宋長期以來遭受遼國欺凌，如宋太宗為收復燕雲北伐遼國大敗，乃後代北宋君臣

無法磨滅之恥；又如宋眞宗時與之訂立屈辱的澶淵之盟，兩國約爲兄弟，北宋竟然要向少數民族的遼國輸歲幣，漢民族王朝的上國尊嚴盡失。雖然自澶淵之盟後，宋遼表面上敦睦友好，但實際上遼軍屢屢侵邊犯塞，遼國仍不時乘隙向北宋恐嚇勒索，上述種種皆令宋人難堪，因此若「聯金滅遼」，不但爲北宋雪恥之良機，更能創造收復燕雲失地之不世功業，正是一舉兩得，而這也是宋徽宗及其朝臣決定「聯金滅遼」的戰略思維。

北宋與遼國乃百年世仇，與新興的金國並無仇怨，而宋廷君臣亦無深遠的戰略眼光，能洞燭機先看到遼國被滅後，金國將取代遼國成爲北宋的北方大敵，於是在上述種種因素交織下，北宋選擇與金國組織聯盟，「聯金滅遼」實爲考量其利益下的戰略決策，因此在「聯遼抗金」、「聯金滅遼」間，北宋選擇了「聯金滅遼」，不僅是爲了維持各國權力平衡，同時也是爲了收復燕雲國家目標的早日實現。

「宋金聯盟」乃傳統漢民族王朝「以夷制夷」政策之用，其本身亦是權力平衡之運用，此項權力平衡政策，設想非常好，北宋之所以運作失敗，乃因本身力量過於積弱。在國際政治舞台上，必須以軍事實力爲後盾，軍事配合外交運用，才能獲致最大的成功，欲完全依賴他人坐享其成，結果當然是自取滅亡。由於北宋武力太弱，兵不堪戰，進退之間皆無法保全，王夫之曾云：〔註56〕

> 然則夾攻也，援遼也，靜鎮也，三者俱無以自全，蓋宋至是而求免
> 於女眞也，難矣。

這正說明了北宋「聯金滅遼」、「聯遼抗金」、或是採取中立以求自保，皆無法保全。

西元十二世紀初，北宋、遼國、西夏傳國皆有百年以上，暮氣漸深，國力皆不如初建國時的強盛，屬勉強維持平衡的時期。金國的興起，給予宋遼兩國莫大的衝擊。北宋在追求權力平衡的過程中，聯金以自固，原無可厚非，還可完成收復燕雲的國家目標。但是由於金國太過強盛，使勉強維持平衡的均勢受到破壞，加上北宋不斷背盟棄約。首先是撕毀澶淵盟約，出兵伐遼，由此點來看，維繫宋遼百餘年的澶淵盟約被北宋所撕，北宋首先背上了不義的罪名。接著在滅遼國後，對金國的盟約又不確實遵行，導致金人侵宋。若是遼國亡後，北宋能信守對金國盟約，使北宋北方戰線由宋遼對峙轉爲宋金

〔註56〕王夫之，《宋論》（台北：里仁書局，1981年10月）卷8〈徽宗〉，頁150。

對峙，宋金談判出現新的澶淵盟約並非不無可能。然而宋廷君臣卻習於苟安欠缺憂患意識，在宋金對峙初期，金國的實力遠大於北宋，北宋並未如以往找尋新盟友為維持權力平衡而努力。此時雖遼國已滅，但耶律大石的西遼仍有一隅之地為延續遼國國祚而努力，北宋若能結合西遼，兩者皆有共同的敵人金國，有相同的利益在，相信必能結盟；而西夏也已請和一段時間，若再能改變對吐蕃的政策，收納吐蕃，由北宋主其事，聯合西遼、西夏、吐蕃組成「反金聯盟」，在這種戰略情勢下，相信北宋可以對抗金國一段時間，只可惜宋廷放棄了維持平衡的努力。而十二世紀初東亞的權力平衡因金國的興起而受到了破壞，此時的東亞成了平衡破壞時期，各國唯有經過戰爭整合，再次尋求平衡，進入一個新平衡時期。

戰略的目的在求長治久安，戰略的法則在求持盈保泰，必須在力與勢的均衡下，始能達到這種要求，北宋便是在力不足的情況下，對外組織聯盟以增強自己的實力，但是並不能抵消北宋國力太弱的弱點，最後亡於金國之手，由此可知，要維護生存利益，唯要依靠自己最可靠，增強自身實力，才是安全之道。

結　論

　　北宋在漢民族大一統王朝裡乃為一特殊朝代，無法征服遼國、西夏等少數民族，其國力與漢、唐頗有差距，始終無法創造如漢、唐般輝煌的盛世，何以如此？此可從北宋歷史發展的內在與外在，探討其與遼國、西夏的戰略關係。余英時在《歷史與思想》一書中曾論及西方歷史學家柯林烏（R. G. Collingwood）揭示觀察歷史時應採取的方法：[註1]

> 　　（柯林烏）認為歷史家在研討任何過去的事件時，對於該事件都採取外在性與內在性的兩面看法，所謂「外在性」便是一事件的物質狀態。……「內在性」則是一事件中人之思想狀態。……歷史家決不能只注意一方面，而必須雙方兼顧。因此柯氏認為歷史家所探討的不是單純的事件，而是行動，行動是一事件外在性與內在性的統一。

由柯氏觀察歷史之途徑考察北宋與遼國、西夏的戰略關係，其外在性，乃是國際環境的嚴峻，不僅有北宋創建前已有東亞第一強權的遼國雄峙其北方，西方的西夏亦屢屢犯邊，北宋外在性所處之國際環境可謂充滿挑戰與威脅。至於內在性，則是國家戰略的保守，以及主政者消極防禦的戰略認知，欠缺大格局眼光，僅以苟安為滿足。在上述內在性與外在性兩者的交互作用下，構成北宋與遼國、西夏戰略關係的特殊面貌，北宋無法消滅遼國、西夏等外患，只能與其並存於東亞大陸。

〔註1〕余英時，《歷史與思想》（台北：聯經出版事業公司，1976 年 9 月），頁 227。

　　本書係針對北宋與遼、西夏戰略關係之研究，經由歷史驗證，以三邊分析爲基礎，透過權力平衡觀點探討戰略之性質，因此結論將從戰略關係、權力平衡兩大範疇闡明北宋與遼、西夏在戰略上的涵義及型態。首先，在戰略關係此一範疇裡，分別以北宋的國家戰略設計及北宋君臣的戰略認知予以說明。

一、北宋的國家戰略設計

　　北宋的國家戰略主要是以「防內」爲設計主軸，防內重於防外，著重在防止內亂與內變，此乃歷史因素使然。宋太祖生逢五代亂世，對唐末五代地方藩鎮擁兵自重不聽中央號令，甚至出兵爲患中央，心中必然有深切體悟，且自己是由軍士擁立，爲了制止軍士動輒擁立君主的惡習，及制裁地方藩鎮的擁兵自重，在創建北宋政權後，厲行中央集權，對軍權掌握相當嚴密。首先是文武柄的分持，宰相由文臣出任，不得與聞兵事，國防兵事由樞密院執掌，在文武權力無法合一由一人獨掌情況下，將相專權程度自然降到最低。

　　其次是軍事大政雖統歸樞密院，但宋太祖進一步使握兵權與調兵權分離，〔註 2〕類似臺灣在國防二法實施前國防部長掌軍政、參謀總長掌軍令情形。北宋由樞密院掌軍政，而軍令則由禁軍將領執掌。換言之，樞密院掌握軍隊的調動，而禁軍將領負責軍隊的訓練，同時樞密院將軍隊調至各地輪番屯戍後，即由當地將領接管指揮權。宋太祖透過這套制度設計，雖達到兵不爲將有之目的，因將領無法長期統率相同軍隊，自然無法發動兵變，卻也產生將不知兵、兵不識將，「兵將不相知」的負面影響。

　　兵將無法相知的軍隊不僅會減低戰力，且在戰場上因將領無法知悉兵士長處而編派適當任務；兵士也不知將領的企圖與心思，在上下不相知情況下，欲在戰場上克敵致勝難度頗高。此外，中央禁軍輪番屯戍地方的規定，在戰時、平時都有可議之處。平時，北宋軍隊中最精銳的禁軍，在全國各地南北奔走，不僅減少訓練時間影響戰力，對國家財政的損耗也頗爲巨大。戰時，例如在北宋中、後期對西夏長期用兵，必須在西疆沿邊部署大量軍隊，這些軍隊自然無法調至其他地區屯戍，禁軍輪番屯戍地方的制度因而破壞無遺。綜合言之，北宋這種防內的戰略設計，對穩定趙宋皇帝統治而言相當成功，

〔註 2〕握兵權與調兵權詞句，可參見林瑞翰，《宋代政治史》（台北：正中書局，1989年 7 月），頁 7。

卻也導致軍隊軍力不振，對遼國、西夏戰爭屢嘗敗績，可見此種國家戰略對整體國力的提升並沒有幫助。

　　都城乃天子所在，為一朝的政治中心，中國歷朝莫不對都城防務甚為重視，北宋亦然。宋太祖創建北宋定都汴京時，對如何拱衛汴京城投注的心力，實超越歷代開國君王，究其原因乃源於五代亂象。宋太祖鞏固首都地區的戰略觀念，實因五代不僅戰亂頻繁，且驕兵悍將不服中央，地方藩鎮對朝廷指令偶有不滿，動輒興兵進攻都城威脅朝廷，更甚者直接攻入都城推翻本朝另建新朝。宋太祖對此情形知之甚詳，他自己亦是透過軍士擁立後，回師後周都城滅之，因此也害怕他人仿效，故對如何鞏固汴京城，有其一套戰略部署，即「內重外輕」的戰略格局。首先，宋太祖採「強幹弱枝」的兵力部署，精銳的中央禁軍配置在都城附近，形成汴京防衛圈，防衛圈內的各地禁軍形成對汴京的拱衛態勢。其次，地方上僅有老弱的廂軍，年齡大、作戰能力低，無法和汴京防衛圈內的禁軍對抗，因此僅憑地方廂軍的老弱殘兵，攻入汴京已極其困難，遑論滅北宋改朝換代，而從北宋全朝沒有藩鎮之禍觀之，宋太祖「強幹弱枝」、「內重外輕」的兵力部署與戰略格局，確實發揮相當大的功效。

　　然而，一項制度往往有正反兩面，雖能矯正欲防止之弊端，不料卻衍生其他負面影響。由於北宋的國家戰略設計呈現「內重外輕」的戰略形勢，致使地方無強大兵力，面對外寇入侵時，往往無力抵抗，尤其是與遼國、西夏交界的軍事重鎮。宋廷對邊關防守的戰略作為是先命當地駐軍先行防禦，再由中央遣將率禁軍馳援。此種戰略作為通常產生兩種結果：一是地方軍隊戰鬥能力低弱，常無法抵禦敵軍進攻，在中央禁軍尚未到達時，城鎮要塞早被攻陷或遭劇烈破壞；另一是禁軍雖趕赴邊關禦敵，但邊疆地區往往與北宋中央距離遙遠，禁軍經過短時間長距離的行軍後，戰力已嚴重耗損，早已無餘力可抗敵。

　　北宋中期開始用兵西夏後，開始嚐到上述戰略設計的苦果，於是開始做部分改變。首先，不再由宋廷遣中央禁軍赴邊關與西夏作戰，而是在與西夏沿邊的軍事重鎮駐守大量精銳部隊，代之以無作戰能力的廂軍，於是與西夏作戰的宋軍，即由中央軍的性質轉變為地方部隊，但此地方部隊與老弱的地方廂軍又不同，而是由作戰能力強的禁軍擔任。其次，由於北宋軍隊完全統馭權操之於宋廷中央，前線領兵將領權責有限，故常發生宋廷不知前線戰況，

無法下達正確的戰略戰術而導致敗績，故開始賦予將領專責兵權，對當面敵情作判斷指揮部隊進行各項攻擊或防禦行動，而非事事等候宋廷指示。此外，為改善以往將不知兵、兵不識將的弊病，也讓將領長期帶領部隊駐守邊關，與兵士生活、訓練均在一起，培養革命情感使兵將相知，俾使在作戰時能發揮最大戰力。

宋廷雖然一定程度釋出兵權給前線帶兵將領，也強化兵將相知的袍澤之情，但對於軍人兵權過大的弊端仍然有所防範。在「強幹弱枝」的兵力配置原則下，地方軍隊不能大於中央禁軍，如此宋廷才能憑藉中央禁軍防制地方的兵變，以維持趙宋皇朝的統治。於是在西夏邊境駐軍愈來愈多的同時，禁軍的員額也必須增加，以便維持中央禁軍對地方軍隊數量上之優勢，於是中央禁軍愈增愈多，造成冗兵充斥，軍費、軍餉支出不斷上升，形成北宋財政沈重的負擔，而這問題與北宋實施的募兵制有很大的關係。

徵兵制乃一強制性兵役措施，全民皆兵，百姓沒有否定的權利，而募兵制則是聽從自由意願，故兵源不易控制，尤其每遇荒年時，百姓為了餬口飯吃，便應募從軍，因在軍隊中能滿足最起碼的生理需求。至於宋廷，遇災荒時也常以募兵為賑濟工具，發飢民、災民為兵，這些人從軍皆是以解決生理問題為主，對各項戰鬥、戰技訓練常無法全心投入，貪生怕死者有之、畏苦怕難者有之，故逃兵問題屢見不鮮，而宋廷又始終拿不出積極辦法防制，逃兵所缺員額只能再募新兵補充，遂成惡性循環。此外，宋廷也未設計一套完善的退役制度，讓士兵晚年生活得到最起碼之照顧，也是逃兵問題無法解決的一大因素。

北宋軍制採募兵，故士兵素質參差不一，軍紀敗壞時有所聞，如此軍隊不擾民已屬萬幸，遑論保家衛國甚至克敵致勝。其實北宋多位大臣如韓琦、范仲淹等人，對冗兵、逃兵、鉅額軍費等募兵制之弊端，曾倡議採行如唐代之府兵制，以全面徵兵寓兵於農，如此國家不用耗鉅資養兵，然終因牽涉太廣、影響層面過鉅，附和者寡，加上得不到君主與其餘大臣支持，徵兵制終究難以實施，而冗兵問題也與北宋相始終。

北宋國家戰略設計始終圍繞在防止內部動亂與軍人擅權兩大主軸，雖然此國家戰略設計由宋太祖開其端，然歷代君主均能創建自己的國家戰略，不一定要遵循宋太祖的戰略思維，但事實上趙氏子孫均將宋太祖防內重於防外的戰略思維奉為圭臬，即便有宋神宗欲變法圖強對軍事與兵制加以改革，終

究功敗垂成無法撼動此戰略思維。而北宋一朝亦在此種「防內」的國家戰略指導下，爲了防止軍人擅權故重用文人，雖文風鼎盛卻也造成重文輕武現象，且由文人領軍作戰，不僅常以文人眼光看待兵戎之事，且缺乏實戰經驗，更缺乏武人果斷決心與貫徹到底的執行力，對遼國、西夏戰事常遭敗績也不足爲奇。領軍的文人將領有上述缺失，其所統率的北宋軍隊亦有募兵、冗兵、軍費龐大等弊端，在北宋武裝力量的上層與基層皆有所束縛與牽制情況下，加上國家戰略的防內思維，使北宋軍隊對遼國、西夏作戰時，常失卻戰略先機，無法取得主動。尤其是西夏，以一西陲小國，竟能與北宋周旋百餘年，而且以打打談談的和戰兩手策略，嚴重消耗北宋國力，這不得不歸咎於北宋國家戰略的迷失，而北宋歷代君主墨守成規，喪失積極進取與改革的精神，不願因應新的戰略環境與戰略形勢擘建新的國家戰略，則要承擔國家戰略迷失的大部分責任。

二、北宋的戰略認知

　　所謂北宋的戰略認知，指的是決策階層的戰略認知，而宋廷的決策階層則是由其君主與朝臣組成。從宋廷制訂戰略與執行戰略的過程中，可以發現戰略認知在其中扮演微妙且具關鍵性的角色，這些戰略認知無論是正確或謬誤，都具有強烈主觀之特性。宋廷君臣的戰略認知可分三方面，一爲收復燕雲十六州；二爲漢民族王朝的優越感；三爲維護趙宋王朝的永續統治，現將這三方面戰略認知分述如後。

（一）收復燕雲十六州

　　燕雲十六州自後晉石敬瑭割予遼國後，漢民族王朝的北方門戶洞開，尤其此地乃北方戰略要地，若無法佔有燕雲十六州，北疆將無險可守，對國防安全威脅甚鉅，因此自石敬瑭以降的後漢、後周、北宋等歷代漢民族王朝君王，莫不將收復燕雲視爲職志。如後周世宗銳意北伐，即是爲了完成此一戰略目標，可惜英年早逝。宋太祖建立北宋後，如能承襲後周世宗遺志趁國力鼎盛之際持續北伐，將有極佳之戰略時機收復燕雲。然而宋太祖面臨兩大戰略問題需作決斷，一爲北伐收復燕雲；另一爲消滅南方各割據政權完成統一大業，換言之，即「先南後北」或「先北後南」的戰略選擇。

　　宋太祖的戰略思考是爲避免北宋成爲五代另一個短命的朝代，因當時遼

國乃東亞第一強國，與其正面衝突未有必勝把握，如果與遼國作戰失利，不免折損宋太祖威望，若有其他軍事強人崛起，再度發動兵變取宋太祖而代之，北宋勢必淪為另一個短命的五代王朝。宋太祖維持北宋的生存乃首要之務，故採穩紮穩打的持重戰略，先南後北平定南方各割據政權，待全國統一後再揮師北伐收復燕雲。宋太祖先南後北的戰略選擇不可謂全錯，但歷史的思考可用不同面向觀察，吾人不妨用先北後南的戰略思考。一般而言，一個王朝國勢最強時期大多在開國時，北宋亦不例外，宋太祖乃開國君主，其在位期間正是北宋國力鼎盛時期，相較之下，遼國正是昏庸暴虐的遼穆宗在位，宋太祖與遼穆宗共有九年同時在位，即建隆元年至開寶二年（960～969），而這九年乃遼國國勢較弱時期，宋太祖並未趁此對北宋有利的戰略時機北伐遼國收復燕雲，以致錯失收復燕雲最有利的時機，因開寶二年（969）遼景宗繼位，較遼穆宗英明不少，故國力逐漸恢復，此後遼國國勢一直強於北宋，直至遼國末代君主天祚帝在位時，國勢逐漸衰頹，但北宋一樣逐漸積弱，亦無力北伐收復燕雲。若宋太祖能採先北後南戰略，趁開國國勢鼎盛之際北伐收復燕雲，北宋或有可能繼漢、唐之後再度創造漢民族王朝的盛世，惜宋太祖不此之途，以致錯失再造漢唐盛世之良機。

自宋太祖起恢復燕雲的戰略認知成為每位北宋君主的神聖使命，雖然宋太祖沒有把握開國國勢鼎盛的機會北伐燕雲，但歷朝宋廷君臣無時無刻不在尋覓戰略時機。而女真的興起，不僅數敗遼軍更建立政權，國號金，且遼國正逢昏弱不圖振作的天祚帝在位，國勢大減，北宋歷經百餘年的等待，終於等到第二次機會，以宋徽宗為首的宋廷君臣當然不會放棄此良機，遂決定與女真結盟南北聯軍夾攻遼國。

北宋對「聯金滅遼」的戰略認知過於主觀，缺乏客觀的戰略分析，由於人的認知充滿主觀特質，所以人的好惡便成為制訂戰略的主要因素，而宋廷君臣亦是如此。北宋因長期受遼國壓迫，亟欲除之而後快，對於金國興起，北宋君臣大為振奮，因此宋廷從上到下、自內而外，都一致認為「聯金滅遼」乃當時最正確之戰略，殊不知宋廷君臣已落入人的主觀束縛中。事實上，若能輔以客觀的戰略認知分析，遼國國勢雖弱，但北宋更弱，宋徽宗君臣未能認識此客觀事實，或是有認識但刻意忽略，一旦滅了遼國，北宋與金國成為直接對抗態勢，金國實力較遼國強，而北宋實力弱於遼國，故北宋實力遠弱於金國，屆時北宋如何遏止金國南侵。據歷史發展觀之，宋徽宗君臣對此未

有深刻體認，以致「聯金滅遼」戰略實施後，不僅燕雲十六州未能全部收復，北宋更亡於金國，可見宋徽宗君臣未能認清自身實力不足，加上缺乏客觀戰略認知，不僅原先收復燕雲的戰略目標未達成，也導致北宋為金國所滅，造成漢民族王朝偏安南方與金國南北對立的政治事實。

（二）漢民族王朝的優越感

中國歷代漢民族王朝一向以天朝上國自居，對周遭少數民族均以蠻夷視之，此乃漢民族主體為農業民族，又位在中原地區，有較高的文明與文化，其他少數民族之文明與文化落後中原農業民族遠甚。此外，農業民族有高水準的手工藝，這些又是其他少數民族特別是遊牧民族無法自行生產製作，少數民族如欲獲得這些手工藝品即需有求於漢民族，因此歷代漢民族王朝均以高人一等姿態看待其他少數民族。

歷代漢民族王朝和周遭少數民族存在朝貢與冊封關係，只要少數民族向漢民族王朝稱臣納貢，接受漢民族王朝君王的冊封，則此少數民族可獲得漢民族王朝的大量賞賜。此種朝貢冊封關係建立在漢民族王朝高高在上的姿態上，其餘少數民族必須臣服於漢民族王朝之下。北宋作為漢民族的統一王朝，自然承襲這種唯我獨尊的傳統認知，是故對待遼國、西夏態度上，自然視之為蠻夷戎狄，不可能與其平等論交。然而在宋太宗北伐遼國失敗後，令宋廷君臣體會殘酷事實，北宋國力實不如遼國，北宋作為漢民族統一王朝，聲威亦無法與漢、唐遠征塞北擊敗匈奴、突厥相比，故宋廷君臣迫於國際現實，只能承認遼國的國際地位，和遼國外交及各項交涉，均採國與國對等的模式辦理。

至於西夏，由於其國力不如北宋，實無法給予北宋生存威脅，因此北宋看待西夏，擺出傳統漢民族王朝的尊榮，要求西夏稱臣納貢，對於西夏的入侵，也不願和遼國一樣先以談判、協商解決，而是展現漢民族王朝的優越感，多次大軍征討，企圖以武力解決與西夏的衝突。而在李元昊連年與北宋戰爭漸感困窘遂向北宋上表請和時，北宋在乎的是李元昊稱男而不稱臣，可見宋廷君臣對西夏執著於傳統漢民族王朝的尊嚴，雖然最終李元昊妥協稱臣，北宋卻耗費無數歲幣賞賜，才換得西夏名義上的臣服。

由於宋廷君臣充滿漢民族王朝傳統的戰略認知，嚴重影響對西夏戰略方向的制訂，若能轉換角度思考，如果宋廷君臣能對西夏和對遼國一樣彈性處理，以國與國平等地位待之，而非朝貢與冊封姿態，再發揮農業民族特性，

以各項物資滿足西夏需求，進而與西夏達成軍事同盟，西夏或許有可能與北宋結成聯盟，在北宋與遼國衝突時，北宋可令西夏出兵牽制遼國側背，對遼國形成圍攻態勢，如此一來，遼國受宋夏聯軍攻擊，威脅不可謂不大，一旦遼國被滅，北宋對西夏則如探囊取物，西夏問題將可迎刃而解。可惜宋廷君臣仍堅持維護漢民族王朝的尊嚴與光榮，不肯賦予西夏平等地位，導致遼國利用北宋與西夏間的矛盾，不僅積極拉攏西夏更與其聯姻，使遼國與西夏同盟共同對抗北宋，形成對北宋的包圍，造成北宋長期處在生存危機中，這毋寧是宋廷君臣對漢民族王朝優越感過於堅持導致之後果，綜上可知，錯誤的戰略認知對戰略的制訂與執行有極大的影響，甚至是戰略與政策成敗的關鍵。

相較於北宋對漢民族王朝尊嚴的堅持，在農業民族對少數民族特別是遊牧民族的經濟優勢，北宋的戰略認知較為正確，其經濟戰略運用也頗為成功。遊牧民族受限於氣候及土地等因素，只能大量生產單一或少數幾種牲畜，他們極度缺乏農產品與手工藝品，而這些是以農業生產為主要經濟模式的漢民族強項，因此遊牧民族有向漢民族取得農產品和手工藝品的需要。然而漢民族對遊牧民族的牲畜或畜產品卻無必然的需要，因漢民族自給自足早已足矣，於是在經貿需求方面，漢民族居絕對有利之地位。而北宋能發揮此戰略認知，在軍事失利之餘，適時輔以經濟戰略，但對於遼國與西夏，北宋對兩國的經濟戰略並不同。

北宋對遼國的經濟戰略，由於雙方都信守澶淵盟約，遼國不需以武力掠奪農產品與手工藝品，兩國通過邊境的榷場進行自由貿易，充分發揮漢民族與遊牧民族互通有無的和平貿易功能。至於西夏則不然，宋夏長期戰爭中，雙方談談打打，有時出現和平、有時又是交戰狀態，但北宋始終無法徹底降服西夏，故適時發揮經濟優勢實施經濟戰略，便成為北宋對付西夏的經濟武器。由於西夏經濟型態以遊牧生活為主體，境內能進行農業生產的地方極少，不向漢民族有廣大的農耕區，故西夏對北宋的農產品與手工藝品有迫切需要，相反地，北宋對西夏的各項畜產品並無必然的需求。是故北宋在軍事挫敗時，為了懲罰西夏，常會關閉榷場貿易，如此一來，西夏所受經濟傷害遠大於北宋，此舉可謂充分發揮漢民族經濟優勢，在軍事失利時輔以經濟制裁，不僅能打擊西夏經濟實力，進而影響其軍事行動進行，更可挽回北宋漢民族王朝的尊嚴。

綜上所述，基於北宋對自我經濟優勢的正確戰略認知，其採行之經濟戰

略確實達到對西夏打擊的效果，因西夏每每在北宋宣布關閉榷場後，未久即感到難以支撐，遂上表請和並要求重開榷場恢復宋夏貿易，故可言之，經濟戰略雖不一定能決定整體成敗，但經濟戰略與其餘戰略間特別是軍事戰略，確實存在相輔相成的互補關係。

（三）維護趙宋王朝的永續統治

北宋歷代君主都有一項共同的戰略認知，即維護北宋王朝趙氏子孫的永續統治，這在漢民族王朝皆是如此實不足爲奇，但與漢、唐等大一統的漢民族王朝相較，北宋武功始終無法上追漢、唐，其弊在於爲了維護趙宋王朝的統治，犧牲國家武力的組成與配置。眾所周知，募兵制兵源素質較徵兵制差，宋太祖應在此部分強化戰力以健全國家武力，詎料宋太祖卻反其道而行，反而爲矯藩鎮爲禍中央及驕兵悍將之弊，在建置國家武力時，更以「強幹弱枝」的兵力配置及「內重外輕」的戰略格局，將國家精銳武力掌握在趙宋皇室手中，如此一來即不怕地方反抗中央或將領兵變滅亡趙宋政權，然其負面影響是國家武力虛弱，無法降服遼國、西夏等少數民族。

凡事皆有一體兩面，水能載舟、亦能覆舟，宋廷中央雖掌握全國精銳武力，使北宋沒有將領兵變或藩鎮之禍，但地方無足夠武力應付外患，使遼國、西夏的威脅始終存在。而一個王朝的歷史發展，如開國君主的戰略認知，在歷經數代君主傳承後，若發覺對國家有負面傷害，後代子孫實可加以改變，朝國家最有利的方向改變，則不失爲對王朝的歷史發展有正面助益。然自宋太祖之後的北宋歷代君主，均延續宋太祖的戰略認知且奉爲祖宗聖訓，即便如宋神宗雄心大志欲加以改變，最終亦功敗垂成，可見宋太祖爲維護趙宋王朝的永續統治，對國家武力組成與配置的苦心擘畫，終北宋一朝未曾改變。

其實人的戰略認知並非一成不變，即便同樣一個人，在不同的時間面對不同的戰略環境都要尋求改變，何況是傳諸後代子孫，也由於封建王朝對開國君主有無比莫名的崇敬，故宋太祖的戰略認知，其後世君王自然不可能輕易變動，這些後世君王怯於改變的結果，使國家終年飽受外族的欺凌。而宋太祖維護趙宋王朝永續統治的戰略認知，只考慮防內未考慮防外，雖然地方或將領沒有武力可以對抗中央，的確可以確保趙宋王朝統治，因此就防內而言，宋太祖的戰略認知相當成功。然成功防內卻無法防外，顧此失彼結果，使國家武力不盛，無法抵禦外族的入侵，從北宋亡於金國之結果，足可驗證宋太祖未思考維護趙宋王朝統治，其敵人亦有可能來自外面而非內部。

三、北宋權力平衡的運作

　　自權力平衡範疇觀之，北宋、遼國、西夏三國中，北宋積極努力尋求權力平衡製造均勢，同樣也不斷在破壞平衡。在前述各章節的研究中，吾人可將北宋追求權力平衡的過程分為三個時期：「遼夏聯盟形成前」、「遼夏聯盟時期」、「金國的加入」，三個時期北宋權力平衡之運作，分述如下：

（一）遼夏聯盟形成前

　　在遼夏聯盟形成前有兩件破壞各國平衡之事值得注意，首先為宋太宗消滅北漢完成北宋統一，北漢依遼國為奧援與北宋對抗，成為北宋統一大業中最後一個割據政權。北宋與遼國此時未有正面衝突，北漢這個緩衝國佔了很大因素。

　　宋太宗進行攻滅北漢戰爭時，因西夏與北漢夙有積怨，故西夏出兵助北宋，而遼國則出兵助北漢，遂形成然宋夏聯軍與遼漢聯軍的對抗，然雙方之聯軍在戰略目標和戰略目的上都有不小差異。北宋與西夏基本上無法構成聯盟的條件，北宋進行對北漢的軍事行動，戰略目的在追求全國統一，戰略目標有二：北漢與遼國，但西夏的戰略目的僅在打擊北漢，戰略目標只有北漢，並不願和遼國發生軍事衝突，易言之，北宋和西夏是站在對抗北漢同一陣線上，而西夏則不然，因其不願與遼國衝突，故夏軍僅能協助宋軍進攻北漢，對宋軍和遼軍的戰鬥則保持不願介入態度。

　　至於遼國和北漢的聯盟態勢又不一樣，他們之間有共同的利益，即保持北漢的獨立，而破壞北漢獨立的北宋和西夏，即成為遼國與北漢的共同敵人。北宋欲消滅北漢統一全國；西夏和北漢則有舊怨，欲趁北宋進攻北漢時趁機報復，故可言北宋、西夏皆視北漢為當面之敵。至於遼國對北宋、西夏而言則有不同，遼國與北宋為敵乃無庸置疑，因北宋要討平北漢；遼國欲維持北漢獨立，兩者戰略目的南轅北轍。遼國與西夏間則充滿微妙因素，西夏基本上不願與遼國衝突，如果西夏的出兵已妨礙到北漢的生存利益時，遼國當然會把兵鋒轉向西夏，將西夏與北宋一樣視為交戰之敵。

　　宋太宗攻滅北漢後，西夏因北漢已亡，無須再與北宋聯軍，自然撤軍南返。然北宋與遼國的衝突並未消失，因北漢成為北宋與遼國間的緩衝因素消失，北宋與遼國成為直接對抗態勢，隨時可能爆發戰爭。而宋太宗正欲利用消滅北漢之際順勢北伐遼國，其戰略目的在收復燕雲十六州，不料卻遭到挫

敗。北宋與遼國在初期並未出現直接對抗的態勢，兩國皆是藉由第三國北漢進行權力的對抗，宋遼間維持平衡，而宋太宗滅亡北漢導致平衡遭破壞，遂造成北宋與遼國間爆發首次大規模的戰爭。

　　至於遼夏聯盟形成前第二件破壞平衡之事，乃宋太宗組織「反遼聯盟」。宋太宗首次進攻遼國失敗後，兩國又恢復到戰前狀態，透過此次戰爭的試煉，北宋與遼國皆約略瞭解對方實力。北宋此時上距開國未久，宋太宗乃第二位君主，兼之甫消滅北漢，宋軍對戰事並不陌生，故北宋尚屬國威鼎盛之際，雖較遼國弱，但差距有限。宋太宗對自身及遼國的戰略情勢亦有清楚認識，欲打敗遼國需增強自身實力，於是組織聯盟便成為一種嘗試。

　　同盟夥伴的選擇，是要靠彼此所追求的最大利益來取捨，基於深受遼國威脅而以其為共同敵人的北宋、渤海、女真，在北宋主導下組成「反遼聯盟」，北宋之戰略目的在尋求保持對北宋有利的權力平衡。北宋國勢略弱於遼國，若「反遼聯盟」成功，則北宋將強過遼國。面對北宋積極倡組「反遼聯盟」，遼國無法容忍此一破壞平衡因素的存在，一旦「反遼聯盟」成功，將嚴重威脅遼國的生存，於是遼國亦積極尋求保持平衡，唯有破壞「反遼聯盟」削弱北宋實力，遂揮師出擊，對渤海、女真各個擊破，「反遼聯盟」因此瓦解。面對「反遼聯盟」遭遼國粉碎的戰略情勢，宋太宗仍決定以北宋自身之力再度北伐遼國，卻仍然遭遼軍擊敗，於是北宋與遼國又再度回到戰前的狀態。

（二）遼夏聯盟時期

　　宋太宗兩次北伐遼國皆失利後，北宋國勢已弱，但宋遼間仍然呈現僵持的狀態，誰也無法徹底擊敗對方。此時西夏成為關鍵因素，誰能爭取到西夏的聯盟，誰就能在宋遼對抗間取得戰略優勢。北宋、遼國當然知悉其中的利害關係，雙方皆極力爭取西夏的加盟，然北宋因戰略錯誤，反造成西夏向遼國靠攏。

　　北宋、遼國、西夏三國之國力，遼國國力大於北宋、西夏，但小於北宋和西夏的國力總和。依照 Theodore Caplow（齊奧多・開普樓）三角關係的八種類型中的類型二的模式分析，如圖二十一所示：

圖二十一：Theodore Caplow（齊奧多・開普樓）三角關係的類型二

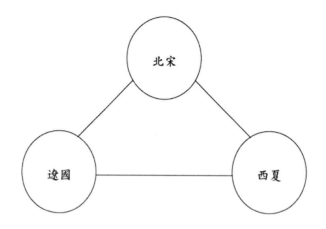

當成員之一強於其他二者，但超出程度不大時，其他成員都會企圖尋求聯盟，因一旦被孤立，必然處於劣勢。〔註3〕於是在北宋、遼國、西夏三國間將有三種可能的聯盟出現，北宋與遼國組成「宋遼聯盟」對抗西夏、遼國與西夏組成「遼夏聯盟」對抗北宋、北宋與西夏組成「宋夏聯盟」對抗遼國，上述三種聯盟類型，如圖二十二、圖二十三、圖二十四所示：

圖二十二：宋遼聯盟

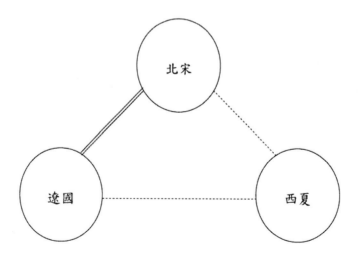

〔註3〕Theodore Caplow（齊奧多・開普樓）著，章英華、丁庭宇譯，《權力遊戲》，頁32。

圖二十三：遼夏聯盟

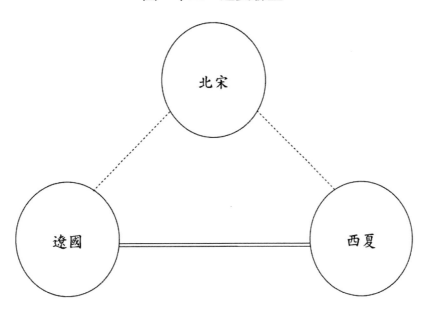

圖二十四：宋夏聯盟

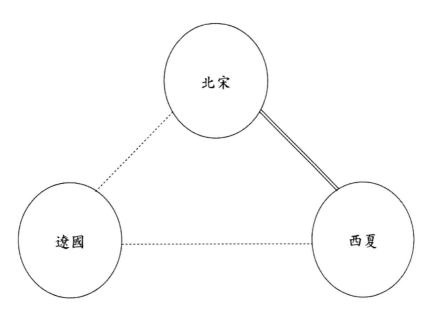

然而在這三種可能的聯盟間，彼此的利益並不相等，以西夏為例，若西夏與遼國結盟，「遼夏聯盟」力量將大於單一的北宋，但是在聯盟內，西夏的權力、地位始終比遼國弱。至於西夏與北宋聯盟又是不同狀況，在「宋夏聯盟」內，

西夏的權力、地位將比「遼夏聯盟」時弱很多，亦即西夏可能成為北宋的附庸，全然聽從北宋的調度指揮，因北宋必然維持漢民族王朝的尊嚴，令西夏稱臣納貢，西夏將無法保有獨立的國號。西夏在兩相權衡之下，對「遼夏聯盟」自然有較高之意願，如此一來北宋便遭孤立，其實力無法與「遼夏聯盟」匹敵。

事實上單一的遼國力量已勝過單一的北宋，遼國不一定要與西夏聯盟，一旦遼國與西夏聯盟，夏軍自西進攻、遼軍從北進攻，將使北宋陷入內線作戰困境，甚至可能導致亡國。是故就北宋立場而言，其努力之戰略目的在消除遼國和西夏聯盟的可能性，若是無法阻止兩國結盟，也要積極分化、破壞「遼夏聯盟」，如此方可減低北宋遭受之威脅。

對分化與破壞「遼夏聯盟」的團結，北宋確實努力嘗試也獲得一定程度的成功，宋仁宗時對遼國的增幣交涉即是成功之例。當時北宋利用遼夏間的矛盾，加上西夏主李元昊桀傲不馴的個性，他並不願百分百服從遼國指揮，於是在北宋分化離間下，不僅遼夏敗盟，更造成遼國兩次興兵進攻西夏，引爆遼國與西夏兩次嚴重的軍事衝突。在遼夏戰爭期間，北宋成為遼國與西夏亟欲爭取對象，北宋以往面對遼夏交侵的威脅已去除，反而是遼國與西夏交戰時擔心北宋自後偷襲，北宋因而成為平衡的支配者，達成破壞遼夏聯盟的戰略目的。北宋對遼夏戰爭抱持不介入的戰略態度，坐看遼軍與夏軍激烈戰鬥，而遼軍兩次的入侵均未獲勝利，都遭夏軍擊退。

西夏先與北宋衝突，接著又與遼國交惡，雖然接連擊退宋軍、遼軍的入侵，但與兩個大國戰爭結果，國力已困，復遭北宋關閉榷場停止貿易以為報復，西夏不得已上表北宋請和。至於遼國則因遼夏戰爭中遭到兩次挫敗，對國力造成不小的損傷，暫時無力威脅北宋，北宋西、北兩處邊陲獲得暫時安寧。

從當時北宋所處的戰略環境分析，東亞大陸除北宋、遼國、西夏等較大政權外，尚有勢力不弱的吐蕃，故北宋聯盟的選擇，不僅只有遼國、西夏，吐蕃亦是選項之一，而事實上北宋也曾經尋求吐蕃結盟，而且一度成功組成「宋蕃聯盟」對抗西夏。可惜吐蕃境內部落、部族林立，無法建立統一政權，北宋只能選擇實力最強者組成聯盟，但吐蕃實力最強部族常因內部紛爭，各部族互相攻伐，故最強部族經常更動，使北宋對同盟夥伴選擇充滿不確定性。此外，吐蕃雖與西夏有領土糾紛與利益衝突，故和北宋皆以西夏為共同敵人，

因此兩國容易組成聯盟，但吐蕃與遼國並無接壤，中間間隔北宋、西夏，兩國距離太遠，不論就地緣關係或利益糾葛來看，吐蕃實無和遼國衝突之理由，因此吐蕃雖與北宋同盟，但對北宋、遼國、西夏的權力平衡，無法發揮牽制作用。同時也因北宋對吐蕃盟友的政策不當，且仍然以天朝上國的態度自居，導致吐蕃叛宋投夏，「宋蕃聯盟」因而瓦解，而北宋再也無法找到第四個強權組成聯盟制衡遼國、西夏。

（三）金國的加入

完顏阿骨打統一女眞各部建立金國政權後，對遼國邊防產生重大威脅，也由於遼國末年國勢漸走下坡，遼軍與金軍多次交戰卻屢戰屢敗，故金國的興起，對北宋、遼國、西夏這個權力平衡體系投入不穩定的因素。此時北宋、遼國、西夏三國皆已傳位數代，歷史亦有百年以上。當一個國家已運作超過百年時，必然暮氣漸深，國力也早已不復開國時強盛。「遼夏聯盟」雖然存在，對北宋也有一定的威脅，但遼國與西夏國力的衰減，早已無法威脅北宋最核心也是最重要的國家生存，而北宋也無法消滅遼國、西夏，三國間勉強維持平衡。

金國的興起與加入，破壞宋遼夏三國勉強平衡的狀態，金國多次發動對遼國的進攻，遼軍卻節節敗退，金國所佔遼國領土也愈來愈廣，而遼軍在屢敗於金軍後，遼國內部也因而分裂，形成三個政治實體──「三遼」。既然遼國已非統一政權，與西夏之「遼夏聯盟」亦隨之瓦解。

北宋見「遼夏聯盟」因遼國分裂而解體，遼國無西夏助盟，在金國不斷的攻擊下，國勢更顯衰弱，同時宋廷君臣也在恢復燕雲的強烈使命感下，決定把握此戰略時機，制定「聯金滅遼」戰略，派使者與金國洽談合作組成「宋金聯盟」。北宋最終如願和金國組成聯盟且消滅遼國，然恢復燕雲的神聖使命並未完成，更暴露了武力不振弱點，使金國輕視北宋且引起金國的野心，金軍遂大舉南下滅亡北宋。由於金國在北宋、遼國、西夏的三國體系中，實力強過任何一個國家，在滅亡遼國後，北宋成為金國的下一個戰略目標已是意料中事。

金國取代遼國後，形成北宋、金國、西夏三國的新國際體系，其中金國成為超級強權，故北宋、金國、西夏三國已無法平衡，即使北宋與西夏組成「宋夏聯盟」對抗金國，金國的國力仍然超過北宋與西夏的總和，可見北宋與西夏無法運作權力平衡，三國體系中平衡的態勢必定遭到破壞。

　　戰略具有連續性，就本質而言乃是一種過程；同時戰略也是動態的，其運作具有極大彈性，其形態隨著內外環境而改變，北宋不斷的尋求聯盟以維持權力平衡的戰略即可為一明顯之例證。北宋尋求權力平衡的過程長達百餘年，而其中始終存在一不穩定因素，即聯盟本身。北宋在這百餘年過程中，經常因追求利益與權力之間的穩定平衡，而一再調整同盟的關係，直至獲致平衡為止，故可言之北宋在組織聯盟的整個過程中可以印證鈕先鍾所言：「利益與權力為同盟關係的兩大支柱。」〔註4〕

　　戰略的目的在求「長治久安」，戰略的法則在求「持盈保泰」，必須在力與勢的均衡之下，始能達到這種要求。觀乎北宋所處之戰略環境及其戰略作為，即是在力不足的情況之下，對外組織聯盟以增強自己的力量，這可稱為戰略藝術的發揮，但是仍無法抵消北宋國力太弱的弱點。由於金國崛起且實力超強，平衡受到破壞，北宋沒有亡於懼怕百年的遼國，反而亡於自己的盟友金國，或許當時北宋君臣應該轉換戰略思考，在選擇聯盟搭檔尋求權力平衡的過程中，拋棄與遼國之仇恨及收復燕雲的使命，並對西夏放下漢民族王朝的天朝上國心態，與遼國、西夏結盟組成「宋遼夏聯盟」力抗金國，如此雙方的力量呈現平衡狀態，或許北宋、遼國能延長國祚不會如此快速亡於金國，而在北宋、遼國、金國、西夏等四國體系中，能呈現不一樣的戰略關係與戰略樣貌。

表七：北宋帝系表

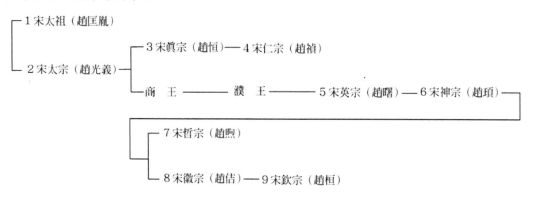

〔註4〕鈕先鍾，《戰略研究與軍事思想》（台北：黎明文化事業公司，1982年9月），頁194。

表八：北宋皇帝、年號對照表

君 王	姓 名	使 用 年 號	在位
宋太祖	趙匡胤	建隆、乾德、開寶	17 年
宋太宗	趙光義	太平興國、雍熙、端拱、淳化、至道	22 年
宋眞宗	趙恒	咸平、景德、大中祥符、天禧、乾興	26 年
宋仁宗	趙禎	天聖、明道、景祐、寶元、康定、慶曆、皇祐、至和、嘉祐	41 年
宋英宗	趙曙	治平	5 年
宋神宗	趙頊	熙寧、元豐	19 年
宋哲宗	趙煦	元祐、紹聖、元符	16 年
宋徽宗	趙佶	建中靖國、崇寧、大觀、政和、重和、宣和	26 年
宋欽宗	趙桓	靖康	2 年

表九：遼帝系表

```
                    ┌── 人皇王（耶律倍）── 3 遼世宗（耶律阮）── 5 遼景宗（耶律賢）──┐
1 遼太祖（耶律阿保機）─┤
                    └── 2 遼太宗（耶律德光）── 4 遼穆宗（耶律璟）                    │
┌────────────────────────────────────────────────────────────────────────────────┘
└─ 6 遼聖宗（耶律隆緒）── 7 遼興宗（耶律宗眞）── 8 遼道宗（耶律洪基）── 9 天祚帝（耶律延禧）
```

表十：遼皇帝、年號對照表

君 王	姓 名	使 用 年 號	在 位
遼太祖	耶律阿保機	神冊、天贊、天顯	11 年
遼太宗	耶律德光	會同、大同	21 年
遼世宗	耶律阮	天祿	5 年
遼穆宗	耶律璟	應曆	19 年
遼景宗	耶律賢	保寧、乾亨	14 年
遼聖宗	耶律隆緒	統和、開泰、太平	50 年
遼興宗	耶律宗眞	景福、重熙	25 年
遼道宗	耶律洪基	清寧、咸雍、大康、大安、壽昌	47 年
天祚帝	耶律延禧	乾統、天慶、保大	25 年

表十一：西夏帝系表

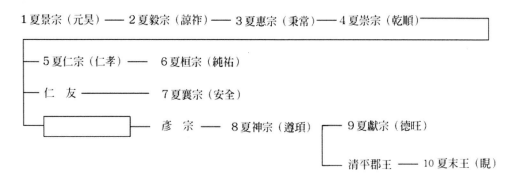

表十二：西夏皇帝、年號對照表

君　王	姓　名	使　用　年　號	在位	備　註
夏景宗	李元昊	顯道、開運、廣運、大慶、天授禮法延祚	17年	在帝位11年
夏毅宗	李諒祚	延嗣寧國、天祐垂聖、福聖承道、䶇都、拱化	19年	
夏惠宗	李秉常	乾道、天賜禮盛國慶、大安、天安禮定	20年	
夏崇宗	李乾順	天儀治平、天祐民安、永安、貞觀、雍寧、元德、正德、大德	54年	
夏仁宗	李仁孝	大慶、人慶、天盛、乾祐	54年	
夏桓宗	李純祐	天慶	14年	
夏襄宗	李安全	應天、皇建	6年	
夏神宗	李遵頊	光定	13年	
夏獻宗	李德旺	乾定	4年	
夏末王	李睍	寶義	2年	

表十三：北宋、遼、西夏戰略關係大事表

西元	年　號	大　事
916	後梁貞明二年 遼神冊元年	契丹耶律阿保機稱帝建國，是為遼太祖，定都臨潢（內蒙古赤峰市巴林左旗林東鎮南），稱上京。
926	後唐同光四年 　天成元年 遼天贊五年	遼太祖崩，次子耶律德光繼位，是為遼太宗。

936	後唐清泰三年 後晉天福元年 遼天顯十年	後唐河東節度使石敬瑭稱帝自立，國號晉，史稱後晉。以割燕雲十六州爲條件向遼國稱臣借兵滅後唐，此後中國北方門戶洞開。
938	後晉天福三年 遼會同二年	後晉高祖自稱兒皇帝，尊遼太宗爲父皇帝，使後晉成爲遼國附庸。
942	後晉天福七年 遼會同六年	後晉高祖崩，姪石重貴嗣立，是爲後晉出帝，對遼國稱孫不稱臣，遼太宗大爲不滿，遂有滅後晉之意。
947	後漢天福十二年 遼會同十一年 大同元年 天祿元年	1、遼太宗率遼軍入後晉都城大梁（河南開封），後晉亡。遼太宗領軍北返時，於途中病逝，姪耶律阮欲嗣位，是爲遼世宗。 2、遼軍北返時，後晉河東節度使劉知遠趁中原空虛之際，建立後漢政權，是爲後漢高祖。
951	後漢乾祐四年 後周廣順元年 遼天祿五年 應歷元年	1、郭威篡後漢建後周，是爲後周太祖。 2、遼國內亂，遼世宗遭燕王耶律述軋所弑，亂平後，遼太宗子耶律述律繼位，是爲遼穆宗。
960	後周顯德七年 宋建隆元年 遼應歷十年	後周殿前都點檢趙匡胤率軍北抗遼軍南侵，行至陳橋（河南開封北）時軍士嘩變，擁趙匡胤爲帝。趙匡胤率軍返大梁接受後周恭帝讓位，建立北宋，登基成爲宋太祖。
961	宋建隆二年 遼應歷十一年	宋太祖召歸德節度使石守信等人飲酒，席間「杯酒釋兵權」，自此兵權收歸中央，兵將不相習。
963	宋建隆四年 乾德元年 遼應歷十三年	北宋滅荊南。
965	宋乾德三年 遼應歷十五年	北宋滅後蜀
969	宋開寶二年 遼應歷十九年 保寧元年	遼穆宗酗酒殘暴，動輒殺戮朝臣左右，遭近侍弑殺，姪耶律賢嗣立，是爲遼景宗。
971	宋開寶四年 遼保寧三年	北宋滅南漢。
975	宋開寶八年 遼保寧七年	北宋滅南唐。
976	宋開寶九年 太平興國元年 遼保寧八年	宋太祖臥疾崩逝，其弟趙光義即位，是爲宋太宗。

978	宋太平興國三年 遼保寧十年	北宋滅吳越，南方統一。
979	宋太平興國四年 遼保寧十一年 乾亨元年	宋太宗領軍滅北漢，完成統一大業。宋太宗乘勝討伐遼國，但敗於幽州外高梁河（北京市西）。
982	宋太平興國七年 遼乾亨四年	1、遼景宗崩，子耶律隆緒繼位，是爲遼聖宗因年僅十二，由蕭太后聽政。 2、西夏主李繼捧入北宋獻夏、銀、綏、宥四州之地。 3、李繼捧族弟李繼遷不滿李繼捧獻地之舉，聚眾起兵與北宋對抗。
984	宋太平興國九年 雍熙元年 遼統和二年	宋廷授李繼捧夏州刺史，命其掃平李繼遷。
986	宋雍熙三年 遼統和四年	北宋二度征討遼國，再敗於岐溝關，宋軍大敗而還。
988	宋雍熙五年 端拱元年 遼統和六年	宋廷授李繼捧爲定難軍節度使，命其進圖李繼遷。
990	宋淳化元年 遼統和八年	遼廷封李繼遷爲夏國王。
991	宋淳化二年 遼統和九年	李繼捧叛宋投遼，遼廷封爲西平王。
994	宋淳化五年 遼統和十二年	北宋征討西夏，宋軍攻入夏州城，擒李繼捧。
996	宋至道二年 遼統和十四年	李繼遷攻北宋靈州（寧夏靈武），因宋軍堅守年餘，李繼遷遂退去。
997	宋至道三年 遼統和十五年	宋太宗崩，其子趙恒繼位，是爲宋眞宗。
1000	宋咸平三年 遼統和十八年	遼軍攻瀛州，北宋守軍大敗，遼軍大掠而去。
1001	宋咸平四年 遼統和十九年	遼國梁王耶律隆慶侵宋，至威魯軍（山西左雲東北）而還。
1002	宋咸平五年 遼統和二十年	西夏主李繼遷攻北宋靈州，因糧道斷絕，宋軍守城不易，宋廷棄守之議難以決斷，靈州已遭李繼遷攻陷。
1003	宋咸平六年 遼統和二十一年	李繼遷攻吐蕃，六谷部首領潘羅支詐降，乘李繼遷不備突襲，李繼遷中流矢亡，其子李德明繼爲西夏主。

1004	宋景德元年 遼統和二十二年	遼聖宗與其母蕭太后率大軍大舉侵宋，直抵澶州，宋廷大震，寇準力勸宋眞宗親征，宋眞宗從其意，親抵澶州，宋軍士氣大振力挫遼軍，會蕭太后、遼聖宗有議和之議，兩國遂訂「澶淵之盟」，約爲兄弟。
1022	宋乾興元年 遼太平二年	宋眞宗崩，子趙禎繼位，是爲宋仁宗。
1031	宋天聖九年 遼太平十一年 景福元年	遼聖宗崩，子耶律宗眞繼位，是爲遼興宗。
1032	宋天聖十年 明道元年 遼景福二年 重熙元年	西夏主李德明卒，其子李元昊繼爲西夏主。
1036	宋景祐三年 遼重熙五年	李元昊攻取北宋瓜（甘肅安西）、沙（甘肅敦煌）、蘭（甘肅蘭州）三州之地，疆域日廣。
1038	宋景祐五年 寶元元年 遼重熙七年 夏天授禮法延祚元年	西夏主李元昊稱帝建國，是爲夏景宗。
1040	宋寶元三年 　康定元年 遼重熙九年 夏天授禮法延祚三年	西夏攻北宋延州（陝西延安），陷金明寨。
1041	宋康定二年 遼重熙十年 夏天授禮法延祚四年	北宋環慶副部署任福領兵攻西夏，六盤山一役宋軍全軍覆沒，任福戰死，是役也，宋軍將士陣亡萬餘人。
1042	宋慶曆二年 遼重熙十一年 夏天授禮法延祚五年	1、遼國見西夏屢敗北宋，欲乘機取回關南十縣，宋廷以富弼爲使赴遼國交涉，以增歲幣二十萬解決。 2、宋夏兩軍大戰於定川寨（甘肅固原西北），宋軍大敗，宋將葛懷敏陣歿，宋軍將士九千四百人遭殲滅，夏軍直抵渭州，大掠而去。
1043	宋慶曆三年 遼重熙十二年 夏天授禮法延祚六年	遼廷遣使西夏，促其與北宋議和。夏廷遣使赴北宋請和議款。

1044	宋慶曆四年 遼重熙十三年 夏天授禮法延祚七年	宋廷同意西夏請和，李元昊向北宋上誓書，稱男不稱臣，奉北宋年號。宋廷封李元昊爲夏國王。每年致送銀五萬兩、絹十三萬匹、茶兩萬斤。然李元昊稱帝及自用年號如故。
1048	宋慶曆八年 遼重熙十七年 夏天授禮法延祚十一年	西夏主李元昊卒，子李諒祚繼位，因年僅一歲，由生母沒藏太后臨朝聽政。
1049	宋皇祐元年 遼重熙十八年 夏延嗣寧國元年	遼廷遣蕭惠領軍伐夏，遼軍入夏境，遭夏軍伏擊大敗而還。
1055	宋至和二年 遼重熙二十四年 清寧元年 夏福聖承道三年	遼興宗崩，子耶律洪基繼位，是爲遼道宗。
1063	宋嘉祐八年 遼清寧九年 夏拱化元年	宋仁宗崩，侄趙曙繼位，是爲宋英宗。
1067	宋治平四年 遼咸雍三年 夏拱化五年	1、宋英宗崩，子趙頊即位，是爲宋神宗。 2、西夏主李諒祚卒，子李秉常即位，年僅七歲，由梁太后臨朝。
1081	宋元豐四年 遼太康七年 夏大安七年	宋神宗變法圖強銳意革新，決意大舉伐夏解決西夏問題，宋廷發五路大軍征討西夏。
1082	宋元豐五年 遼太康八年 夏大安八年	宋夏兩軍爆發永樂大戰，是役也，夏軍陷永樂城，北宋五路大軍皆敗，宋軍士卒、熟羌、義保傷亡慘重，宋神宗爲之臨朝痛悼。
1083	宋元豐六年 遼太康九年 夏大安九年	夏軍續攻蘭州，宋軍堅守，夏軍遂退去。
1085	宋元豐八年 遼大安元年 夏大安十一年	宋神宗崩，子趙煦即位，是爲宋哲宗，因年僅十歲，由祖母高太皇太后臨朝。
1100	宋元符三年 遼壽昌六年 夏永安二年	宋哲宗崩，弟趙佶即位，是爲宋徽宗。

1101	宋建中靖國元年 遼壽昌七年 乾統元年 夏永安三年	遼道宗崩，孫耶律延禧即位，是爲天祚帝。
1103	宋崇寧二年 遼乾統三年 夏貞觀二年	宋徽宗以宦官童貫經營河湟地區，童貫領軍攻吐蕃，取湟州（青海樂都）。
1111	宋政和元年 遼天慶元年 夏貞觀十年	宋廷遣使童貫赴遼國，中途遇幽州人馬植獻聯金攻遼之策，童貫攜馬植歸北宋，馬植並易名趙良嗣，宋徽宗聞此策大喜，開始與女眞通好。
1114	宋政和四年 遼天慶四年 夏貞觀十三年	女眞族首領完顏阿骨打起兵叛遼，陷寧江州（吉林扶餘），並大敗遼軍於混同江（松花江）。
1115	宋政和五年 遼天慶五年 金收國元年 夏雍寧元年	1、女眞完顏阿骨打稱帝建國，國號金，是爲金太祖。 2、北宋太尉童貫率軍攻西夏，於藏底河遭夏軍擊退。
1116	宋政和六年 遼天慶六年 金收國二年 夏雍寧二年	夏軍攻北宋靖夏城（甘肅平涼），掘地道入城中，大掠而去。
1119	宋宣和元年 遼天慶九年 金天輔三年 夏雍寧五年	遼金議和談判，遼廷冊封金太祖爲東懷國皇帝，金太祖認爲「東懷」二字有小邦之意，且冊文中多涉屈辱之字，遂拒受，並決意再對遼國用兵，遼金衝突再起。
1120	宋宣和二年 遼天慶十年 金天輔四年 夏元德元年	宋廷遣趙良嗣爲使約金攻遼，約定滅遼後燕雲之地歸北宋，北宋以原致送遼國歲幣致送金國。
1122	宋宣和四年 遼保大二年 金天輔六年 夏元德三年	金軍大舉攻入遼境，遼軍節節敗退，金軍攻陷中京（熱河寧城），天祚帝時游獵於外，聞訊先奔西京（山西大同），再奔夾山（內蒙古陰山）。

1123	宋宣和五年 遼保大三年 金天輔七年 　天會元年 夏元德四年	1、金太祖以宋軍失約且攻遼不力，拒履原約，宋廷遣趙良嗣赴金談判，只能再增歲幣，待宋軍進入燕京城時，金軍早已將居民、財貨掠奪而去，北宋花費鉅額歲幣僅得一空城而已。 2、金太祖崩，弟完顏吳乞買即位，是爲金太宗。 3、金國南京（河北盧龍）留守張覺以州叛金降宋，而宋廷決意接納，使宋金關係緊繃。
1124	宋宣和六年 遼保大四年 金天會二年 夏元德五年	金軍誘天祚帝出夾山，縱軍攻之，遼軍大潰，天祚帝奔山陰（山西山陰）。
1125	宋宣和七年 遼保大五年 金天會三年 夏元德六年	1、天祚帝欲奔西夏，中途遭金軍都統完顏婁室擒獲，遼國滅亡。耶律大石率殘眾西走，建西遼政權。 2、金太宗下詔大舉伐宋，北宋各地守軍毫無鬥志，一路敗退，金軍如入無人之境直抵汴京。宋徽宗驚駭莫名，傳位其子趙桓，是爲宋欽宗。
1126	宋靖康元年 金天會四年 夏元德七年	宋廷爲解汴京之圍，乃割太原、中山、河間三鎮予金，金兵始退去。然金軍雖退，宋徽宗、宋欽宗及大部分朝臣仍未有居安思危之心。
1127	宋靖康二年 金天會五年 夏正德元年	金太宗再度伐宋，金軍直入汴京，擄宋徽宗、宋欽宗二帝至北方，北宋亡。

備註：本表編排起自遼太祖稱帝建國，迄至北宋滅亡止，表中年代以西元及宋遼夏三
　　　國君王年號並列，以方便參校查考。

參考書目

史　料

1. 班固,《漢書》,中華書局點校本。
2. 魏收,《魏書》,中華書局點校本。
3. 劉昫,《舊唐書》,中華書局點校本。
4. 歐陽修、宋祁,《新唐書》,中華書局點校本。
5. 薛居正,《舊五代史》,中華書局點校本。
6. 歐陽修,《新五代史》,中華書局點校本。
7. 脫脫,《宋史》,中華書局點校本。
8. 脫脫,《遼史》,中華書局點校本。
9. 脫脫,《金史》,中華書局點校本。
10. 司馬光,《資治通鑑》,台北:西南書局,1982 年 9 月。
11. 宇文懋昭,《大金國志校證》,北京:中華書局,2011 年 8 月。
12. 李燾,《續資治通鑑長編》,台北:世界書局,1961 年 11 月。
13. 李有棠編,《遼史紀事本末》,台北:文海出版社,未著出版年月。
14. 金少英校補、李慶善整理,《大金弔伐錄校補》,北京:中華書局,2001 年 10 月。
15. 馬端臨,《文獻通考》,台北:新興書局,1963 年 10 月。
16. 張鑑編著,《西夏紀事本末》,台北:文海出版社,1981 年 6 月。
17. 陳邦瞻,《宋史紀事本末》,台北:鼎文書局,1978 年 3 月。
18. 徐松輯,《宋會要輯稿》,台北:新文豐出版公司,1976 年 10 月。
19. 徐夢莘,《三朝北盟會編》,台北:文海出版社,1977 年 12 月。

20. 趙翼，《廿二史劄記》，台北：樂天出版社，1973 年 2 月。

21. 趙汝愚輯，《諸臣奏議》，台北：文海出版社，1970 年 5 月。

專　書

1. Andre Beaufre（薄富爾）著、鈕先鍾譯，《戰略緒論》，台北：麥田出版有限公司，1996 年 9 月。

2. Antoine Henri Jomini（約米尼）著、鈕先鍾譯，《戰爭藝術》，台北：麥田出版有限公司，1997 年 5 月。

3. B. H. Liddell-Hart（李德哈特）著、鈕先鍾譯，《戰略論》，台北：麥田出版有限公司，1996 年 6 月。

4. Carl von Clausewitz（克勞塞維茲）著、Roger Ashley Leonard（李奧那多）編、鈕先鍾譯，《戰爭論》，台北：麥田出版有限公司，1996 年 8 月。

5. Capt. John M. Collins（柯林斯）著、鈕先鍾譯，《大戰略：原理與實踐》，台北：黎明文化事業公司，1987 年。

6. Charles P. Schleicher（旭力格）著、張迺藩譯，《國際關係論》，台北：中華文化出版事業社，1960 年 3 月。

7. Department of Defence U.S.A（美國國防部）編、國防部史政編譯局譯，《美國國防部軍語詞典》，台北：國防部史政編譯局，1995 年 6 月。

8. J.F.C Fuller（富勒）著、鈕先鍾譯，《戰爭指導》，台北：軍事譯粹社，1981 年 6 月。

9. Gunther Blumentritt（布魯門特步）著、國防部史政編譯局譯，《戰略與戰術》，台北：國防部史政編譯局，1980 年 7 月。

10. Hans J. Morgenthau（摩根索）著、張自學譯，《國際政治學》，台北：幼獅文化事業公司，1986 年 5 月。

11. James E. Dougherty, Robert L. Pfaltzgraff（竇格體、普發茲格瑞夫）合著，洪秀菊等譯，《爭辯中之國際關係理論》，台北：黎明文化事業公司，1979 年。

12. Lnis L. Claude Jr.（克勞德）著、張保民譯，《權力與國際關係》，台北：幼獅文化事業公司，1986 年 10 月。

13. Pick Otto（皮克）、Crichley Gulian（克利企里）著，朱堅章主譯，《集體安全》，台北：幼獅文化事業公司，1978 年 5 月。

14. Steven J. Rosen（羅森）、Walter S. Jones（鍾斯）著，林郁方等譯，《國際關係》，台北：正中書局，1983 年 12 月。

15. Theodore Caplow（齊奧多・開普樓）著，章英華、丁庭宇譯，《權力遊戲》，台北：桂冠圖書公司，1986 年 10 月。

16. 三軍大學編，《中國歷代戰爭史》，台北：黎明文化事業公司，1976 年 10 月。

17. 中國軍事史編寫組編，《中國軍事史》，北京：解放軍出版社，1991 年 8 月。

18. 王夫之，《宋論》，台北：里仁書局，1981 年 10 月。

19. 王夫之，《讀通鑑論》，台北：台灣商務印書館，1979 年。

20. 王民信，《契丹史論叢》，台北：學海出版社，1973 年 6 月。

21. 王明蓀，《宋遼金史論文稿》，台北：明文書局，1988 年 7 月。

22. 王桐齡，《中國民族史》，台北：華世出版社，1977 年 10 月。

23. 王明清，《揮麈後錄》，百部叢書集成之四十六：學津討原・二十五。

24. 王雲五總編，《雲五社會科學大辭典（社會學）》，台北：台灣商務印書館，1973 年 7 月。

25. 孔令晟，《大戰略通論》，台北：好聯出版社，1995 年 10 月。

26. 札奇斯欽，《北亞遊牧民族與中原農業民族間的和平戰爭與貿易關係》，台北：正中書局，1973 年 1 月。

27. 石璋如等著，《中國歷史地理》，台北：中國文化大學出版部，1983 年 6 月。

28. 全漢昇，《中國經濟史研究》，香港：新亞研究所，1976 年 3 月。

29. 余英時，《歷史與思想》，台北：聯經出版有限公司，1976 年 9 月。

30. 方豪，《宋史》，台北：華岡出版社，1979 年 10 月。

31. 司馬光，《司馬文正公傳家集》，王雲五主編，萬有文庫薈要。

32. 何世同，《中國戰略史》，台北：黎明文化事業公司，2005 年 5 月。

33. 李攸，《宋朝事實》，台北：文海出版社，1967 年 1 月。

34. 李其泰編著，《國際政治》，台北：正中書局，1986 年 8 月。

35. 李則芬，《宋遼金元歷史論文集》，台北：黎明文化事業公司，1991 年 11 月。

36. 周緯，《中國兵器史稿》，台北：明文書局，1988 年 2 月。

37. 林天蔚，《宋代史事質疑》，台北：台灣商務印書館，1987 年 10 月。

38. 林天蔚，《宋史試析》，台北：台灣商務印書館，1985 年 2 月。

39. 林旅芝，《西夏史》，香港：大同印務有限公司，1975 年 3 月。

40. 林瑞翰，《宋代政治史》，台北：正中書局，1989 年 7 月。

41. 林碧炤，《國際政治與外交政策》，台北：五南圖書出版公司，1993 年 11 月。

42. 金毓黻，《契丹的東北政策》，台北：華世出版社，1981 年 5 月。

43. 金毓黻，《宋遼金史》，台北：台灣商務印書館，1982 年 12 月。

44. 金毓黻，《東北通史》，台北：洪氏出版社，1976 年 3 月。

45. 呂亞力，《政治學方法論》，台北：三民書局，1983 年 9 月。

46. 呂尚著、徐培根註，《太公六韜》，台北：台灣商務印書館，1984 年 10 月。

47. 呂祖謙，《宋文鑑》，台北：世界書局，1967 年 12 月。

48. 吳九龍編，《孫子校釋》，北京：軍事科學出版社，1990 年 7 月。

49. 吳天墀，《新西夏史》，台北：大典出版社，1987 年 11 月。

50. 吳廣成，《西夏書事》，台北：廣文書局，1968 年 5 月。

51. 姚從吾，《姚從吾先生全集》，台北：正中書局，1976 年 3 月。

52. 陳文尚、雷家驥編，《戰略理論研究》，台北：聯鳴文化有限公司，1981 年 1 月。

53. 陳傅良，《歷代兵制》，百部叢書集成之五十二：守山閣叢書·八。

54. 陳學霖，《宋史論集》，台北：東大圖書公司，1993 年 1 月。

55. 徐培根，《國家戰略概論》，台北：國防研究院，1959 年 5 月。

56. 胡毓寰編著，《孟子本義》，台北：正中書局，1992 年 11 月。

57. 范祖禹，《范太史集》，四庫全書珍本，初集·集部·別集類。

58. 孫武著、吳九龍編，《孫子校釋》，北京：軍事科學出版社，1990 年 7 月。

59. 孫紹蔚，《從戰略理念論國家戰略》，台北：三軍大學，1978 年 5 月。

60. 孫金銘，《中國兵制史》，台北：國防研究院，1960 年 1 月。

61. 孫金鑄主編，《中國地理》，台北：中國文化大學出版部，1991 年 9 月。

62. 孫國棟，《唐宋史論叢》，香港：龍門書店，1980 年 1 月。

63. 黃麟書，《中國邊塞研究》，香港：造陽文學社，1979 年 12 月。

64. 張其昀等著，《中國戰史論集》，台北：中華文化出版事業委員會，1956 年 4 月。

65. 張孟倫，《宋代興亡史》，台北：台灣商務印書館，1977 年 3 月。

66. 張曉生、劉文彥，《中國古代戰爭通覽（三）》，台北：雲龍出版社，1990 年 7 月。

67. 陶希聖，《中國政治制度史》，台北：啓業書局，1974 年 4 月。

68. 陶晉生，《女真史論》，台北：食貨出版社，1981 年 4 月。

69. 陶晉生，《宋遼關係史》，台北：聯經出版公司，1986 年 1 月。

70. 陶晉生，《中國近古史》，台北：東華書局，1979 年 10 月。

71. 陶晉生、王民信編，《李燾續資治通鑑長編宋遼關係史料輯錄》，台北：中央研究院歷史語言研究所，1974 年 3 月。

72. 鈕先鍾，《大戰略漫談》，台北：華欣文化事業公司，1977 年 5 月。

73. 鈕先鍾，《中國戰略思想史》，台北：黎明文化事業公司，1992 年 10 月。

74. 鈕先鍾，《現代戰略思潮》，台北：黎明文化事業公司，1989 年 9 月。

75. 鈕先鍾，《戰略研究與軍事思想》，台北：黎明文化事業公司，1982 年 9 月。

76. 鈕先鍾，《戰略思想與歷史教訓》，台北：軍事譯粹社，1979 年 7 月。

77. 鈕先鍾，《戰略研究與戰略思想》，台北：軍事譯粹社，1988 年 10 月。

78. 鈕先鍾，《國家戰略論叢》，台北：黎明文化事業公司，1984 年 4 月。

79. 鈕先鍾，《國家戰略概論》，台北：正中書局，1975 年 1 月。

80. 劉安世，《盡言集》，百部叢書集成之九十四：畿輔叢書・十。

81. 劉寶楠、劉恭冕編撰，《論語正義》，台北：世界書局，1992 年 8 月。

82. 劉義棠，《中國邊疆民族史》，台北：中華書局，1969 年 11 月。

83. 歐陽修，《歸田錄》，百部叢書集成之四十六：學津討源・二十四。

84. 蔣百里，《國防論》，台北：學人雜誌社，1971 年 1 月。

85. 蔣緯國，《國略與大略》，台北：作者自印本，1984 年。

86. 蔣緯國，《國家戰略概說》，台北：三軍大學戰爭學院，1979 年 9 月。

87. 蔣緯國，《國家戰略概論》，台北：三軍大學，1973 年 10 月。

88. 楊若薇，《契丹王朝政治軍事制度研究》，台北：文津出版社，1992 年 7 月。

89. 楊仲良，《資治通鑑長編紀事本末》，台北：文海出版社，1967 年 11 月。

90. 雷崧生，《國際政治》，台北：台灣商務印書館，1979 年 11 月。

91. 趙明義，《當代國際關係綜論》，台北：帕米爾書店，1985 年。

92. 薛運壁、張振華主編，《中國軍事教育史》，北京：國防大學出版社，1991 年 5 月。

93. 錢穆，《國史大綱》，上、下冊，台北：台灣商務印書館，1980 年 11 月。

94. 聶崇岐，《宋史叢考》，台北：中華書局，1979 年 10 月。

95. 鄭欽仁、李明仁編譯，《征服王朝論文集》，台北：稻鄉出版社，2002 年 8 月。

96. 顧祖禹，《讀史方輿紀要》，台北：台灣商務印書館，1968 年 12 月。

97. 蘇轍，《欒城集》，王雲五主編，國學基本叢書四百種。

98. 戴錫章，《西夏紀》，台北：華文書局，1968 年 4 月。

期 刊

1. 于寶麟，〈中世紀雄踞中國北方的契丹族〉，《歷史月刊》72 期，1994 年 1

月。

2. 王民信，〈宋與西夏的關係〉，《國立歷史博物館館刊》4 卷 3 期，1994 年 7 月。

3. 王民信，〈西夏國名雜談〉，《政大邊研所年報》12 期，1981 年 7 月。

4. 王民信，〈宋遼澶淵之盟締結的背景（上）（中）（下）〉，《書目季刊》9 卷 2、3、4 期，1975 年 9 月、12 月，1976 年 3 月。

5. 王吉林，〈契丹與南唐外交關係之探討〉，《幼獅學誌》5 卷 2 期，1996 年 12 月。

6. 王吉林，〈遼太宗之中原經營與石晉興亡〉，《中國歷史學會史學集刊》第 6 期，1974 年 5 月。

7. 王明蓀，〈宋初的反戰論〉，《宋史研究集》第 21 輯，1995 年 2 月。

8. 王明蓀，〈契丹與中原本土之歷史關係〉，收入氏著《宋遼金史論文稿》，台北：明文書局，1988 年 7 月。

9. 江天健，〈北宋陝西路沿邊堡寨〉，《食貨復刊》15 卷 7、8 期合刊，1986 年 1 月。

10. 江天健，〈宋夏戰爭中對於橫山之爭奪〉，《宋史研究集》第 24 輯，1995 年 7 月。

11. 宋常廉，〈高梁河戰役考實〉，《大陸雜誌》39 卷 10 期，1969 年 11 月。

12. 李震，〈論北宋國防及其國運的興廢〉，《大陸雜誌》30 卷 10 期，1965 年 5 月。

13. 村上正二著、鄭欽仁譯，〈征服王朝(上)〉，《食貨復刊》10 卷 8 期，1980 年 1 月。

14. 汪伯琴，〈宋代西北邊境的榷場〉，《大陸雜誌》53 卷 6 期，1976 年 12 月。

15. 芮和蒸，〈論宋太祖之創業開國〉，《國立政治大學學報》18 期，1968 年 12 月。

16. 邢義田，〈契丹與五代政權更迭之關係〉，《食貨月刊》1 卷 6 期。

17. 林瑞翰，〈北宋之邊防〉，《台大文史哲學報》19 期，1970 年 6 月。

18. 柳立言，〈杯酒釋兵權新說質疑〉，《大陸雜誌》80 卷 10 期，1990 年 6 月。

19. 柳立言，〈宋遼澶淵之盟新探〉，《中央研究院歷史語言研究所集刊》第 61 本第 3 分，1992 年 3 月。

20. 張柳雲，〈中國國家戰略之構想〉，《中華文化復興月刊》12 卷 11 期，1979 年 11 月。

21. 梁庚堯，〈邊糧運輸問題與北宋前期對夏政策的轉變〉，《食貨復刊》16 卷 7、8 期合刊，1987 年 7 月。

22. 梁天錫，〈宋樞密院與宋國勢之關係〉，《宋史研究集》第 14 輯，1983 年 7

月。

23. 陳芳明，〈宋初弭兵論的檢討〉，《國立編譯館館刊》4 卷 2 期，1975 年 12月。

24. 陶晉生，〈傳統中國的對外關條〉，《中華文化復興月刊》16 卷 10 期，1983年 10 月。

25. 陶晉生，〈余靖與宋遼夏外交〉，《食貨復刊》1 卷 10 期，1972 年 1 月。

26. 湯承業，〈論宋代初年的統一政策〉，《幼獅月刊》43 卷 2 期，1976 年 2 月。

27. 程光裕，〈澶淵盟約與天書（上）、（下）〉，《大陸雜誌》22 卷 6、7 期，1961年 3、4 月。

28. 董光濤，〈范仲淹戍邊事蹟考〉，《花師學報》第 2 期，1970 年 6 月。

29. 廖隆盛，〈北宋對吐番的政策〉，《國立台灣師範大學歷史學報》第 4 期，1976 年 4 月。

30. 廖隆盛，〈北宋對西夏的和市馭邊政策〉，《大陸雜誌》62 卷 4 期，1981 年4 月。

31. 廖隆盛，〈北宋與遼夏邊境的走私貿易問題（上）、（下）〉，《食貨復刊》10卷 11、12 期，1981 年 2、3 月。

32. 廖隆盛，〈宋太宗的聯夷攻遼外交及其二次北伐〉，《國立台灣師範大學歷史學報》第 10 期，1982 年 6 月。

33. 廖隆盛，〈宋夏關係中的青白鹽問題〉，《食貨復刊》5 卷 10 期，1976 年 1月。

34. 廖隆盛，〈從澶淵之盟對北宋後期軍政的影響看靖康之難發生的原因〉，《食貨復刊》15 卷 1、2 期合刊，1985 年 6 月。

35. 趙鐵寒，〈宋遼的經濟關係〉，《中華文化復興月刊》10 卷 6 期，1977 年 7月。

36. 趙鐵寒，〈燕雲十六州的地理分析〉，《宋史研究集》第 3 輯，1966 年 4 月。

37. 趙鐵寒，〈關於宋代強幹弱枝國策管見〉，《大陸雜誌》9 卷 8 期，1954 年10 月。

38. 趙振績，〈宋代屯田與邊防重要性〉，《中華文化復興月刊》3 卷 11 期，1970年 11 月。

39. 齊覺生，〈北宋聯制與買和的外交〉，《國立政治大學學報》21 期，1970 年5 月。

40. 蔣武雄，〈宋遼歲幣外交與國運之關係〉，《中華文化復興月刊》15 卷 8 期，1982 年 8 月。

41. 蔣武雄，〈范仲淹之治邊〉，《中國邊政》78 期，1982 年 6 月。

42. 蔣復璁，〈宋真宗與澶淵之盟〉，《大陸雜誌》22 卷 8、9、10 期，1961 年

4 月。

43. 蔣復璁,〈宋代一個國策的檢討〉,《大陸雜誌》9 卷 7 期,1954 年 10 月。

44. 閻沁恆,〈北宋對遼塘隸設施之研究〉,《國立政治大學學報》第 8 期,1963 年 12 月。

45. 盧建曾,〈五代十國對遼的外交〉,《學術季刊》3 卷 1 期,1954 年 9 月。

46. 禚夢庵,〈寇準、畢士安與澶淵之盟〉,《中國世紀》145 卷,1969 年 11 月。

47. 蕭啓慶,〈北亞遊牧民族南侵各種原因的檢討〉,《食貨復刊》1 卷 12 期,1972 年 3 月。

48. 錢穆,〈中國史上南北強弱觀〉,《禹貢半月刊》3 卷 4 期,1935 年 4 月。

49. 聶崇岐,〈宋遼交聘考〉,《燕京學報》27 期,1940 年 6 月。

50. 聶崇岐,〈論宋太祖收兵權〉,《燕京學報》34 期,1948 年 6 月。

51. 闕鎬曾,〈宋夏關係之研究〉,《國立政治大學學報》第 9 期,1964 年 5 月。

52. 羅球慶,〈北宋兵制研究〉,《新亞學報》3 卷 1 期,1957 年 8 月。

53. 羅球慶,〈宋夏戰爭中的蕃部與堡寨〉,《崇基學報》6 卷 2 期,1978 年 5 月。

學位論文

1. 丘立崗,《論秦的統一戰略——一個結構化分析的個案研究》,淡江大學國際事務與戰略研究所碩士論文,1986 年 6 月。

2. 江天健,《北宋市馬之研究》,中國文化大學史學研究所博士論文,1989 年 6 月

3. 李今芸,《宋遼貿易之研究》,台灣大學歷史研究所碩士論文,1984 年 6 月。

4. 康樂,《唐代前期的邊防》,台灣大學歷史研究所碩士論文,1976 年 6 月。

5. 劉振志,《宋代國力研究——功利學派國家戰略思想與宋廷國策之探討》,中國文化大學史學研究所博士論文,1995 年 6 月。

6. 鄭克強,《唐與回紇、吐蕃關係的戰略分析》,淡江大學國際事務與戰略研究所碩士論文,1986 年 6 月。

英 文

1. Aron Raymond. *Peace and War* Richard Howard, and Annette Baker Fox, translator. 3rd printing. N.Y.: Praeger Publisher, Ins, 1970.

2. Aston, George, ed. *The study of War* Port Washington: kennikat Press, 1973.

3. Beaufre, Andre. *Strategy of Action* R.H. Barry, translator. N.Y.: Frederick A.

Praeger, 1967.

4. Brown, Harold. *Thinking About National Security* Boulder, Colorodo: Westview Press, Inc., 1983.

5. Buzan, Barry. *People,States,and Fear: The National Security Problem in International Relations Great Britain*: Wheatsheaf Books LTD., 1983.

6. Collins, John M. *Grand Strategy: Principles and Practices* Annapolis, Maryland: Naval Institute Press, 1973.

7. Dougherty, James E., and Pfaltzgraff, Robert L. Jr. *Contending Theories of International Relations* N.Y.: Harper & Row Publisher Inc., 1981.

8. Easton, David, ed. *Varieties of Political Theory* N. J.: Prentice-Hall, Inc., 1966.

9. Farrar, L.L., ed. *War: a Historical, Political, and Social Study* Santa Barbara, California: ABC-Clio, Inc., 1978.

10. Gray, Colin S. *Strategic Studies* Connecticut: Greenwood Press, 1982.

11. Groom,A. J. R., and Mitchell, C.R. eds. *International Relations Theory*. London: Frances Pinter Ltd., 1978.

12. Holsti, K. J. *International Politics: A Framework for Analysis* 3rd ed. N.J. : Prentice-Hall Inc., 1977.

13. Howard H. Lentner Foreign *Policy Analysis: A Comparative and Conceptual Approach* Columbus: Charles E. Mewill, Publishing Company, 1974.

14. Kaplan, Morton A. *System and Process in international Politics* 2nd printing. N.Y.: John Wiley and sons, Inc., 1967.

15. Knorr, klaus, ed. *Power, Strategy, and Security* Princeton, N. J. Princeton University Press, 1983.

16. Knorr, klaus. *The Power of Nations* N.Y.: Basic Books, Inc., 1975.

17. Morgenthau, Hans J. *Politics Among Naitons* N.Y.: Alfred A. Knopf Inc., 1978.

18. Taylor, Trevor, ed. *Approaches and Theory in international Relations* N.Y.: Longman Inc., 1978.